"十四五"职业教育国家规划教材

微课版

银行会计

新世纪高职高专教材编审委员会 组编

主 编 唐笑炯

- 配套在线课程平台，共享优质教育资源
- 扫码看微课视频，随时随地轻松学
- "互联网+"创新型教材

大连理工大学出版社

图书在版编目(CIP)数据

银行会计 / 唐笑炯主编. -- 大连：大连理工大学出版社，2021.5(2023.7重印)
新世纪高职高专金融保险专业系列规划教材
ISBN 978-7-5685-2874-0

Ⅰ.①银… Ⅱ.①唐… Ⅲ.①银行会计－高等职业教育－教材 Ⅳ.①F830.42

中国版本图书馆 CIP 数据核字(2021)第 000285 号

大连理工大学出版社出版

地址：大连市软件园路 80 号　邮政编码：116023
发行：0411-84708842　邮购：0411-84708943　传真：0411-84701466
E-mail:dutp@dutp.cn　URL:https://www.dutp.cn
大连市东晟印刷有限公司印刷　　大连理工大学出版社发行

幅面尺寸:185mm×260mm	印张:17	字数:414 千字
2021 年 5 月第 1 版		2023 年 7 月第 2 次印刷
责任编辑:王　健		责任校对:刘俊如
	封面设计:对岸书影	

ISBN 978-7-5685-2874-0　　　　　　　　　　定　价:52.80 元

本书如有印装质量问题,请与我社发行部联系更换。

前　言

《银行会计》是"十四五"职业教育国家规划教材。

银行会计是高职高专院校财经类专业的主干课程,是培养学生具有良好职业道德和素养、熟练掌握银行各项业务操作的复合型技能人才的重要课程之一。伴随我国市场经济体制的不断完善和发展,我国金融体制和会计制度也在不断完善和发展。2006年2月15日,财政部颁布了《金融企业财务规则》;2016年5月,我国财政部、国家税务总局全面推开营业税改征增值税;2019年9月,为了防范和化解金融风险,加强金融企业财务管理,财政部对《金融企业财务规则》〔财政部令第42号〕进行修订,形成了《金融企业财务规则(征求意见稿)》;2020年5月28日,第十三届全国人民代表大会第三次会议表决通过了《中华人民共和国民法典》,自2021年1月1日起施行。这些政策和制度的出台使银行会计的核算也发生了很大的变化。为了加强银行会计理论教学与实际业务操作的密切联系,便于金融从业人员正确理解和运用新的会计准则,教材编写组在编写过程中对银行会计教材进行了反复修改和完善。

教材根据《高等学校课程思政建设指导纲要》(教高〔2020〕3号),全面贯彻党的二十大精神,坚持以立德树人为根本任务,遵循"德技并修、工学结合"的教学理念,以银行会计为主导的金融体制和会计制度改革为主线,紧密结合学科前沿动态。教材运用项目驱动教学方法的程序编写,具有结构体系设置完备、教学资源丰富、业务内容全面、理论和实践教学相结合等鲜明特色。教材始终坚持将思政教育与技能传授有机融合,运用智能化教学手段,培养学生德技并举本领,提升教师德育双馨能力,强化职员德业兼优素质,发展大众德才兼备品行,从而推进深化校企合作、产教融合,为学生提供多元化教学资源。

教材特色创新主要体现在以下五个方面:

1. 德技并修,工学结合

教材坚持以立德树人为根本任务,面向银行业务岗位,基于岗位流程,"润物细无声"地将课程思政内容融入课堂教学,实现育德与育才的有机统一。

2. 实操规范,业务清晰

为了业务知识浅显易懂,教材采用图表归纳、案例讲解、微知识、精视频等形式进行线上线下阐述。

3. 核算易懂，实务演示

针对银行会计业务的重点及难点，教材采用动漫演示、实务操作、仿真实训等方式深入浅出地加以诠释，便于学生理解与掌握。

4. 内容丰富，课政融通

根据教育部等四部门印发《关于在院校实施"学历证书＋若干职业技能等级证书"制度试点方案》，教材深度挖掘校企合作，创新人才培养方案，结构体系设置完备、业务全面、内容丰富，既突出基本理论的讲解，又注重实际业务的操作，既注重专业知识的掌握，又强调岗、课、赛、证的融合，实现理实一体化教学，拓宽就业本领。

5. 利用互联网技术，建设立体化教材

教材在"智慧树"（https://www.zhihuishu.com）和"学银在线"（http://www.xueyinonline.com）建有"银行会计"在线精品资源共享课程，旨在以信息技术手段和平台的运用推进立体化教材建设，实现线上线下德技并举的一体化育人的目标。

教材各项目分别对银行会计的基本理论、实际业务进行了全面、系统的阐述，在强调理论的同时，注重实际业务的操作，增设了实训模块，实现了传统与创新的结合。教材适合金融、会计、投资、审计、会计信息管理等相关专业的学生学习，也可作为银行从业人员的培训学习资料，既能培养学生家国情怀、精益求精的工匠精神，又能培养学生掌握银行业务的专业知识和技能。

本教材由校企合作共同开发，作者队伍实力雄厚，为开发精品教材奠定坚实基础。

本教材由山西金融职业学院唐笑炯任主编，山西吉县农村商业银行股份有限公司孙增明、中国人寿财产保险股份有限公司山西省分公司赵亮、山西金融职业学院靳馨茹、龙婷婷、裴增杰、王博扬参与编写。唐笑炯编写项目一、项目二、项目四，孙增明编写项目八，赵亮编写项目九，靳馨茹编写项目五，龙婷婷编写项目三，裴增杰编写项目六，王博扬编写项目七。唐笑炯负责全书的总纂和定稿。

在教材编写过程中，编者得到了中国银行并州路支行邢健、山西省中国人民银行唐笑冬行业人士的具体指导，也得到了山西财经大学会计学院院长李端生、山西财政税务专科学校校长赵丽生、山西金融职业学院院长田祥宇的大力支持。同时，编者参考、引用和改编了国内外出版物中的相关资料以及网络资源，在此表示深深的谢意！相关著作权人看到本教材后，请与出版社联系，出版社将按照相关法律的规定支付稿酬。

本教材是相关高职院校与企业倾力合作和集体智慧的结晶。尽管在教材的特色建设方面我们做出了很多努力，但不足之处在所难免，恳请各相关高职院校和读者在使用本教材的过程中予以关注，并将意见或建议及时反馈给我们，以便修订时完善。

编　者

所有意见和建议请发往：dutpgz@163.com

欢迎访问职教数字化服务平台：https://www.dutp.cn/sve/

联系电话：0411-84706671　84707492

目 录

项目一　总　论 ··· 1
- 任务一　认识银行及我国银行组成体系 ·· 2
- 任务二　了解银行会计的概念、对象、特点与工作组织 ······································· 4

项目二　银行会计基本核算方法 ··· 10
- 任务一　认识会计科目 ··· 11
- 任务二　掌握记账方法 ··· 14
- 任务三　认识会计凭证 ··· 17
- 任务四　掌握账务组织与账务处理 ··· 25

项目三　存款业务 ·· 37
- 任务一　认识存款业务 ··· 38
- 任务二　核算单位存款业务 ·· 40
- 任务三　核算储蓄存款业务 ·· 51

项目四　贷款业务 ·· 67
- 任务一　认识贷款业务 ··· 68
- 任务二　核算贷款业务 ··· 70

项目五　支付结算业务 ··· 94
- 任务一　认识支付结算业务 ·· 95
- 任务二　核算支付结算业务 ·· 98

项目六　资金清算与金融机构往来业务 ·· 147
- 任务一　认识资金清算与金融机构往来业务 ··· 148
- 任务二　核算商业银行内部联行往来业务 ·· 153

任务三	核算我国现代化支付系统业务	167
任务四	核算商业银行与中央银行往来业务	174
任务五	核算同业往来业务	184

项目七 外汇业务 — 200

任务一	认识外汇业务	201
任务二	核算外汇买卖业务	207
任务三	核算外汇存贷款业务	210
任务四	核算国际贸易结算业务	218

项目八 损益与所有者权益业务 — 231

| 任务一 | 核算损益业务 | 232 |
| 任务二 | 核算所有者权益业务 | 244 |

项目九 年度决算与会计报告 — 251

任务一	认识年度决算	252
任务二	编制财务报告	255
任务三	编制年度会计报表	258

项目一

总 论

活动目标	学生通过学习,了解我国银行的产生、发展及在社会发展中所起的作用,掌握我国银行的组成体系、银行会计的对象、特点,树立文化自觉、文化自信的历史观和文化观。
活动重点	银行会计的对象、特点。
活动难点	银行会计对象的理解。
活动方法	本项目融入课程思政元素,将案例导入、视频、讨论等多种活动方法相结合。
活动内容	本项目从银行概述与我国银行的组成体系入手,进而着重阐述银行会计的概念、对象、特点以及工作组织等。

任务一 认识银行及我国银行组成体系

一、银行概述

(一)银行的产生和发展

银行是以经营货币为对象、以信用为形式,通过不同业务方式来实现资金收付融通的特殊组织。

> **知识链接**
> 银行业起源、发展:唐朝"飞钱"、北宋"交子"、明朝"当铺"、晚清"山西票号"。

人类社会早期采用直接的物物交换。随着经济的发展,交换变为以货币为媒介的商品交换,货币成为一般等价物,追求经济利益成为人们经济活动的出发点。社会中有一部分人积攒了大量的货币,逐渐从社会各行业中分离出来,这部分人成为早期的货币经营者,专门从事货币的保管、兑换、汇兑等业务。随着资金规模的不断扩大,把这些资金贷给商人、小手工业者或农民,并收取一定的手续费。这样早期银行的雏形就形成了,货币经营者逐渐变成了借贷资本家。

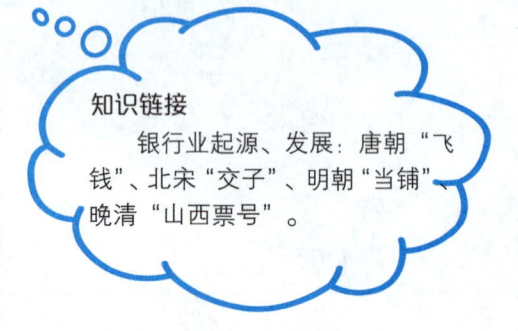

(二)银行的作用

银行是国民经济的神经中枢,是社会经济供给的总闸门,在社会经济发展中起着很重要的作用。

(1)全方位调剂资金余缺,提高资金的使用效率。
(2)创造信用货币,结算安全、方便且节省大量现钞。
(3)推行货币政策,调整经济运行。

①当社会有效需求不足,库存商品积压、市场疲软时,采取松动性货币政策,即降低存贷款利率,扩大财政开支,扩大信贷规模,从而达到经济增长、充分就业、市场繁荣的目的。

②当经济过热、物价上涨过快时,采取紧缩性货币政策,避免通货膨胀、金融混乱、甚至社会政治危机及经济危机的发生。

二、我国银行组成体系

随着科技的发展和经济体制改革的深入,我国形成了以中国人民银行(中央银行)为核心,以中国银行保险监督管理委员会为监督机构,以国有商业银行和政策性银行为主体,多种产权形式银行机构同时并存的银行体系。

(一)中央银行

中央银行,即中国人民银行,是国家金融机构的管理机关。它具有三项主要职能:

1.制定和执行货币金融政策

中央银行作为国家货币政策的制定和执行者,通过对金融政策的制定和执行,运用金融手段,对全国货币、信用活动进行有目的的调控,实现其预期货币金融政策的目标和职能。

中央银行调节的主要对象是全社会信用总量,其通过调节全社会信用总量直接调节社会总需求和总供给。

中央银行是独享货币发行权的银行。无论是流通中的货币还是银行的存款都与中央银行的货币供应有直接关系,因此,中央银行通过收缩与扩张货币供应量,就可以调节社会总需求和总供给的关系。

在商品经济条件下,经济的运转离不开货币资金。尤其当前,无论企业财务资金还是国家财政资金,都与银行信贷资金有着密切的内在联系,因此,中央银行可以通过调节银行信贷资金来主动、积极地调节社会总供给和总需求,为国民经济的健康发展创造条件。

2.实行金融监管职能

中央银行作为全国的金融行政管理机关,为了维护全国金融体系的稳定,防止金融混乱,对商业银行和其他金融机构以及全国金融市场的设置、业务活动和经济情况等进行检查、监督、指导、管理和控制。

中央银行金融监管的目的在于维护金融业的安全和稳定,调整各类金融机构之间及其内部关系,保证公共利益和银行存款户的安全,贯彻执行国家的金融法规和政策,促进国民经济的正常发展,防止金融危机及不适当金融活动对国民经济造成危害。

3.提供支付清算服务

支付体系就是对市场参与者的债务活动进行清算的一系列安排。经济体系中的债务清算过程就是货币所有权的转移过程。

(二)商业银行

我国商业银行包括四大国有银行、股份制商业银行、地方商业银行、城市信用社及农村信用社等。商业银行是以营利为目的自主经营、自担风险、自负盈亏、自我约束的特殊企业。安全性、流动性、营利性是其经营原则。

(三)政策性银行

长期以来,对于那些投资大、周期长、见效慢、风险大,但事关国民经济全局、国计民生的重大工程的资金供给,都由中央银行委托各商业银行办理。随着经济的发展,这一做法已严重制约商业银行的发展,于是从1994年起,我国结合实际情况,建立了以下三家政策性银行。

(1)中国开发银行,成立于1994年3月,以国家重点建设为对象的资金供给金融机构,如能源、交通、基础设施、支柱产业等。

(2)中国农业发展银行,成立于1994年11月,主要经营农林牧业的开发,粮、棉、油等农副产品的收购以及财政支农资金的下拨等业务的金融机构。

(3)中国进出口信贷银行,成立于1994年4月,主要经营成套机电设备及零部件、纺织

品、紧缺原材料等产品的进出口等业务的金融机构。

(四)非银行金融机构

1. 投资公司

投资公司是以代人理财为主要经营内容,以受托人的身份经营现代信托业务的金融机构。

2. 证券公司

证券公司是专门经营有价证券的发行、转让以及代理业务的金融机构。

3. 基金管理公司

基金管理公司是集中众多投资者的证券投资基金,由专业的基金管理人对股票、债券等证券进行分散投资,以谋求投资风险尽可能低和投资收益最大化的金融机构。

4. 金融资产管理公司

金融资产管理公司是一国在特定的历史时期和经济条件下,对商业银行等金融机构的不良资产进行剥离和处置的暂时性的金融机构,是一种过渡性的金融机构。在我国主要有华融、信达、东方、长城四家公司。

5. 保险公司

保险公司是经营保险业务的金融机构。由于保险公司的保费收入远远超过它的保费支付,因而其聚积起大量的货币资本。这些货币资本往往比银行存款更为稳定,是西方国家金融体系长期资本的重要来源。保险公司的资金运用业务主要是长期证券投资,如投资于公司债券和股票、市政债券、政府公债,以及发放不动产抵押贷款、保单贷款等。

6. 财务公司

财务公司是由企业集团内部各成员单位入股,向社会募集长期资金,为企业技术进步服务的金融股份有限公司。

7. 金融租赁公司

金融租赁公司是指经中国银行保险监督管理委员会批准,以经营融资租赁业务为主的金融机构。

任务二 了解银行会计的概念、对象、特点与工作组织

一、银行会计概述

(一)概念

银行会计是运用会计的基本原理和基本方法,以货币为主要计量单位,采用特定方法,

对银行的业务活动和财务活动进行核算与监督的一门专业会计。

（二）阐述

1.银行会计以货币为主要计量单位

现代会计的一个重要特征就是借助于计算货币的形态，通过全面综合的反映来确定和控制会计主体的经济活动。银行会计正是这样，在实际工作中，虽然有时也需要利用实物量度来计算某些物质（如贵金属）的核算指标，利用劳动量度来计算劳动消耗量，但是广泛利用的却是货币量度。另外，在多种货币并存的情况下，我国以人民币作为记账本位币。

2.银行会计的核算有一系列独特的专门方法

银行会计的核算的专门方法包括：单式传票；传票的传递制度；特定凭证的填制；联行往来的章、押、证的三分管制度；财务组织的双线核算和核对；按日提供会计报表制度等。这些特定的专门方法从制度上保证了会计核算的准确性、及时性和安全性。

3.银行会计业务范围是银行的经济活动

银行会计业务包括吸收存款、发放贷款、办理结算以及在业务过程中发生的收入、成本和费用的计算等。这些业务的发生都必须通过会计进行核算和监督。

4.银行会计应遵循会计核算的一般原则

会计核算的原则是会计核算的行为规范，是会计核算的基本要求，是做好会计工作必须遵循的标准。根据国际通用的会计准则和金融企业会计制度的规定，银行会计核算必须遵循企业会计准则。

二、银行会计对象

银行会计对象是指会计核算和监督的内容。由于各类银行机构的性质、职能、作用和业务范围不同，会计核算对象的具体内容也不完全相同。

本任务是以商业银行会计的对象展开阐述的。

商业银行会计的对象是指商业银行会计所要核算和监督的内容，主要包括资产、负债、所有者权益、收入、费用和利润六个会计要素对象。

1.资产

资产是指过去的交易、事项形成并由企业拥有或者控制的资源，该资源预期会给企业带来经济效益。银行资产包括各项贷款与贴现、投资、现金、固定资产、存放中央银行款项与缴存存款、拆出资金、各种债券及应收款等。贷款是银行主要的资产业务。资产业务是银行的资金运用业务。灵活有效地进行银行资金运用，可以增加银行资金的安全性，也可以增加银行资金的营利性。

2.负债

负债是指过去的交易、事项形成的现实义务，履行该义务预期会导致经济效益流出企业。银行负债包括各项存款、向中国人民银行借款和再贴现、拆入资金、发行债券及各种应付款等。各项存款是银行主要的负债业务。银行的负债业务实际上就是资金来源业务。资金来源的多少和结构直接关系到银行经营的规模和效益。

3.所有者权益

所有者权益是银行投资人对银行净资产的所有权。

以上三项内容之间的关系用公式表示如下：

$$资产-负债=所有者权益$$

所有者权益包括资本金、资本公积、盈余公积、未分配利润。

(1)资本金是银行在工商行政管理部门登记的注册资金，它是最原始的资金来源，是银行进行业务经营的前提条件。资本金按出资主体不同分为国家资本金、法人资本金、个人资本金、外商资本金。国家规定，银行必须拥有一定的资本金才能够申请设立机构，才能够进行业务经营活动。

(2)资本公积是银行由于接受捐赠、投资人出资额大于注册资本的金额、法定财产重估增值、固定资产无偿调拨而增加的资本。比如说接受捐赠的物资、现金；法定财产重估增值；投资人出资大于注册资本的金额等。

(3)盈余公积是银行按照规定从税后利润中按一定比例提取的一种公共积累资金，主要用于资本积累和弥补亏损。

(4)未分配利润是银行税后尚未分配的利润。

4.收入

收入是银行在一定经营期间内以付出或耗费资产为代价而获得的新资产，包括利息收入、手续费收入、金融企业往来收入、其他营业收入等。

5.费用

费用是银行在业务经营过程中发生的各种耗费，包括利息支出、手续费支出、金融企业往来支出、业务管理费等。

6.利润

利润是银行在一定期间内各项收入减去各项费用的差额，是一项重要的综合性指标。利润是银行最终的经营成果，是衡量银行经营管理水平的重要指标。

用公式表示如下：

$$收入-费用=利润("+"表示盈 "-"表示亏)$$

以上介绍了银行会计对象六大要素的内容，用公式表示如下：

$$资产+费用=负债+所有者权益+收入$$

或

$$资产-负债=所有者权益+收入-费用$$

三、银行会计特点

(一)会计核算具有独特的方法性

货币资金收付必须通过银行会计完成，所以银行会计在核算的同时就处理了银行业务。

(二)会计处理的及时性

银行会计核算是否正确、及时，不仅关系到银行内部，而且还关系到银行外部。及时处理账务可以加速银行资金周转，同时可以随时了解银行资金情况，因此，及时处理账务是银行会计基本要求之一。银行会计核算要求：随时记账，每日结账，及时报账。

（三）会计核算内容广泛性和反映情况全面性

银行是社会资金活动的枢纽，单位之间的购销活动所引起的货币结算，需要银行来办理。从整个再生产过程来看，银行反映数字和金额情况，实际上就是企业的商品生产、商品流通和产、供、销过程，所以说银行是综合反映社会资金活动情况的机构。

（四）会计核算方法的特殊性

在会计核算方法中，除了基本核算方法外，还有一套自己的特殊方法。例如，银行的会计凭证采用单式凭证的形式，大量用原始凭证代替记账凭证。

（五）会计核算手段电子网络化

随着科学技术的发展，银行会计核算手段也逐步实现了电子网络化，使得会计核算更快捷、更精准。

四、银行会计工作组织

（一）机构设置

银行会计部门是指直接从事或组织领导会计工作的职能部门，我国银行会计机构组织从上到下实行垂直领导，总行设会计司，分行设会计处，中心支行设会计科，县、市支行设会计股或部。会计机构按隶属关系可分为独立和附属会计核算单位。凡独立编制会计报表和办理年终结算的单位为独立会计核算单位，业务由管辖行采用并账或并表进行汇总反映的为附属会计核算单位。

（二）岗位管理组织

岗位管理组织是指经办业务的基层行处会计部门人员的分工和组织形式。由于每个行处的业务范围大小不一，业务数量有多有少，会计人员的业务水平高低不一，工作设备不同，工作手段又分为手工操作处理和电子计算机处理，所以岗位管理组织也有所不同。岗位管理组织一般有以下几种形式：

1.营业专柜

营业专柜主要适用于业务量较大且实行手工操作的会计机构。通常由3～5人组成，分设记账员和复核员。记账员负责受理和审查凭证及编制记账凭证，登记有关账簿；复核员负责组织全组工作，审核和复核记账员办理的业务和账务，并对客户提出的查询做出答复。现金收付业务则由出纳部门统一办理。

2.柜员制

柜员制是指柜员在接办业务的同时，也兼办出纳、记账、复核等工作的劳动组织形式。这种形式适用于电算化设备齐全的行处。

3.接柜员与操作员相结合

这种劳动形式是设置专职接柜员接受和审查凭证,然后由电子计算机操作人员处理数据。其实质是手工操作和电子计算机操作的有机结合。

(三)会计人员

会计人员是指直接从事或组织领导会计核算、监督、分析、检查等各项工作的专业人员。

1.素质

会计人员的素质包括政治素质和业务素质。会计人员因每天与钱打交道,所以一定要有良好的职业道德、优秀的思想品质、过硬的技术本领、熟练的技术操作能力以及较高的理论水平。

2.职责

会计人员的职责包括恪尽职守、遵纪守法、讲究职业道德、文明优质服务、廉洁奉公、独立完成各项任务。

3.权限

会计人员的权限如下:第一,有权要求往来单位及他行执行财经纪律、金融法规,若违反可拒绝办理。第二,有权越级反映情况,对于违反财经纪律的业务,会计处理同主管领导意见不一致时,会计人员可以执行,但应及时向上级行反映情况,请求处理。第三,有权对本单位各部门在资金使用、财产管理、财务收支等方面实行会计监督。

(四)会计制度

会计制度是指处理会计业务的原则、程序和方法的总称,包括财政部颁布的企业会计准则、金融企业会计制度、中国人民银行颁布的全国银行业统一会计规则等,各级银行必须严格贯彻执行。

活动练习

一、名词解释

1.银行会计　2.费用　3.资产　4.负债　5.所有者权益　6.收入　7.利润

二、解答题

1.我国银行组成体系是什么?

2.银行会计的核算对象是什么?

3.银行会计的特点是什么?

4.银行会计人员的职责和权限有哪些?

三、判断题

1.库存现金、存放中央银行款项、短期贷款、短期投资等都属于商业银行的流动资产。
(　　)

2.中长期贷款、长期投资、固定资产和无形资产等都属于商业银行的长期资产。(　　)

3.会计主体假设是指会计工作特定的空间范围,为确定特定企业所掌握的经济资源和办理业务提供了基础,从而为规定有关记录和报表所涉及的范围提供了基础。（　　）

4.商业银行的会计核算只能以人民币为记账本位币。（　　）

四、单选题

1.下列不属于商业银行经营范围的有(　　)。
A.吸收公众存款　　　　　　　　B.发放短期、中期和长期贷款
C.办理国内外结算　　　　　　　D.印制和发行货币

2.会计期间分为(　　)。
A.年度　　　　　　　　　　　　B.年度、半年度
C.年度、半年度、季度　　　　　D.年度、半年度、季度和月度

五、业务题

指出商业银行下列经济业务的性质：

1.商业银行存放在中央银行的存款 4 000 000 元。
2.商业银行吸收储户 3 年期的定期存款 30 000 元。
3.商业银行发放给企业 4 000 000 元的贷款。
4.商业银行收到企业办理银行承兑汇票的手续费 60 元。
5.商业银行支付本季度企业活期存款利息共计 590 500 元。
6.银行收到本季度客户贷款利息共计 4 508 000 元。
7.商业银行向所在地中国人民银行申请再贷款 3 000 000 元。
8.商业银行收到某单位捐赠款项 200 000 元。

项目二

银行会计基本核算方法

活动目标	学生通过学习《中华人民共和国商业银行法》及《金融企业会计制度》的相关规定，学会处理银行会计业务，端正学习态度，增强社会责任感，时刻严格要求自己。
活动重点	银行会计科目的设置、银行会计凭证的编制、银行账务组织与账务处理。
活动难点	分户账的登记、科目日结单的编制。
活动方法	本项目融入课程思政元素，将案例、视频和理论讲授等各种活动方法相结合。
活动内容	银行会计科目、银行记账方法、银行会计凭证、银行账务组织与账务处理等。

营业前准备工作

任务一 认识会计科目

一、会计科目概述

（一）概念

银行会计科目是对银行会计对象的具体内容所做的科学分类。

（二）意义

有了会计科目，就可以把错综复杂的经济业务按照相同的口径进行归类汇总，并加以分析利用，然后编制凭证、设置账簿，从而实现会计的职能。

会计科目是连接各种核算方法的纽带，是系统核算的前提，是综合反映国民经济情况的工具，是统一会计核算口径的基础。

（三）作用

1. 统一会计科目

财政部和中国人民银行为规范全国银行业的会计核算共同制定了会计科目，其要求所有银行业在向同级财政机关和中国人民银行上报会计报表时使用。

各商业银行根据自身特点，以银行业统一科目为依据，设置本系统内的科目并进行有关账务处理。但在编制报表时，各商业银行必须按银行业统一科目进行归类汇总，保证口径一致，指标可比。

2. 连接核算方法

会计科目是银行会计的核算工具。银行会计核算方法有编制会计分录、填制科目日结单、登记总账、编制会计报表等一系列方法，银行会计科目连接上述各种核算方法，形成一个有机的核算体系，确保会计核算科学、有序地进行。

因此，会计科目在会计核算中发挥着很重要的作用。

二、会计科目分类

会计科目可以从不同角度进行分类，以便从不同方面考察银行的经营管理活动，取得所需要的数据资料。

（一）与资产负债表的关系分类

1.表内科目

表内科目是指能引起资金实际增减变化，并列入资产负债表内的科目。表内科目是我们研究的主要对象，如各类存款、贷款等科目。

2.表外科目

表外科目是指不能引起资金实际增减变化，但必须承担一定经济责任的重要会计事项的科目，如银行承兑汇票、代保管有价值品发出托收等科目。

（二）表内科目按性质分类

1.资产类科目

资产类科目用于核算各项财产、债券和其他权利。资产类科目按流动性又分为流动资产、长期投资、固定资产、无形资产和其他资产等科目。资产类的会计账户增加记借方，减少记贷方，余额一般在借方（备抵类账户余额一般在贷方）。

2.负债类科目

负债类科目用于核算债务和责任。负债类科目按偿还期限长短不同，又可分为流动负债和长期负债，主要包括存款、借款、同业拆入、应付款项等。负债类的会计账户增加记贷方，减少记借方，余额通常在贷方。

3.资产负债共同类科目

资产负债共同类科目是反映商业银行日常核算中资产负债性质不确定的科目，通常根据期末余额方向来决定。例如，联行往来、外汇买卖等科目。资产负债共同类会计账户借贷双方余额轧差反映，余额在借方表现为资产，余额在贷方表现为负债。

4.所有者权益类科目

所有者权益类科目用于核算投资者对企业净资产的所有权。例如，实收资本、资本公积、盈余公积等科目。所有者权益类会计账户增加记贷方，减少记借方，余额通常在贷方。

5.损益类科目

损益类科目用于核算一定时期内各项财务收入、财务支出以及经营成果。各类收入或收益类账户增加记贷方，减少记借方；各类支出或费用类账户增加记借方，减少记贷方。期末收入或收益类账户的余额转入本年利润账户的贷方，各类支出或费用类账户的余额转入本年利润账户的借方，损益类账户结转后没有余额。

三、会计科目代号与账号

为了便于账务处理和会计电算化，会计科目在制定时，都编有代号。

账户设有户名和账号。账户编列的号码称账号。账号的编排不是任意的，而是由一定的内容组成，一般来说，账号是账户按照一定顺序编排的序号。

商业银行会计科目见表2-1。

表 2-1　　　　　　　　　　商业银行会计科目

		一、资产类	38	1701	无形资产
1	1001	库存现金	39	1702	累计摊销
2	1002	银行存款	40	1703	无形资产减值准备
3	1003	存放中央银行款项	41	1711	商誉
4	1011	存放同业	42	1801	长期待摊费用
5	1012	其他货币资金	43	1811	递延所得税资产
6	1021	结算备付金	44	1901	待处理财产损溢
7	1031	存出保证金			二、负债类
8	1101	交易性金融资产	45	2002	存入保证金
9	1111	买入返售金融资产	46	2003	拆入资金
10	1131	应收股利	47	2004	向中央银行借款
11	1132	应收利息	48	2011	吸收存款
12	1221	其他应收款	49	2012	同业存放
13	1231	坏账准备	50	2021	贴现负债
14	1301	贴现资产	51	2101	交易性金融负债
15	1302	拆出资金	52	2111	卖出回购金融资产款
16	1303	贷款	53	2211	应付职工薪酬
17	1304	贷款损失准备	54	2221	应交税费
18	1311	代理兑付证券	55	2231	应付利息
19	1321	代理业务资产	56	2232	应付股利
20	1431	贵金属	57	2341	其他应付款
21	1441	抵债资产	58	2311	代理买卖证券款
22	1461	融资租赁资产	59	2312	代理承销证券
23	1501	持有至到期投资	60	2313	代理兑付证券款
24	1502	持有至到期投资减值准备	61	2502	应付债券
25	1503	可供出售金融资产	62	2702	应付债券未确认融资费用
26	1511	长期股权投资	63	2801	预计负债
27	1512	长期股权投资减值准备	64	2901	递延所得税负债
28	1521	投资性房地产			三、资产负债共同类
29	1531	长期应收款	65	3001	清算资金往来
30	1532	未实现融资收益	66	3002	货币兑付
31	1541	存出资本保证金	67	3101	衍生工具
32	1601	固定资产	68	3201	套期工具
33	1602	累计折旧	69	3202	被套期项目
34	1603	固定资产减值准备			四、所有者权益
35	1604	在建工程	70	4001	实收资本
36	1605	工程物资	71	4002	资本公积
37	1606	固定资产清理	72	4101	盈余公积

(续表)

73	4102	一般风险准备	84	6101	公允价值变动损益
74	4103	本年利润	85	6111	投资收益
75	4104	利润分配	86	6301	营业外收入
76	4201	库存股	87	6401	主营业务成本
		五、成本类	88	6402	其他业务成本
77	5301	研发支出	89	6403	营业税金及附加
		六、损益类	90	6411	利息支出
78	6001	主营业务收入	91	6421	手续费及佣金支出
79	6011	利息收入	92	6602	管理费用
80	6021	手续费及佣金收入	93	6701	资产减值损失
81	6041	租赁收入	94	6711	营业外支出
82	6051	其他业务收入	95	6801	所得税费用
83	6061	汇兑收益	96	6901	以前年度损益调整

任务二 掌握记账方法

一、记账方法概述

记账方法是指银行会计核算中,以凭证为依据,运用一定的记账原理,按照一定的记账规则,对经济业务进行分类整理并登记到账簿的一种专门方法。记账方法包括单式记账法和复式记账法两种。

(一) 单式记账法

单式记账法是发生的每笔业务只在一个会计科目中登记的记账方法。我国银行系统将其广泛运用于中国人民银行货币发行及有关商业银行的表外科目业务。单式记账法是一种较为简单而又不完整的记账方法,各科目之间的记录没有直接联系,不能全面系统地反映经济业务,不便于检查账户记录的正确性和完整性。

（二）复式记账法

复式记账法是对每一项经济业务都按照相等的金额在两个或两个以上相互联系的会计科目中进行全面登记的记账方法。目前，我国统一采用借贷记账法。这种记账方法是国际通用的记账方法。复式记账法能够清楚地反映科目之间的对应关系及资金变动的来龙去脉。

二、借贷记账法

（一）概念

借贷记账法是最常见的一种复式记账法，以"资产＝负债＋所有者权益"的会计平衡公式为理论基础，以"借"和"贷"为记账符号，按照"有借必有贷，借贷必相等"的记账规则在账户中进行登记的一种记账方法。

（二）内容

1.记账主体

记账主体即会计科目，也是账户的名称，分为以下几类：资产类、负债类、资产负债共同类、所有者权益类、成本类、损益类。

2.记账符号和记账规则

借贷记账法（全称为借贷复式记账法），它是以"资产＝负债＋所有者权益"为理论依据，以"借"和"贷"为记账符号，以"有借必有贷，借贷必相等"为记账规则。

3.账户结构和记账方向

账户结构是：左方为借方，右方为贷方。但究竟哪一方登记金额的增加，哪一方登记金额的减少，则应根据账户所反映的经济内容以及与此相联系的性质而定。

借贷记账法下各类账户的记账方向见表2-2。

表2-2　　　　　　　　借贷记账法下各类账户的记账方向

借方	贷方
资产增加	资产减少
负债减少	负债增加
权益减少	权益增加
成本费用增加	成本费用减少
收入减少	收入增加

4.试算平衡

(1)发生额平衡。各科目当日借方发生额合计＝贷方发生额合计。

(2)余额平衡。各科目当日借方余额合计＝贷方余额合计。

例 2-1

王胜存入销货收入现金 5 000 元。

该笔经济业务是一项资产的增加与一项负债的增加,其会计分录为:

借:库存现金   5 000.00

  贷:吸收存款——活期储蓄存款——王胜   5 000.00

例 2-2

永久公司从存款账户中归还所借短期贷款 90 000 元。

该笔经济业务是一项负债的减少与一项资产的减少,其会计分录为:

借:吸收存款——活期存款——永久公司存款户   90 000.00

  贷:贷款——短期贷款——永久公司贷款户   90 000.00

例 2-3

中国工商银行收兑某企业金银,计付现金 10 000 元。

该笔经济业务是一项资产的增加与一项资产的减少,其会计分录为:

借:贵金属   10 000.00

  贷:库存现金   10 000.00

例 2-4

经批准,按法定程序将资本公积 140 000 元转增资本金。

该笔经济业务是一项所有者权益的减少与另一项所有者权益的增加,其会计分录为:

借:资本公积   140 000.00

  贷:实收资本   140 000.00

上述经济业务从不同方面反映了银行资产、负债、所有者权益、收入、费用的增减变化情况。根据例 2-1 至例 2-4 编制试算平衡表,见表 2-3。

表 2-3   试算平衡表   单位:元

会计科目	上日余额 借方	上日余额 贷方	本日发生额 借方	本日发生额 贷方	本日余额 借方	本日余额 贷方
库存现金	150 000		5 000	10 000	145 000	
贵金属	31 000		10 000		41 000	
贷款	400 000			90 000	310 000	
吸收存款		200 000	90 000	5 000		115 000
资本公积		281 000	140 000			141 000
实收资本		100 000		140 000		240 000
合计	581 000	581 000	245 000	245 000	496 000	496 000

任务三 认识会计凭证

一、会计凭证概述

银行会计凭证是银行各项业务活动和财务活动的原始记录,是办理业务、记载账簿的依据,是明确经济责任、核对账务和事后查考的依据。由于在办理业务和核算时,银行会计凭证要在银行各环节之间传递,所以银行会计凭证习惯上被称作"传票"。

银行每天发生大量经济业务,为了全面反映和监督这些业务,必须认真填制和审核会计凭证,详细记录每笔业务发生的时间、地点和内容。同时有关部门和人员要审核和签章,这样就明确了经济责任。

二、会计凭证种类

银行会计凭证与其他会计凭证一样,可分为原始凭证和记账凭证。记账凭证又可分为单式记账凭证和复式记账凭证。根据凭证的适用范围和业务需要,银行会计凭证又可分为基本凭证和特定凭证。

(一)基本凭证

基本凭证是根据有关原始凭证和业务自行编制的记账凭证,按性质不同可分为以下十种:

(1)现金收入传票(见表2-4)
(2)现金付出传票(见表2-5)
(3)转账借方传票(见表2-6)
(4)转账贷方传票(见表2-7)
(5)特种转账借方传票(见表2-8)
(6)特种转账贷方传票(见表2-9)
(7)表外科目收入传票(见表2-10)
(8)表外科目付出传票(见表2-11)
(9)外汇买卖借方传票(见表2-12、表2-13)
(10)外汇买卖贷方传票(见表2-14、表2-15)

上述基本凭证中,现金收入、付出传票,转账借、贷方传票属于银行内部凭证,只限于内部使用,对外无效。特种转账借、贷方传票,由银行填制,可在内部和外部使用。外汇买卖借、贷方传票,用于经营外汇业务的银行在办理外汇业务过程中,涉及外汇、外币兑换的转账业务。表外科目收入、付出传票,适用于需要登记表外科目的账务。

(二)特定凭证

特定凭证是根据各种业务的特殊需要而设置的专用凭证。

特定凭证由银行设计和印制,单位购买和填写,并提交银行凭以办理业务。

特定凭证采用一次套写数联,外部单位和银行分别联次使用,凭以处理业务和登记账簿。特定凭证种类很多。如各种结算凭证、联行凭证、银行之间往来的划拨凭证、贴现凭证、储蓄凭证等。特定凭证的具体使用将在后面各章的业务核算中加以阐述。

表 2-4

中国××银行　现金收入传票

(贷)
(借)现金　　　　　　　　年　月　日　　　　总字第　号
　　　　　　　　　　　　　　　　　　　　　　字　第　号

户名或账号	摘要	金额										附件张
		亿	千	百	十	万	千	百	十	元	角	分
合计												

会计　　　　　出纳　　　　　复合　　　　　记账

表 2-5

中国××银行　现金付出传票

(借)
(贷)现金　　　　　　　　年　月　日　　　　总字第　号
　　　　　　　　　　　　　　　　　　　　　　字　第　号

户名或账号	摘要	金额										附件张
		亿	千	百	十	万	千	百	十	元	角	分
合计												

会计　　　　　出纳　　　　　复合　　　　　记账

表 2-6

中国××银行　转账借方传票

年　月　日

总字第　号
字　第　号

科目(借)	摘要	对方科目(贷)										附件　张
户名或账号		金　额										
		亿	千	百	十	万	千	百	十	元	角	分
合　计												

会计　　　　　　　出纳　　　　　　　复合　　　　　　　记账

表 2-7

中国××银行　转账贷方传票

年　月　日

总字第　号
字　第　号

科目(借)	摘要	对方科目(贷)										附件　张
户名或账号		金　额										
		亿	千	百	十	万	千	百	十	元	角	分
合　计												

会计　　　　　　　出纳　　　　　　　复合　　　　　　　记账

表 2-8

中国××银行　特种转账借方传票

年　月　日

总字第　号
字　第　号

收款单位	全　称			付款单位	全　称		
	账号或地址				账号或地址		
	开户银行		行号		开户银行		行号
金额	人民币(大写)			千 百 十 万 千 百 十 元 角 分			
	原始凭证金额	赔偿金					
	原始凭证名称	号码		科目(借)			
	转账原因	银行盖章		对方科目(贷)　会计　　复核　　记账			

附件　张

表 2-9

中国××银行　特种转账贷方传票

年　月　日

总字第　号
字　第　号

收款单位	全　　称			付款单位	全　　称		
	账号或地址				账号或地址		
	开户银行		行号		开户银行		行号
金额	人民币（大写）			千 百 十 万 千 百 十 元 角 分			
原始凭证金额		赔偿金		科目(贷)			
原始凭证名称		号码		对方科目(借)			
转账原因		银行盖章		会计　　复核　　记账			

附件　张

表 2-10

中国××银行　表外科目收入传票

年　月　日

总字第　号
字　第　号

表外科目(收入)

户　名	摘要	金　额
		亿 千 百 十 万 千 百 十 元 角 分
	合计	

会计　　　　出纳　　　　复合　　　　记账

附件　张

表 2-11

中国××银行　表外科目付出传票

年　月　日

总字第　号
字　第　号

表外科目(付出)

户　名	摘要	金　额
		亿 千 百 十 万 千 百 十 元 角 分
	合计	

会计　　　　出纳　　　　复合　　　　记账

附件　张

表 2-12

外汇买卖借方凭证（外币）

年　月　日

凭证
编号

结汇单位	全　称		(借)外汇买卖 (对方科目)	附件　张
	账号或地址			
外汇金额		牌　价	人民币金额	
			￥	
摘要			会计 复核 记账 制票	

表 2-13

外汇买卖借方凭证（人民币）

年　月　日

凭证
编号

结汇单位	全　称		(借)外汇买卖 (对方科目)	附件　张
	账号或地址			
外汇金额		牌　价	人民币金额	
			￥	
摘要			会计 复核 记账 制票	

表 2-14

外汇买卖贷方凭证（外币）

年　月　日

凭证编号

结汇单位	全　称		（贷）外汇买卖 （对方科目）	附件　　张
	账号或地址			
外汇金额		牌　价	人民币金额	
			￥	
摘要			会计 复核 记账 制票	

表 2-15

外汇买卖贷方凭证（人民币）

年　月　日

凭证编号

结汇单位	全　称		（贷）外汇买卖 （对方科目）	附件　　张
	账号或地址			
外汇金额		牌　价	人民币金额	
			￥	
摘要			会计 复核 记账 制票	

三、会计凭证特点

会计凭证的特点如下：

(1) 采用单式凭证，便于传递，利于分工协作、分工记账，分别按科目汇总，适应银行业务量大、分工细的特点。

(2) 银行大量使用外来原始凭证作记账凭证，可以节省凭证编制时间，利于提高工作效率，利于保持双方账务的一致性，减少差错。

(3)银行凭证传递环节多,有的凭证要在银行内部传递,有的凭证要在国家或地区之间传递。

四、会计凭证基本要素

会计凭证基本要素是指会计凭证必须具备的基本内容。银行会计凭证种类繁多,具体的内容和格式也不一样,但都具有以下基本要素:
(1)凭证的名称及编制的日期。
(2)收付款人的户名、账号。
(3)收付款人的行名、行号。
(4)人民币符号及大小写金额。
(5)款项来源及用途、附件张数。
(6)会计分录及凭证编号。
(7)单位印章。
(8)银行及个人印章等。

五、会计凭证处理

(一)会计凭证的处理

会计凭证的处理是指银行从受理或编制审查凭证开始,经过账务处理各环节,直至装订保管为止的全过程。

(二)会计凭证的编制

会计凭证的编制要做到要素齐全、内容完整、数字真实、书写规范、不得涂改。

1. 现金传票的编制

每发生一笔现金业务只编制一张和现金科目对应的传票,现金科目本身不需要编制传票。如客户到银行存、取现金,都必须填制有关的现金缴款单或现金支票(存款凭条或取款凭条),而内部发生的现金收付业务也应分别填制现金收入传票或现金付出传票。

2. 转账传票的编制

由于每笔业务至少涉及两个科目,所以对每一笔转账业务,要分别编制转账借方和转账贷方传票,即一个科目填制一张传票,并且借贷金额相等。对同一笔经济业务涉及的一套转账传票,不论几张都应编列同一传票顺序,对其中每张传票,还应编列分号,同时,应相互填写对方科目及编制传票号码,便于核对账务及事后查找。

(三)会计凭证的审查

银行对于受理或编制的会计凭证都必须按照会计制度和有关业务的要求认真地审查,这是会计核算的一个重要环节,只有经过审核无误的会计凭证,才能作为记账依据,具体审查内容如下:

(1)是否为本行受理。

(2)使用的凭证种类是否正确,内容、联数与附件是否齐全完整,是否超过有效期限。

(3)密押印鉴是否真实齐全。

(4)账号与户名是否相符。

(5)大小写金额是否一致,字迹有无涂改。

(6)款项来源、用途是否填写清楚,是否符合有关规定。

(7)计息、收费、赔偿金的计算是否正确。

(8)内部科目的账户名称使用是否正确等。

> **知识链接**
> 严重违法失信行为:伪造、变造会计凭证;销毁依法应当保存的会计凭证等。

(四)会计凭证的签章

签章是确认凭证有效性、明确经济责任的重要措施。

(五)会计凭证的传递

会计凭证的传递必须做到准确及时、先外后内、先急后缓。为了维护银行业务资金的安全,在人工和机器并用的情况下,要做到如下几点。

1.传递的一般程序

外来凭证首先要柜员审核,然后交记账员确定业务并记入明细账,交复核员复核;自编凭证经有关人员签章并记账后,交复核员复核。对现金收付传票,还需经出纳部门登记现金收、付日记账,同时凭以办理款项的收付。

> **微知识** 每日营业终了,根据会计凭证编制日结单,进行凭证整理、装订与保管。

2.传递的基本原则

传递的基本原则如下:

(1)按照会计核算程序组织凭证传递。先外后内、先急后缓,减少不必要的层次,避免无人负责及迟缓、积压、丢失等错乱现象的发生。

(2)现金收入业务"先收款,后记账";现金付出业务"先记账,后付款"。

(3)转账业务必须"先借后贷";对于他行票据,必须收妥抵用,防止单位套用资金,造成银行垫款。

(六)会计凭证的整理装订和保管

每日营业终了,将所有已记完的各种明细账的传票按科目清分,在表内科目传票中将同一会计科目的全部传票按现付、现收、转借、转贷顺序排列,每个会计科目的凭证应排列在本科目的科目日结单后面。

凭证整理完后,按照会计科目代号的大小顺序,表内科目在前,表外科目在后,加上传票封面、封底,封面上写明日期、传票总数、册数、号码等内容。

装订成册,在结绳处用纸条加封,由装订人加盖骑缝章,并由装订人员、会计主管人员盖章,明确责任。

正确无误后交保管人员入库保管。

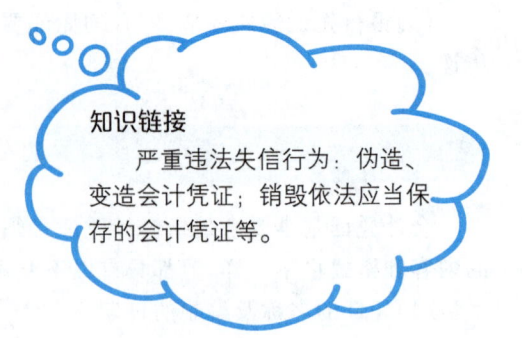

任务四　掌握账务组织与账务处理

会计凭证只能反映每笔业务状况,而不能反映各项业务的全貌,这样就必须把大量分散零星的传票加以归类整理,登记到账簿里,最后形成会计报表,以便使上级领导、投资人、债权人等能清楚地了解银行的经营状况。

银行会计业务具体包括两方面的工作,即账务组织和账务处理。

一、账务组织

> **知识链接**
> 严重违法失信行为有:伪造、变造会计账簿;隐匿会计账簿等。

(一)概念

账务组织是指各种账簿的设置、核算程序、核对方法等相互配合的账务体系。账务组织主要由各种账簿组成。

账簿是由一定格式的账页组成的簿记,是连续系统地记载和反映各项经济业务活动情况的工具,具有积累和提供各项经济指标的作用,也是编制各种会计报表的依据。账簿种类有序时账、分类账、登记簿。

分类账分为总分类账(总账)和明细分类账(明细账),按外表形式又分为订本账、活页账和卡片账。

为了核算严密,还设置了有关表、单作为账务组织的组成部分。

(二)种类及关系

银行的账务组织从核算体系上划分为明细核算和综合核算两大系统。

这两大系统是按照双线核算原则,根据同一凭证,分别在明细账和总账进行登记核算的,因此两者在反映情况方面相互补充、相互配合。

> **微知识**　明细核算对综合核算起到补充说明的作用,综合核算对明细核算起到控制统驭作用,这构成了一整套完整、科学严密的账务组织体系。

1.明细核算

明细核算是对每一个会计科目分户的详细记录。由分户账、登记簿、余额表和现金收付日记簿组成。

(1)分户账

分户账是明细核算的主要账簿,按单位或资金性质立户,根据传票逐笔、连续记载,是各单位办理存、贷款、结算现金收付等业务的主要工具,也是银行同单位对账的依据,其账页格式有以下四种:

①甲种账(见表2-16)又称"分户式账页",其设有借方发生额栏、贷方发生额栏和余额栏三栏,适用于不计息或使用余额表计息以及内部往来资金及损益类科目的明细账户。

表2-16　　　　　　　　　　中国××银行(　)
　　　　　　　　　　　　　　_____账

户名：　账号：　领用凭证记录									
年		摘要	凭证号码	对方科目代号	借方(位数)	贷方(位数)	借或贷	余额(位数)	复核盖章
月	日								

会计　　　　　　　记账　　　　　　　复核

②乙种账(见表2-17)又称"计息式账页",其设有借方发生额栏、贷方发生额栏、余额栏、日数栏和积数栏五栏,适用于在账页上直接计算利息积数的账户。

表2-17　　　　　　　　　　中国××银行(　)
　　　　　　　　　　　　　　_____账

户名：　账号：　领用凭证记录　利率：										
年		摘要	凭证号码	对方科目代号	借方(位数)	贷方(位数)	借或贷	余额(位数)	日数	积数(位数)	复核盖章
月	日									

会计　　　　　　　记账　　　　　　　复核

③丙种账(见表2-18)设有借贷方发生额栏和借贷方余额栏四栏,适用于借贷双方反映余额的账户。

表2-18　　　　　　　　　　中国××银行(　)
　　　　　　　　　　　　　　_____账

户名：　账号：　领用凭证记录　利率：										
年		摘要	凭证号码	对方科目代号	发生额		发生额		借或贷	余额(位数)	复核盖章
月	日				借方(位数)	贷方(位数)	借方(位数)	贷方(位数)			

会计　　　　　　　记账　　　　　　　复核

④丁种账(见表2-19)又称"销账式账页",其设有借方发生额栏、贷方发生额栏、销账栏、余额栏四栏,适用于逐笔反映逐笔销账的一次性业务,它兼有分户核算的作用,同时这种方法可以在同一行看出资金的全部面貌,便于核对账务。

表 2-19

中国××银行(　　)
_____账

户名:			账号:		领用凭证记录		利率:				
年		账号	户名	摘要	凭证号码	对方科目代号	借方	销账		贷方	借或贷	余额	复核盖章
月	日						(位数)	年	月	日	(位数)	(位数)	

会计　　　　　　　　记账　　　　　　　　复核

(2)登记簿

登记簿是明细核算的一种辅助性账簿,是为适应表内、表外科目的某些业务需要而设置的,是记录和控制重要空白凭证和有价单证及实物的重要账簿。它是一种备查账簿,在银行会计中较多地使用登记簿作为明细账的一种补充形式。

一般而言,凡在分户账上不能反映而又需要进行登记查证的业务,都可通过登记簿予以登记反映,其格式可根据需要自行设计,通常有特定格式和一般格式两种。

特定格式的登记簿是为了满足某些业务的需要而设置的;一般格式的登记簿(见表2-20)通常都设有收入、付出和余额三栏,用来反映数量及金额情况。

表 2-20

中国××银行(　　)
登记簿(卡)

户名:			单位:						
年		摘要	收 入		付 出		余 额		复核盖章
月	日		数量	金额 (位数)	数量	金额 (位数)	数量	金额 (位数)	

会计　　　　　　　　记账

(3)余额表

余额表是指用于抄列分户账余额的表格,是明细核算的重要组成部分,是核对总账与分户账余额和计算利息的重要工具。余额表分为计息余额表和一般余额表两种。

①计息余额表(见表2-21)

计息余额表适用于计息科目,根据同一科目分户账的每日最后余额逐户填列。当天如果余额没有变动或遇到休息日,应填列上日余额。每日填列后,还应按科目加计余额合计数,并与总账同一科目余额核对相符。

表 2-21　　　　　　　　　　　　　　计息余额表
　　　　　　　　　　　　　　　　　　　年　月

科目名称：　　　　　　　　　　　　　　　　　　　　　共　页
科目代号：　利率：　　　　　　　　　　　　　　　　　第　页

	账号					
	户名					复核盖章
	余额	（位数）	（位数）	（位数）	（位数）	
日期						
上月底止累计应计息积数						
日期 … 10 天小计 11 … 20 天小计 21 …						
本月合计（本月计息积数）						
应加积数						
应减积数						
本月累计应计息积数						
结息时计算利息数						
备注						

会计　　　　　　　　　　复核　　　　　　　　　　记账

②一般余额表（见表 2-22）

一般余额表适用于不需要计息的科目，按各分户账当日最后余额填列。

表 2-22　　　　　　　　　　　　　　一般余额表
　　　　　　　　　　　　　　　　　年　月　日　　　　　　　共　页　第　页

科目代号	户名	摘要	余额（位数）	科目代号	户名	摘要	余额（位数）

会计　　　　　　　　　　复核　　　　　　　　　　制表

（4）现金收付日记簿

现金收入、付出日记簿是记载和控制现金收入、付出笔数和金额的序时账簿，是现金收入和现金付出的明细记录，应由出纳根据已办理并编列顺序号的现金收入传票和现金付出传票分别序时逐笔记载。

每日营业终了,应分别结出合计数,编制收、付结账表,凭以登记现金库存簿,结出当日库存数并与实际现金库存数核对相符。(见表2-23)

表 2-23 　　　　　　　　　　　现金收入日记簿

柜组名称　　　　　　　　　　　　年　月　日　　　　　　　　　　　第　页　共　页

凭证号数	科目代号	户名或账号	计划项目代号	金额（位数）	凭证号数	科目代号	户名或账号	计划项目代号	金额（位数）

复核　　　　　　　　　出纳

2.综合核算

综合核算是按会计科目对银行业务和财务活动所进行的总括核算,是各科目的总括记录。由科目日结单、总账和日计表组成。其主要核算程序如下:

① 根据传票编制科目日结单。

② 根据科目日结单登记总账。

③ 根据总账编制日计表。

(1)科目日结单

科目日结单是每一会计科目当天借、贷方发生额和传票张数的汇总记录,是轧平当日账务的重要工具,也是登记总账的依据。科目日结单依据各科目当日的传票来编制,每个科目编制一张科目日结单,当天没有发生额的科目不需要编制科目日结单。具体编制方法如下:

每日营业终了,将当天处理的全部传票按科目分开,同一科目的传票,分别现金收入、现金付出、转账借方、转账贷方,各自加计金额和传票张数,填入该科目日结单有关栏内。其中,现金科目由于没有传票,所以该科目日结单应最后编制,根据所有其他科目日结单现金栏借、贷方合计数反方填入现金科目日结单。

由于转账业务的借、贷方是相等的,现金业务的借、贷方也是相等的,所以全部科目日结单相加的借方和贷方合计数必然相等。即当日全部科目日结单借方发生额合计数=贷方发生额合计数。(见表2-24)

表 2-24 　　　　　　　　中国××银行(　　)

科目日结单

年　月　日

凭证种类	借方		贷方		附件　张
	传票张数	金额（位数）	传票张数	金额（位数）	
现金					
转账					
合计					

事后监督　　　　　　　复核　　　　　　　记账　　　　　　　制表

(2)总账

总账是按货币种类分科目设立的账簿,是各科目的总括记录,是综合核算和明细核算相互核对及统驭分户账的主要工具,是定期编制各种会计报表的依据。

总账按科目设置,设有借、贷方发生额和借、贷方余额四栏,每日营业终了,根据科目日结单的借、贷方发生额合计数填记,并结出余额,10天一小计,当日没有发生额的,也应将上日余额填入当日余额栏内,以便与余额表核对。每月终了,加计本月的借、贷方发生额和本年累计发生额,每月更换一次账页。对于借、贷双方反映余额的科目,其余额应根据余额表或分户账的借、贷方余额分别反映,不得轧差反映。(见表2-25)

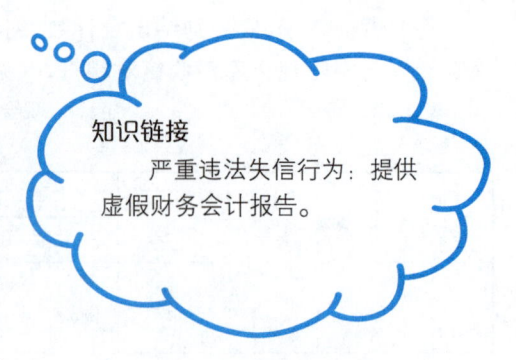

> **知识链接**
> 严重违法失信行为:提供虚假财务会计报告。

表 2-25　　　　　　　中国××银行(　　)

总　账

科目代号:_____
科目名称:_____　　　　　　　　　　　　　　　第　号

年 月	借　方	贷　方
	(位数)	(位数)
上年底余额		
本年累计发生额		
上月底余额		
上月底累计未计息积数		

日期	发生额		余额		核对盖章
	借方	贷方	借方	贷方	复核员
	(位数)	(位数)	(位数)	(位数)	
1					
…					
10天小计					
…					
20天小计					
…					
31					
月　计					
自年初累计					
本期累计计息积数					
本月累计未计息积数					

会计　　　　　　　　复核　　　　　　　　记账

(3)日计表

日计表是反映当日全部业务、财务活动及轧平当日账务的主要工具,按日编制。由借、贷方发生额和借、贷方余额四栏组成。编制依据是根据当天各总账账户的发生额和余额填制。日计表的借、贷方发生额合计数和借、贷方余额合计数,必须各自平衡。(见表2-26)

表 2-26　　　　　　　　　　中国××银行(　　)

日 计 表

年　月　日

科目代号	科目名称	发生额		余额		科目代号
		借方	贷方	借方	贷方	
		(位数)	(位数)	(位数)	(位数)	
合计						

行长(主任)　　　　　　会计　　　　　　复核　　　　　　制表

二、账务处理

账务处理是指从受理或编制凭证开始,经过账务记载与核对,直至编制日计表,轧平账务为止的全过程。其包括账务处理程序与账务核对程序。

1.财务处理程序

账务处理程序是指明细核算和综合核算两个账务处理系统的全部处理过程。它既不同于工商企业中的汇总记账凭证核算形式,也不同于科目汇总表核算形式,而是科目日结单核算形式。

银行账务处理程序即会计核算形式的显著特点就是:运用科目日结单汇总每一科目的当日借、贷方发生额,再据以登记总账。具体程序如下:

(1)根据经济业务编制和审核凭证。
(2)根据凭证逐笔登记分户账(登记簿)和现金收入(付出)日记簿。
(3)根据分户账编制余额表。
(4)根据凭证编制科目日结单。
(5)根据科目日结单登记总账。
(6)根据总账编制日计表。

2.账务核对程序

账务核对程序是指核算程序中的各有关部分,为防止账务差错,保证会计核算正确的重要措施。银行的账务核对,在时间上可分为每日核对和定期核对。在内容上可分为账账核对、账款核对、账实核对、账据核对、账表核对和内外账核对六方面。具体如下:

(1)每日核对。每日核对是指每日会计核算结束后,要对账务有关内容进行核对,以达到账账、账款相符。

总分核对。每日营业终了,总账各科目的余额要与同科目所属分户账或余额表的各户余额合计数核对相符。

账款核对。现金收入、付出日记簿的合计数,分别与现金科目总账的借、贷方发生额核对相符;现金库存簿的库存数要与现金科目总账余额及实际库存现金核对相符。

(2)定期核对。凡未能每日核对的账务,都要按规定定期核对,以达到账实、账据、账表、内外账相符。

每日核对和定期核对二者必须有机结合,才能确保银行会计核算的质量。

银行的账务处理程序和核对关系的具体步骤如图 2-1 所示。

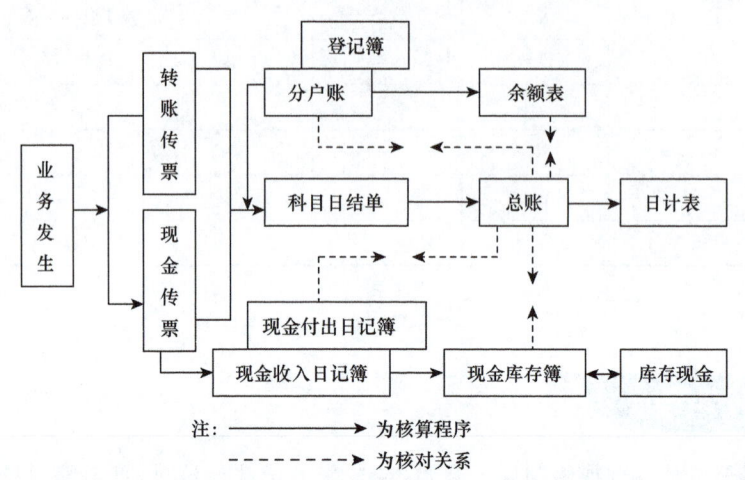

图 2-1 银行的账务处理程序和核对关系的具体步骤

三、记账规则与错账更正

记账是会计核算的主要内容,为了正确、完整、及时地记载各项经济业务,必须遵循一定的记账规则,账务一旦发生差错,应按规定进行更正。

(一)记账规则

记账规则如下:

(1)账簿的各项内容,必须根据传票的有关事项记载,做到数字准确、摘要简明、字迹清晰,如果发现传票有误或遗漏不全,应将传票内容更正、补充后,再据以记账。

(2)凭证和账簿,应用蓝黑墨水钢笔书写,复写账页用蓝、黑色圆珠笔及双面复写纸套写。红墨水、红复写纸和红色圆珠笔只用于划线和当年错账冲正及按规定用红字书写的有关内容。

(3)账簿上记载的文字和数字,一般应占全格的二分之一,摘要栏文字一格写不完可在下一格连续填写,但其金额应填写于末一行文字的金额栏内,账簿余额结清时,应在元位以"－0－"表示结平。

(4)账簿上一切记载,不得涂改、挖补、刀刮、皮擦和用药水销蚀。

(5)账页因漏记发生空格时,应在空格的摘要栏用红字注明"本页空白"字样。

(6)如果账页记载错误无法更改时,不得撕毁,须经会计主管人员同意,另换新账页记载,但必须经过复核,并在原账页上划交叉红线注销,由记账员及会计主管人员盖章证明。注销的账页另行保管,装订账页时,附后面备查。

(7)一切账簿记载均以人民币"元"为单位,元以下记至角、分位,分位以下四舍五入。

(二)错账更正

在会计核算中,由于种种原因,可能会产生各种各样的差错,会计人员发现账簿错误时,应按规定采用正确的方法进行更正。具体方法如下:

1. 划红线更正法,适用于当日发现差错账

日期、金额错,用红线全划,正确写在上面,由记账员在红线左端盖章。如果划错红线,可在红线两端用红色墨水划"×"销去,并由记账员在右端盖章。文字错,只需用一道红线划掉错字,而后将正确字写在上面即可。

传票填错导致记账差错,先更正传票,再按上述办法更正账簿。

2. 红蓝字同方向更正法,适用于次日(或以后)发现差错账

(1)应填制同一方向的红蓝字冲正传票办理冲正。

传票金额填错,造成账簿记错,将错误内容用红字编制同方向传票并登记账簿(冲销错账),并在摘要栏内注明"冲销×月×日错账"字样,接着用蓝字填写正确的传票并在摘要栏注明"补充×月×日账"字样,并记账。原传票和原记错账页的摘要栏用红字注明"已于×月×日冲正"字样。

(2)记账串户,填制同一方向红蓝字冲账传票直接办理冲账。

3. 蓝字反方向更正法,适用于本年度发现上年度差错账

先用蓝字填制一张与错账方向相反的传票,用以冲销错账,再用蓝字填制一张正确的传票补记入账,并在摘要栏注明"冲销×年×月×日错账"字样。所有冲账传票,都必须经过会计主管人员审查盖章后,方可办理有关冲账手续,摘要栏必须注明冲正或补记字样。另外,凡因冲正错账影响到利息计算的,都应计算应加、减积数,并在余额表或乙种账页中注明。

四、计算机记账、对账与错账的处理

(一)记账

使用计算机记账,必须严格执行以下规定:

(1)数据的输入,必须由指定的操作人员进行,非操作人员不得输入数据。

(2)输入数据的要求与手工记账一样,不合法凭证不得进行操作。

(3)操作人员不得自制凭证上机处理,更不准无凭证输入,并且各项业务应按照时间先后顺序输入。

知识链接

《严重违法失信会计人员黑名单管理办法(征求意见稿)》

(4)红字凭证的输入,按同方向负数处理,以"－"号表示,并在摘要栏打印冲账代码。

(5)自助式设备(包括电话银行、网上银行、ATM、POS等),由客户按照章程自行输入业务数据。

(6)计算机自动生成的凭证(如利息凭证),其转账数据必须经过有关人员复核,并核对份数、金额及平衡关系,先核对后记账。

(二)对账

计算机操作的账务核对和手工操作的账务核对要求是一样的,也分为每日核对和定期核对。

(三)错账处理

输入数据发生差错,应由经办人员运用计算机功能,将错误数据删除,再输入正确数据。对所删除的数据,应打印删除记录,以便核对查考。

因凭证填制错误而发生的差错,应先更正凭证,再按规定办法更正错账。

活动练习

一、名词解释
1.会计科目　　2.表外科目　　3.表内科目　　4.会计凭证　　5.综合核算　　6.明细核算
7.借贷记账法　　8.单式凭证　　9.复式凭证　　10.分户账　　11.日计表　　12.特定凭证

二、单项选择题
1.按照会计科目与资产负债表的关系,银行会计科目可分为表内科目和(　　)。

A.表外科目　　　　　　　　　　B.资产科目

C.负债科目　　　　　　　　　　D.资产负债共同类科目

2.在分户账中具有销账栏的是(　　)。

A.甲种账　　　　　　　　　　　B.乙种账

C.丙种账　　　　　　　　　　　D.丁种账

3.银行的综合核算包括(　　)。

A.分户账　　　　　　　　　　　B.总账

C.余额表　　　　　　　　　　　D.现金收付日记簿

4.会计的职能是多方面的,但其基本职能是(　　)。

A.经济管理　　　　　　　　　　B.反映和监督

C.参与决策　　　　　　　　　　D.会计计量

5.银行的明细核算包括(　　)。

A.分户账　　　　　　　　　　　B.总账

C.科目日结单　　　　　　　　　D.日计表

6.下列哪项内容属于资产业务( )。
A.各项存款 B.结算资金
C.利息收入 D.各项贷款
7.单位凭以办理日常结算及现金收付的账户是( )。
A.一般存款户 B.基本存款户
C.临时存款户 D.专用存款户
8.统驭明细分户账,进行综合核算和明细核算相互核对的主要工具是( )。
A.分户账 B.记账凭证
C.总账 D.科目日结单

三、多项选择题

1.银行会计基本核算方法包括( )。
A.会计科目 B.记账方法
C.填制审核凭证 D.账务组织及处理
2.银行的负债业务包括( )。
A.各项贷款 B.各项存款
C.借入资金 D.暂收应付款项
3.明细核算包括( )。
A.分户账 B.登记簿
C.日计表 D.余额表
4.银行的账务核对在内容上可分为( )。
A.账账核对 B.账款核对
C.账表核对 D.账实核对
5.银行会计账务组织包括( )。
A.明细核算 B.总分类核算
C.综合核算 D.账务核对
E.账实核对
6.分户账按其形式可分为( )。
A.甲种账 B.乙种账
C.丙种账 D.丁种账
7.银行存款利息计算可采用( )。
A.余额表 B.日计表
C.总账 D.乙种账
E.甲种账

四、判断题

1.办理出纳业务必须坚持"日清日结",中午休息时不必核对账款,待晚上轧账时一并核对。 ( )
2.现金收款坚持先收款后记账,现金付款必须先记账后付款。 ( )
3.银行会计核算过程和业务处理过程同步进行。 ( )

4.分户账一般按单位名称或资金性质立户,是办理结算、贷款、现金收付的基本工具,而且是银行反映和监督各单位经营活动的依据。(　　)

5.明细核算和综合核算由于都是根据同一凭证分别进行核算的,因此也叫双线核算。(　　)

6.因为采用复式记账,所以银行会计凭证也是复式凭证。(　　)

7.划线更正。当日发现账簿记错日期或金额,用一道红线全划,正确写在上面,由记账员在红线左端盖章。(　　)

五、简答题

1.会计凭证应如何传递?如何审查?

2.账务组织包括哪些内容?

3.分户账共有几种?各自特点有哪些?

4.错账更正方法有几种?分别在什么情况下使用?

5.会计凭证的基本要素有哪些?

6.现金科目日结单应如何编制?

项目三 存款业务

活动目标	本项目通过介绍我国古代窖藏至专业寄存、无息寄存到有息存款的银行发展史,将专业知识与民族文化传承相结合,弘扬民族文化,使学生了解银行存款业务的同时激发了学生的爱国情怀。
活动重点	银行会计核算的对象、特点及账务处理。
活动难点	银行会计核算账务处理及利息计算。
活动方法	本项目融入课程思政元素,利用情境视频、动漫微课堂、经典案例等先进的教学工具,采用课堂讲授、教学互动、学生练习及讨论相结合的活动方法。
活动内容	本项目主要介绍银行存款业务的种类与管理,账户的开立及有关规定,进而着重阐述银行各项存款业务的核算过程及利息计算方法等。

整存整取部分提前支取

任务一 认识存款业务

一、存款的意义与作用

（一）存款的意义

银行的基本职能是信用中介，从历史上看，存款是先于贷款，没有存款，就谈不上贷款，存款是贷款的前提条件。

> **知识链接**
> 中国古代存款的起源：从窖藏至专业寄存。

银行的存、贷款是相互影响的：

(1)存款是银行通过信用方式组织动员社会闲置待用资金的一种信用活动，是银行负债的重要组成部分，是银行信贷资金的主要来源，是银行开展信贷活动的重要前提，是商业银行生存和发展的基础。

(2)存款规模制约着贷款规模，贷款又能创造出存款来。

(3)银行通过贷款的发放，促进生产和商品流通扩大，这又为扩大存款创造了条件。

> **微知识** 例如，甲行的贷款可能在甲行形成存款，也可以通过支付在乙行形成存款，这种存款又可以产生新的贷款。因此，只有既重视存款又重视贷款，才能实现银行资金的良性循环，满足各方面日益增长的资金需要，促进经济建设更好发展。

（二）存款的作用

1.为国家积累资金，支援社会主义建设

从全社会来看，总有一部分资金暂时不用，银行可以通过组织各种存款，把这些限制资金动员起来，投入到生产中去，支援社会主义建设。例如，企业由于种种原因，经常有一部分资金闲置不用；事业单位的经费先收后支，经常有一部分闲置待用；城乡居民的货币收入中，有一部分是用作积累积蓄的，还有一部分是待消费的资金等。

2.平衡信贷收支，调节货币流通

货币具有流通手段和支付手段职能，社会上的货币流通量，应与商品流通量相适应，以保持商品供求的平衡。若市场货币流通量超过商品的流通量，就容易引起市场波动，所以货币投放出去以后，必须做好商品供应来回笼货币，或者采取其他措施。

银行可以通过行政办法和经济手段来吸收存款，减少市场压力，调节货币流通。可见，

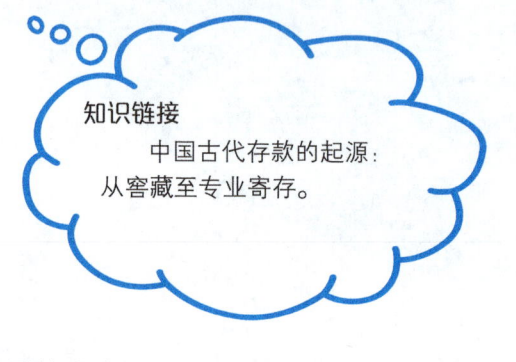

吸收存款对平衡信贷收支有重要意义。

二、存款的概念与种类

1.按照存款的对象可分为单位存款和储蓄存款

（1）单位存款是指银行吸收的各类企业、事业、机关、学校、部队和社会团体等具有团体法人营业执照和社团登记的存款。其包括定期、活期、通知、协定存款及中央银行批准的其他存款等。

（2）储蓄存款是指居民个人在银行及储蓄机构办理的人民币及外币存款。其包括活期储蓄、定期储蓄、定活两便储蓄和个人通知存款及中央银行批准的其他存款等。

2.按照存款的稳定性可分为活期存款、定期存款、定活两便储蓄存款和通知存款

（1）活期存款是指存入时不确定存期，可以随时存取的款项。其包括单位活期存款和活期储蓄存款。

（2）定期存款是指存入时约定存期，到期时才能支取的存款。其包括单位定期存款和定期储蓄存款。

（3）定活两便储蓄存款是指存入时不约定存期，可以随时支取，并按实际存款时间确定相应利率的储蓄存款。

（4）通知存款是指存款人与银行签订通知存款协议，将款项一次存入，一次或分次支取，不约定存期，支取时按协议提前通知银行，于约定支取日办理款项支取的存款种类。其包括单位通知存款和个人通知存款两种。通知存款按提前通知的期限分为一天通知和七天通知两种，有非自动转存通知存款和自动转存通知存款两种形式。

3.按照存款的币种可分为人民币存款和外币存款

（1）人民币存款是指单位及城乡居民等存入银行的人民币款项。

（2）外币存款是指单位及城乡居民等存入银行的外币款项。

4.按照存款产生的来源可分为原始存款和派生存款

（1）原始存款是指商业银行吸收的现金存款及以信用方式从中央银行获得的款项。

（2）派生存款是指商业银行由于贷款业务等而创造出来的存款。

5.按照存款的性质不同可分为财政性存款和一般性存款

（1）财政性存款是指各级财政拨入的预算资金或应上缴财政的各项资金以及财政安排的专项资金。此类存款作为中央银行的资金来源，商业银行全额上缴，不计付利息。

（2）一般性存款是指除财政存款以外的，可作为银行资金来源加以运用的存款。这类存款商业银行按法定存款准备金率交存中央银行准备金并计付利息。

三、存款核算的基本要求

存款业务面对各单位和个人，政策性强，业务量大，涉及银行和客户的经济利益，因此，银行在办理存款业务核算时应做到以下几点：

1.正确使用科目和账户

银行按规定为各单位开立符合资金性质和管理要求的账户正确使用会计科目，对个人开立的储蓄账户，也要按规定办理，以便正确、及时、真实地反映存款的增减变化情况及其结果。

2.准确、及时办理存款业务

银行应当按照支付结算原则和账务处理程序的要求,准确、及时地传递会计凭证,处理有关业务,保证存款业务的核算质量。

3.维护存款人的合法权益

银行应保证单位和个人对存款的支配权,除国家有专门规定外,禁止银行代任何单位和个人扣款,禁止银行擅自停止存款的支取。

> 微知识　银行应坚持"谁的钱进谁的账,由谁来支配"的原则。

任务二　核算单位存款业务

一、单位银行存款账户的种类与管理

(一)单位银行存款账户的种类

单位银行存款账户的种类见表3-1。

表3-1　　　　　　　　　　　单位银行存款账户的种类

账户的种类	账户的定义	适用范围	其他说明
基本存款账户	存款人办理日常转账结算和现金收付的账户	①资金收付。 ②存款人的工资奖金。 ③现金的支取。	①只能在一家银行的一个营业机构开立一个基本存款账户。 ②必须是独立核算的单位,并报经中国人民银行批准。
一般存款账户	存款人因借款或其他结算需要,在基本存款账户开户银行以外的银行机构开立的银行结算账户	①存款人借款转存、借款归还。 ②其他结算资金收付。 ③现金缴存,但不得办理现金支取。	①没有数量限制。 ②备案制,无须中国人民银行核准。
临时存款账户	存款人因临时经营活动并在规定期限内使用而开立的账户	①设立临时机构。 ②异地临时经营活动。 ③注册验资。	①有效期限最长不得超过两年。 ②注册验资账户只收不付。 ③可提现。 ④报经中国人民银行批准。

(续表)

账户的种类	账户的定义	适用范围	其他说明
专用存款账户	存款人因特定用途需要而开立的账户	基本建设资金、住房基金、社会保障基金、财政预算外资金、单位银行卡备用金、证券交易结算资金、党团工会设在单位的组织机构经费等	①财政预算外资金、证券交易结算资金、期货交易保证金和信托基金专用存款账户,不得支取现金。②用于财政授权支付,可以办理转账、提取现金等结算业务

(二)单位银行存款账户管理

单位银行存款账户管理规定如下:
(1)开户实行双向选择。
(2)开立基本存款账户实行唯一制和开户许可证制度。
(3)存款人在其账户内应有足够资金保证支付,不准开空头和远期支付的凭证。
(4)银行对存款人开立或撤销账户,必须向中国人民银行分支机构申报。
(5)存款人的账户只能办理存款人本身的业务活动,不得出租、出借或转让给其他单位或个人使用。

(三)单位银行存款账户的开户手续

单位银行存款账户的开户手续如下:
(1)存款人申请开立存款账户,存款人应填制开户申请书,并提供主管部门的证明文件、年审通过的营业执照、机构信用代码证、法人身份证、经办人员身份证和盖有存款人印鉴的印鉴卡片。
(2)经办行审核申请书填写是否正确,相关资料是否齐全,手续是否完备。
(3)审核无误后,签订银行账户管理协议,由存款人向开户行填交印鉴卡,预留银行印鉴。
(4)经办行根据存款人的性质,确定会计科目、编制账号、设置账簿和登记"开销户登记簿"。
(5)办理开户手续后,由存款人向开户银行领购有关结算凭证和票据,办理款项存取或支付结算。

二、单位存款业务核算会计科目的设置

单位存款业务核算会计科目的设置见表3-2。

表3-2　　　　　　　　单位存款业务核算会计科目的设置

科目名称	概念及性质	账务处理	其他说明
库存现金	该科目核算银行的库存现金,属于资产类科目	①银行收到现金,借记本科目,贷记相关科目。②银行支出现金则做相反的会计分录。③本科目期末借方余额反映银行持有的库存现金	银行内部周转使用的备用金可以单独设置"备用金"科目核算

(续表)

科目名称	概念及性质	账务处理	其他说明
吸收存款	该科目核算银行吸收的除同业存放款项以外的其他各种存款，包括单位存款、个人存款、信用卡存款、特种存款、转贷款资金和财政性存款等，属于负债类科目	①银行收到客户存入款项时，应按实际收到的金额，借记"库存现金""存放中央银行款项"等科目，按存入资金的本金，贷记本科目（本金），按其差额，贷记或借记本科目（利息调整）。 ②银行支取款项时，应按归还的金额，借记本科目（本金），贷记"存放中央银行款项""库存现金"等科目，应按转销的利息调整余额，借记或贷记本科目（利息调整），按其差额，贷记或借记"利息支出"科目。 ③余额在贷方，反映银行吸收的除同业存放款项以外的其他各项存款的余额	本科目应按照存款类别及存款单位，分别进行"本金""利息调整"等明细核算
利息支出	该科目核算银行发生的利息支出，包括吸收的各种存款与其他金融机构（中央银行、同业等）之间发生资金往来业务、卖出回购金融资产等产生的利息支出等，属于损益类科目	①银行定期计提应付利息时，借记本科目，贷记"应付利息""发行债券（应付利息）""吸收存款""存放中央银行款项"等科目。 ②期末，应将本科目余额转入"本年利润"科目。 ③结转后本科目无余额	本科目应当按照利息支出项目进行明细核算
应付利息	该科目核算银行吸收存款或发生借款的当期应付而未付的利息，属于负债类科目	①银行计算应付利息时，借记"利息支出"等科目，贷记本科目。 ②实际支付利息时，借记本科目，贷记"吸收存款"科目。 ③余额在贷方	本科目可按存款人或债权人进行明细核算

三、单位活期存款业务的核算

单位活期存款是指没有确定期限，可以随时办理存取业务的一种存款。核算包括存入、支取和利息的结计。按存取款方式不同，又分为现金存取和转账存取。本项目只介绍现金存取方式，转账存取方式在支付结算业务中讲述。

> **知识链接**
> 收到假币时，一定要按规定没收处理。

（一）支票户存取现金的核算

1.存入现金的核算

存款人向开户银行存入现金时，应填制现金缴款单（见表3-3），连同现金一并送交开户银行。

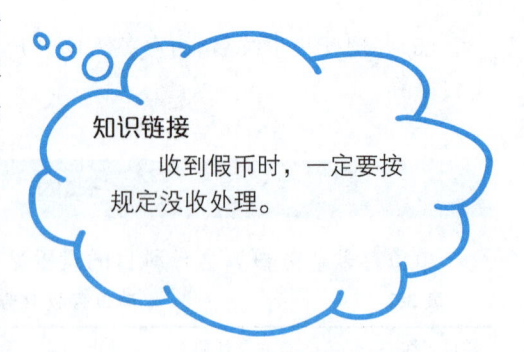

表 3-3

中国××银行　单位存款凭条(现金缴款单)

日期：　年　月　日

存款类别	□活期(现金类)	□定期存款	□一天通知	□七天通知	□协议存款	□协定存款	□其他(备注)
户　名							
账　号							
存　期	□月 / □天		支取方式		□凭印鉴	□凭密码	
金　额	币种：			亿 千 百 十 万 千 百 十 元 角 分			
	(大写)						
自动转存	□是	□否	转息		□是	□否	
转息结算账户	账号：		开户行：				
资金来源结算账户	账号：		开户行：				
备注							

存入现金流程图如图 3-1 所示。

第一步：出纳部门 → ①审查凭证和清点现金无误后，将缴款单第一联回单联盖章后退交存款人。
②以第二联代现金收入传票，在登记现金收入日记簿后交会计部门

第二步：会计部门 → 以第二联代现金收入传票，登记单位存款分户账，同时进行账务处理。
借：库存现金
　贷：吸收存款——活期存款——××单位存款户——本金

图 3-1　存入现金流程

例 3-1

某银行收到开户单位贸易公司销货款收入人民币现金 85 000 元，清点无误后存入其活期存款账户，根据现金缴款单第二联，编制会计分录如下：

借：库存现金　　　　　　　　　　　　　　　　　　　　　　　　85 000.00
　贷：吸收存款——单位活期存款——贸易公司单位存款户——本金　85 000.00

2.支取现金的核算

取款人向其开户银行支取现金时，应签发现金支票(见表 3-4)，填明取款人、用途和金额，盖齐预留印鉴，并由取款人背书并填列证件名称及号码后交开户银行会计部门。

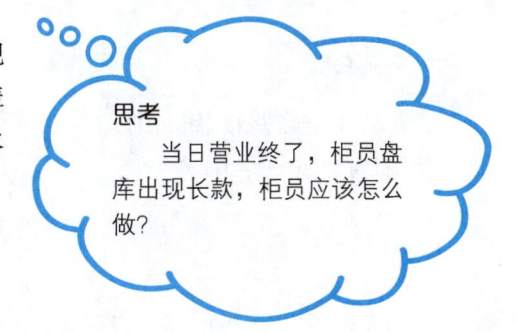

思考

当日营业终了，柜员盘库出现长款，柜员应该怎么做？

表 3-4　　　　　　　　　　　中国××银行
　　　　　　　　　　　　　　　现金支票

| 中国××银行
现金支票存根
支票号码
附加信息
_____
_____
出票日期：年 月 日
收款人：
金　额：
用　途：
单位主管　　会计 | 本支票付款期限十天 | 中国××银行　现金支票
出票日期(大写)　年　月　日
收款人：
人民币
(大写)
用途
上列款项请
从我账户内支付

出票人盖章　　　　　　　　复核 | 支票号码：
付款银行名称：
出票人账号：
亿千百十万千百十元角分

记账 |

支取现金流程图如图 3-2 所示。

```
第一步：会计部门 → ①会计部门收到现金支票，按有关规定进行审核：支票大小写金额是否相符；是否超过付款期；印鉴与预留印鉴是否相符；出票人账户是否有足够支付款项；是否背书等。
                 ②审核无误后，将出纳对号单或铜牌交给取款人凭以到出纳部门取款。同时以现金支票代现金付出传票登记分户账，账务处理如下：
                   借：吸收存款——活期存款——××单位存款户——本金
                     贷：库存现金
                 ③将现金支票内部传递给出纳柜员凭以付款

第二步：出纳部门 → 出纳部门收到现金支票，凭对号单或铜牌向取款人支付现金，同时登记现金付出日记簿
```

图 3-2　支取现金流程

例 3-2

某银行收到开户单位贸易公司签发的现金支票，提取人民币 57 000 元，经审核无误后，将现金支票代现金付出传票予以办理。编制会计分录如下：

　　借：吸收存款——活期存款——贸易公司——本金　　　　57 000.00
　　　　贷：库存现金　　　　　　　　　　　　　　　　　　　　57 000.00

（二）单位活期存款的对账

为了防止记账差错，银行打印对账单交单位进行定期（每月或每季）账务核对。

> **知识链接**
> 重点户按月，非重点户按季。

(三)单位活期存款利息的核算

存款利息是银行使用存款人资金而支付的代价。商业银行吸收存款人资金,除财政性预算内存款以及有特殊规定的款项不计利息外,其余应按规定计付利息。

> **知识链接**
> 会计部门应按结息期和计息方法,准确计算利息。对于应付而未付的存款利息按照权责发生制进行核算。

1.利息结计的基本规定

利息结计的基本规定(见表 3-5)。

表 3-5　　　　　　　　　　　利息结计的基本规定

公式	具体规定	计息范围	计息形式
应付利息 =本金×存期×利率 =累计计息积数×月利率÷30 =积数×日利率 (积数是存款账户余额与存款日相乘之积或存款账户每日余额相加之和)	①按季结息,计息期为上季末月 21 日起至本季末月 20 日止,结息时应把结息日当天计算在内。每季末月的 20 日为结息日,次日付息。 ②本金元位起息,元位以下不计息,利息金额记至分,分以下四舍五入。 ③存款利息采用转账方式结计。 ④存款利率为:年利率(%)、月利率(‰)、日利率(‱)三种,它们之间换算是年利率除以 12 为月利率,月利率除以 30 为日利率,年利率除以 360 为日利率。 ⑤利息只能转账,不能支取现金。	①凡独立核算的企业单位流动资金存款、城镇居民个人储蓄存款。 ②机关、团体、部队、学校的事业单位的预算外资金存款。 ③各单位存入的党费、团费、工会经费存款。	①余额表结息。 ②乙种账计息。 存期按实际天数计算

2.计息余额表计息法(加法计算法)

每日营业终了,银行会计部门将各计息分户账的最后余额逐户抄列在计息余额表中,如当天的余额未发生变化或遇节假日,应按上日余额照抄。

如遇更正错账,及时在计息余额表的"应加积数"或"应减积数"栏内进行调整。

结息日,逐户将全季的累计积数乘以日利率得出各户应计利息数。

> **知识链接**
> 计息余额表计息法适用于存款余额变动频繁的存款账户。

例 3-3

中国工商银行某支行 20××年 6 月编制的计息余额表见表 3-6。

表 3-6　　　　　　　　　　　计息余额表

中国工商银行某支行

20××年 6 月

科目名称:吸收存款　　　　　　　　　　　　　　　　　　　　　共　页
科目代号:　　　　　　　　月利率5.6‰　　　　　　　　　　　　第　页

日期	余额	户名 账号	永和公司 0022335678000×××	胜利公司 0022335678000×××	复核 盖章
			(位数)	(位数)	
上月底止累计应计息积数			1 356 000	2 010 000	

(续表)

日期	余额	户名	永和公司	胜利公司	复核盖章
		账号	0022335678000×××	0022335678000×××	
			（位数）	（位数）	
1			192 000	216 000	
……			……	……	
10			195 000	218 000	
10天小计			1 906 200	2 890 000	
……			……	……	
20			192 000	248 000	
20天小计			3 628 000	4 285 000	
本月合计			3 628 000	4 285 000	
应加积数			23 000		
应减积数				27 500	
本期累计应计息积数			5 007 000	6 267 500	

会计　　　　　复核　　　　　记账

根据计息余额表各开户单位的利息计算如下：

永和公司利息＝5 007 000×5.6‰÷30＝934.64(元)

胜利公司利息＝6 267 500×5.6‰÷30＝1 169.93(元)

根据利息计算结果进行账务处理：

借：利息支出　　　　　　　　　　　　　　　　　　　2 104.57
　　贷：吸收存款——活期存款——永和公司　　　　　　934.64
　　　　　　　——活期存款——胜利公司　　　　　　1 169.93

3.乙种账页计息法（乘法计算法）

由于账页上有"日数"和"积数"两栏，因此在明细账登记完结出余额后，可以直接计算出积数。

日数计算是从上一次记账日期起至本次记账日期的前一日止，即"算头不算尾"。

最后将各明细账户的积数相加，计算出本季度累计计息积数，然后乘以日利率，得出应付利息数。

知识链接

乙种账页计息法适用于存款余额变动不多的存款账户。

例 3-4

中国工商银行某支行开户单位贸易公司20××年6月分户账见表3-7。至结息日的累计计息积数为：3 896 400＋385 000＋140 000＋98 000＋294 000＝4 813 400(元)

第二季度的利息＝4 813 400×5.6‰÷30＝898.50(元)

根据计算结果进行账务处理：

借：利息支出　　　　　　　　　　　　　　　　　　　898.50
　　贷：吸收存款——活期存款——贸易公司　　　　　　898.50

表 3-7　　　　　　　　　中国工商银行某支行分户账

活期存款　分户账

户名：贸易公司　　　账号：0022335675000　　利率 5.6‰　　　　　　　单位：元

20××年		摘要	凭证号码	对方科目代号	借方（位数）	贷方（位数）	借或贷	余额（位数）	日数	积数（位数）	复核盖章
月	日										
6											
	1	承前页					贷	55 000	72	3 896 400	
									7	385 000	
	8	转借			20 000		贷	35 000	4	140 000	
	12	转贷				14 000	贷	49 000	2	98 000	
	14	转借			7 000		贷	42 000	7	294 000	
	20	结息					贷		92	4 813 400	
	21	转息				898.50	贷				

会计　　　　　　　　记账

四、单位定期存款业务的核算

（一）单位定期存款的有关规定

1.单位定期存款

单位定期存款是指由存款单位约定期限，到期支付本息的一种存款。

2.存款对象

凡在中国境内符合中国人民银行规定开户条件的企业、事业、机关、部队、社会团体、个体工商户均可在银行办理定期存款。

3.定期存款户的开立

存款人办理定期存款应向开户银行提交开户申请书、营业执照正本或行政事业单位法人证明，并预留银行印鉴。

4.存款期限

定期存款期限分为 3 个月、半年、1 年、2 年、3 年、5 年等档次。起存金额为 1 万元，多存不限。

5.存款的支取

存款人支取定期存款只能以转账方式将存款转入其基本存款账户，不能将定期存款账户用于办理结算或从定期存款账户中提取现金。

6.存款利率与结息办法

单位定期存款在存款内按存入日挂牌公告的定期存款利率计付利息，存款期满结息。存款到期按存单约定利率计算利息。提前支取和过期支取部分均按支取日挂牌活期存款利率计算利息。遇利息调整，不分段计息。

(二)单位定期存款存入的账务处理

存款单位存入定期存款时,首先签发转账支票送存开户银行会计部门。

会计部门接到支票,应审核支票正面印鉴和各项要素以及支票背面单位、负责人和会计主管人员印章无误后,凭转账支票登记单位分户账,并开出一式三联的"定期存款开户证实书"。

第一联代转账贷方传票;

第二联加盖银行业务公章和经办人员名章后交给存款单位作为存款依据,转账支票代借方票据登记存款单位分户账;

第三联银行作为卡片账留存,并登记单位定期存款开销户登记簿,并按顺序专夹保管。

会计分录如下:

借:吸收存款——单位活期存款——××单位存款户——本金
  贷:吸收存款——单位定期存款——××单位存款户——本金

例 3-5

某银行开户单位贸易公司签发转账支票,金额为 705 000 元,要求将其活期存款账户资金转成 2 年期的定期存款;银行审核无误后,予以办理。编制会计分录如下:

借:吸收存款——单位活期存款——贸易公司单位存款户——本金 705 000.00
  贷:吸收存款——单位定期存款——贸易公司单位存款户——本金 705 000.00

(三)单位定期存款支取本息业务的核算

1.单位定期存款利息计算的有关规定

单位定期存款利息计算的有关规定如下:

(1)按照权责发生制的原则定期预提应付利息,计入当期成本。单位支取定期存款时,再冲减应付利息。

(2)账务处理如下:

①预提时

借:利息支出——单位定期存款利息支出户
  贷:应付利息——单位定期存款利息户

②支取时

借:应付利息——单位定期存款利息户
  贷:吸收存款——单位活期存款——××单位活期存款户

(3)单位定期存款利息的计算,采取利随本清的办法,存期按对年、对月、对日计算,满年的按 360 天计算,满月的按 30 天计算,零头天数按实际天数计算。

①逾期支取的,应分段计算利息,原定期限内按约定利率计算,逾期部分按支取日挂牌公布的活期存款利率计算。

②到期支取的,按开户日所定的利率支取。

③提前支取的,按支取日挂牌公告的活期利率计付利息。

> **知识链接**
> 存期内如遇利率调整按原定利率计算利息。

> **知识链接**
> 部分提前支取只限一次。如在存期内遇到利率调整,不分段计息。

④部分提前支取的,提前支取的部分按支取日银行挂牌公告的活期利率计付利息;未提前支取的,按存入日原定的存款利率及存款期限计付利息。

(4)利息只能转账,不能支取现金。

例 3-6

某单位 2020 年 8 月 5 日来行支取到期存款 100 000 元,支取日活期利率为 0.72%,该笔存款存入日为 2019 年 7 月 10 日,存期一年,年利率为 2.23%,计算该单位的利息并进行账务处理。

存款到期日 2020 年 7 月 10 日的利息计算如下:

到期利息=100 000×1×2.23%=2 230(元)

过期利息=100 000×0.72%×26÷360=52(元)

利息合计为 2 282 元。账务处理如下:

借:吸收存款——单位定期存款——某单位存款户——本金　　100 000.00
　　应付利息——单位定期存款利息户——某单位　　　　　　2 230.00
　　利息支出——单位定期存款利息支出户——某单位　　　　52.00
　贷:吸收存款——单位活期存款——某单位活期存款户　　　102 282.00

2.单位定期存款支取本息业务的核算

单位定期存款支取本息业务的核算规定如下:

(1)存款到期,单位填制进账单,持定期存款开户证实书第二联向银行办理转账,不能支取现金。

(2)银行经审核无误后,计算利息,并填制一式两联利息清单,一联代收账通知交存款单位,一联代特种转账借方传票。

(3)一年期以上的定期存款(含一年),其利息已预提,要冲转"应付利息"账户,而对于不满一年的定期存款利息列入"利息支出"账户。

(4)证实书上加盖"结清"戳记,收回证实书代转账借方传票,卡片账作为附件。

(5)进账联作为单位活期存款入账的贷方传票,收账联交给收款单位。

(6)最后销记单位定期存款开销户登记簿。

账务处理如下:

借:吸收存款——单位定期存款——××单位存款户——本金
　　应付利息——单位定期存款利息支出户
　贷:吸收存款——单位活期存款——××单位存款户

五、单位通知存款业务的核算

(一)定义

通知存款是指存款人在存款时不约定存期,支取时需提前通知银行,约定支取日期和金额方能支取的存款。

(二)开户条件

凡在开户行开立人民币基本存款账户或一般账户的企业、事业、机关、部队、社会团体和个体经济户等单位,只要通过电话或书面通知开户行,即可申请办理通知存款。

开户时单位须提交开户申请书、营业执照正本副本印件等,并预留印鉴。印鉴应包括单位财务专用章、单位法定代表人章(或主要负责人章)、财务人员章等。

(三)办理过程

单位通知存款业务的办理过程如下:

(1)通知存款为记名式存款,起存金额为50万元,须一次性存入,可以选择现金存入或转账存入,存入时不约定期限。

(2)通知存款不管实际存期长短,划分为一天通知存款和七天通知存款两个品种。

一天通知存款必须至少提前一天通知约定支取存款;七天通知存款必须至少提前七天通知约定支取存款。

(3)存款人进行通知时应向开户银行提交《通知存款取款通知书》。

(4)单位通知存款可一次或分次支取,每次最低支取额为10万元,支取存款利随本清,支取的存款本息只能转入存款单位的其他存款户,不得支取现金。具体支取方式包括:

①单笔全额支取,存款单位须出具单位通知存款证实书。

②部分支取,须到开户行办理。部分支取时账户留存金额不得低于50万元,低于50万元起存金额的,做一次性清户处理,并按清户日挂牌活期利率计息办理支取手续并销户。留存部分金额大于50万元的,银行按留存金额、原起存日期、原约定通知存款品种出具新的通知存款证实书。

单位通知存款业务的办理有如下规定:

(1)客户应与银行约定取款方式,填写《通知存款支取方式约定书》。

(2)清户时,客户须到开户行办理手续,银行将账户本息以规定的转账方式转入其指定的账户。

(3)单位通知存款利率按中国人民银行规定同期利率执行。单位通知存款实行账户管理,其账户不得做结算户使用。

> **知识链接**
> 提交方式有:客户本人到银行或者传真通知,但支取时须向银行递交正式通知书。

六、单位协定存款业务的核算

(一)定义

协定存款是指客户通过与银行签订《协定存款合同》,约定期限、商定结算账户需要保留的基本存款额度,由银行对基本存款额度内的存款按结息日或支取日活期存款利率计息,超过基本存款额度的部分按结息日或支取日银行公布的高于活期存款利率、低于六个月定期存款利率的协定存款利率给付利息的一种存款。

(二)开户条件

单位应与开户行签订《协定存款合同》,合同期限最长为一年(含一年),到期任何一方如未提出终止或修改,则自动延期。凡申请在中国工商银行开立协定存款账户的单位,须同时

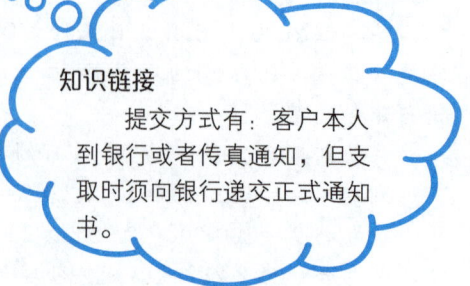

开立基本存款账户或一般存款账户(以下简称"结算户"),用于正常经济活动的会计核算,该账户称为 A 户,同时电脑自动生成协定存款账户(以下简称 B 户)。如单位已有结算账户,则将原有的结算账户作为 A 户,为其办理协定存款手续。

协定存款业务的办理如下:

(1)存入时,协定存款的起存金额为人民币 10 万元,客户可根据实际情况与银行约定不低于人民币 10 万元的基本存款额度。

(2)支取时,协定存款账户的 A 户视同一般结算账户管理使用,可用于现金转账业务支出,A 户、B 户均不得透支,B 户作为结算户的后备存款账户,不直接发生经济活动,资金不得对外支付。

(3)结息时,每季末月二十日或协定存款户(B 户)销户时应计算协定存款利息。季度计息统一于季度计息日的次日入账;如属协定存款合同期满终止续存,其销户前的未计利息于季度结息时一并计入结算户(A 户)。

(4)销户时,协定存款合同期满,若单位提出终止合同,应办理协定存款户销户,将协定存款户(B 户)的存款本息结清后,全部转入基本存款账户或一般存款账户中。结清 A 户,B 户也必须同时结清。在合同期内,原则上客户不得要求清户,如有特殊情况,须提出书面声明,银行审核无误后,办理清户手续。

任务三 核算储蓄存款业务

一、储蓄存款业务的概述

储蓄存款业务的概述见表 3-8。

表 3-8　　　　　　　　　储蓄存款业务的概述

概念	作用	种类	计息公式	金额起点	管理规定
城乡居民将暂时不用或结余的货币资金存入银行或其他金融机构的一种存款活动	储蓄存款业务,在一定程度上可以促进国民经济比例和结构的调整,可以聚集经济建设资金,稳定市场物价,调节货币流通,引导消费,帮助群众安排生活	活期储蓄存款、定期储蓄存款、定活两便储蓄存款、个人通知储蓄存款、教育储蓄、电话银行、凭证式国债等	存款利息＝本金×利息率×存款期限	活期储蓄以 1 元为起存点。多存不限,定期五十元起存	①储蓄存款的原则:实行"存款自愿,取款自由,存款有息,为储户保密"。②个人存款账户实行实名制。存款人到银行办理各种存款时,需要使用有效身份证件

51

二、储蓄业务核算的基本要求

随着社会经济业务的发展以及计算机的普遍使用,银行的储蓄业务发展到使用柜员制,即单人临柜制。也就是从业务发生到完成的各个环节,均由一人独立完成,并自担风险、自负责任。这样可以提高工作效率,优化组合,提高竞争力。

具体来讲,应做到如下几点:

(1)必须设置前台柜员和后台主管两个岗位,建立完整的、健全的事后监督体制。这样可以对每天发生的业务做到准确无误。

(2)对于发生的业务:收款是先收后记;付款是先记后付;转账是先记付款方,再记收款方。要做到及时记账,轧兑结平。

(3)计算机操作人员与管理人员责任清楚,分工明确。发生业务时,管理人员只负责审查,不能代替操作人员操作。

(4)日间交接班及调离岗位时,必须进行账务核对,办理交接。营业终了,要做到日结日清,当日结账,总分核对,保证账账、账据、账实、账款、账表相符。

三、储蓄业务种类与各自的账务处理

(一)活期储蓄存款概述

1.概念

活期储蓄存款是指不确定存期,起存金额为1元人民币,凭存折、借记卡或手机银行扫码存取款,存取金额不受限制的一种储蓄方式。

2.功能

活期储蓄账户除了具有存取款功能外,还有以下功能:

(1)申办借记卡,可在 ATM 机上办理取款及转账等银行业务,可在特约商户购物消费。

(2)办理代发薪服务。

(3)申请网上银行和手机银行服务。

(4)通存通兑。

客户只要开立活期储蓄存款账户并设置密码,便可以持存折在任一银行储蓄网点办理存取款业务。

(二)活期储蓄存款的核算

1.开户

(1)储户办理开户时,应持本人有效身份证件,使用实名制在各银行任一分支机构填写"储蓄存款凭条",存入一定数额现金(1元人民币起存)。

经办人员选择活期开户操作,根据显示器提示输入的信息输入内容。检验输入的内容无误后,自动编制储户账号,登记活期储蓄存款登记簿,建立"活期储蓄存款分户账"。当显示器提示将凭条、存折放入打印机时,柜员依次正确放入,打印存折、存款凭条。

(2)开户时可选择凭密码取款或凭证件取款方式,如选择凭密码取款方式,客户须当场选择一个6位数字输入,作为该活期储蓄账户的密码,在柜台上的密码器上输入。

(3)柜员核对打印内容是否正确,并提示储户确认凭条无误后签名,对各凭条分别加盖公章、收讫章和名章,登记现金收入日记簿,将存折交给储户,存款凭条留存代现金收入传票进行入账。编制会计分录如下:

借:库存现金
　　贷:吸收存款——活期储蓄存款——本金——××户

例 3-7

某储户持现金 6 500 元存入银行,银行柜员经过审核无误后,进行账务处理。编制会计分录如下:

借:库存现金　　　　　　　　　　　　　　　　　　　　　6 500.00
　　贷:吸收存款——活期储蓄存款——本金——某储户　　　　6 500.00

2.续存

储户办理续存业务时,同样要填写"储蓄存款凭条",连同现金和存折一并交给银行柜员,柜员审查没有差错后,在计算机上输入客户的账号和金额,进行活期续存操作。其账务处理等同于开户。

3.支取

(1)储户办理取款时,应填写取款凭条,提交存折或银行卡。

(2)柜员核对取款凭条、存折或卡无误后,选择活期支取操作,若留有密码,则由储户输入密码,柜员按凭条输入账号、支取金额等内容,输入后机器自动调出原账户,自动核对该户的户名、账号及余额是否相符以及是否透支。

(3)确认无误后,计算机自动计算,结出活期储蓄存款利息积数及存款余额,更新活期储蓄存款分户账,登记活期储蓄存款科目账和库存现金科目账。

(4)打印凭条和存折,柜员审核凭条,提示储户签名确认后,在凭条、存折上加盖付讫章和名章,然后将存折和现金交付储户,取款凭条留存代现金付出传票入账。编制会计分录如下:

借:吸收存款——活期储蓄存款——本金——××户
　　贷:库存现金

例 3-8

某储户持活期存折到银行支取现金 5 300 元,银行柜员审核无误后,办理业务。编制会计分录如下:

借:吸收存款——活期储蓄存款——本金——某储户　　　　5 300.00
　　贷:库存现金　　　　　　　　　　　　　　　　　　　　　5 300.00

4.换折

(1)柜员收回旧折,在最后余额栏下注明"过入新折",并另开新折。

(2)新折的扉页上应注明旧折账号、户名,第一行摘要栏内注明"旧折过入",余额栏内记载旧折的最后余额。原存折扉页公章处应加盖"注销",每页加盖"附件"戳记,作为当日存款或取款凭条的附件。其余手续参照存、取款业务办理。

5.销户

(1)储户不再续存,支取全部存款,即为销户。

(2)柜员核对取款凭条和存折(卡)后,选择活期销户操作。显示和处理过程与支取时类似,不同的是,要求支取的金额数字应按画面上显示的余额数字输入(柜员核对取款凭条上填写的支取金额与显示的余额是否相同,如不同,提示储户重新填写)。

(3)计算机确定无误后,自动完成结息、代扣代缴利息税,销账,记活期储蓄存款科目账和库存现金科目账、活期储蓄利息支出账等,在开销户登记簿中注销此户,依次打印凭条、利息清单等,核对无误后加盖"结清"戳记和名章。

(4)将现金和利息清单第二联交储户,将存折和凭条一起留存,将利息清单第一联作为利息付出传票附件留存。编制会计分录如下:

借:吸收存款——活期储蓄存款——某储户

  利息支出

 贷:库存现金

6.活期储蓄存款利息的核算

(1)根据 2005 年 9 月 21 日起执行的《中国人民银行关于人民币存贷款计结息问题的通知》,个人活期存款由按年结息调整为按季结息,按结息日挂牌公告的活期存款利率计算利息,不分段计息,每季末月的 20 日为结息日。

(2)存款利息采用转账的方式于结息日的次日转入客户账户中。

(3)储蓄存款利息的基本公式:利息=本金×利率×存期。活期储蓄利息计算采用积数法,即以存款余额乘以其实存天数,求出每段余额的计息积数,并加以累计。到结息期即每季末月 20 日(含当日)营业终了或销户时,再以累计计息积数乘以结息日或清户日的活期储蓄存款日利率,得出应付利息,入息日为 21 日。

(4)本金元以下的尾数不计利息。存期按"算头不算尾"的原则,一年按 360 天计算,每月一律按 30 天计算,不满一个月的零头天数按实存天数计算,利息计至厘位,实际支付或入息时四舍五入至分。

(5)储蓄存款由金融机构代扣代缴个人利息所得税。我国从 1999 年 11 月 1 日起对储蓄存款所得征收个人所得税,2008 年 10 月 9 日起,暂免征储蓄存款个人所得税。

(6)代扣代缴利息税的范围包括:本外币活期、定期、定活两便、通知、银行卡储蓄存款,以及国家规定的其他应纳利息税的储蓄存款。

(7)免征利息税的范围包括:各类国库券、社会保险基金、教育储蓄专款、住房公积金,以及国家规定的免交利息税的其他专项储蓄存款。

(8)利息税的计算公式:应付利息税=应税利息×适用税率。

例 3-9

活期储蓄存款利息计算如下(见表3-9):

表 3-9　　　　　　　　　活期储蓄存款分户账　　　　　　　利率:0.89%

日期	借方	贷方	余额	天数	积数
2020年6月4日		20 000	20 000	16	320 000
2020年6月20日	3 000		17 000	1	17 000
2020年6月21日		7.91	17 007.91	17	337 000

① 计算活期储蓄存款利息。

应计利息＝337 000×0.89%÷360＝8.33(元)

如果按照5%缴纳个人储蓄存款所得税,则代扣税额＝8.33×5%＝0.42(元)

实付储户利息＝8.33－0.42＝7.91(元)

② 填制并打印利息清单一式三联。如表3-10所示办理转账,一联作为活期储蓄存款利息支出借方传票附件,一联作为活期储蓄存款贷方传票附件,一联作为代扣利息税附件。编制会计分录如下:

借:利息支出　　　　　　　　　　　　　　　　　　　　　8.33
　　贷:吸收存款——活期储蓄存款——某储户　　　　　　　7.91
　　　　其他应付款——代扣利息税　　　　　　　　　　　　0.42

表 3-10　　　　　　　　　　　利息清单

中国××银行利息清单

户名 Depositor	账号 Currency	币种 Account No.
本金 Principal	利率% Tax Rate	利息 Tax
备注: Note		
实付金额: Paid-out Principal Interests		

第一联　银行留存

(三)定期储蓄存款概述

定期储蓄存款概述见表3-11。

表 3-11　　　　　　　　　　定期储蓄存款概述

概念	种类
储户在存款时约定存期,一次或按期分次存入本金,整笔或分次支取本金或利息的一种储蓄	整存整取、整存零取、零存整取、存本取息、定活两便

1. 整存整取定期储蓄存款业务的核算

整存整取定期储蓄存款是指一次存入本金,约定存期,到期一次支取本息的一种定期储蓄存款。

(1)开户

①柜员审核定期存款凭条,收妥现金。

②选择定期开户操作,并根据存款凭条内容输入。

③计算机检查内容合法后,自动建立储户账号,登记整存整取开销户登记簿,记定期储蓄存款科目账、库存现金科目账、日记账,依显示器提示打印存款凭条和存单,其余手续同活期储蓄开户。

> **知识链接**
> 整存整取定期储蓄存款一般50元起存,多存不限,存期分为3个月、半年、1年、2年、3年和5年档次。

编制会计分录如下:

借:库存现金

  贷:吸收存款——定期储蓄存款——整存整取户

(2)到期或过期全部支取

①柜员审核存单无误后,选择到期或过期全部支取操作。

②将存单所列账号输入计算机,根据账号搜索储户资料。

③柜员审核该户是否挂失、止付等。如储户凭密码支取,须由储户本人输入密码,确认后,计算机自动计算应付利息。

④将此账户在整存整取开销户登记簿中注销并记入销户日期,将本金从定期存款户付出,利息从储蓄利息支出户付出,记库存现金科目账。

⑤柜员应在存单上加盖结清戳记,打印利息清单,其余手续同活期储蓄销户处理。

编制会计分录如下:

借:吸收存款——定期储蓄存款——整存整取户

  利息支出

  (或)应付利息

  贷:库存现金

(3)提前支取

①柜员验核存单、背书及身份证件,并将身份证件名称、号码、发证单位等抄写在存单上,其他过程与到期支取相同。

②如果是部分提前支取,柜员选择部分提前支取操作,根据电脑显示输入有关内容,由计算机自动进行剩余部分的转存处理,打印出转存部分的新存单,新存单开户日期、利率不变。其他处理过程与到期支取过程相同。

(4)利息计算,因存入时间先后不同而有所区别。

整存整取定期储蓄存款业务的办理如下:

(1)到期支取,原定存期内不论利率调高调低,均按存单开户日挂牌公告的相应利率计付利息,不分段计息。

(2)过期支取,原定存期部分,按到期支取计息方法计息;超期部分,除约定自动转存外,按支取日挂牌活期储蓄利率计付利息。

(3)提前支取,全部提前支取及部分提前支取按支取日挂牌活期储蓄利率计付利息,未提前支取部分,仍按原存单所定利率计付利息。提前支取只限一次。

(4)利息税的计算:应代扣代缴税款=结付的储蓄存款利息额×税率

2. 零存整取定期储蓄存款的规定及核算

零存整取定期储蓄存款是每月按固定金额存储一次,约定存期,到期一次支取本息的一种定期储蓄存款。中途如有漏存,可在次月补齐;未补存者,到期支取时按实存金额和实际存期计息。存期分为 1 年、3 年、5 年三档,一般 5 元起存,多存不限,由银行发给存折。

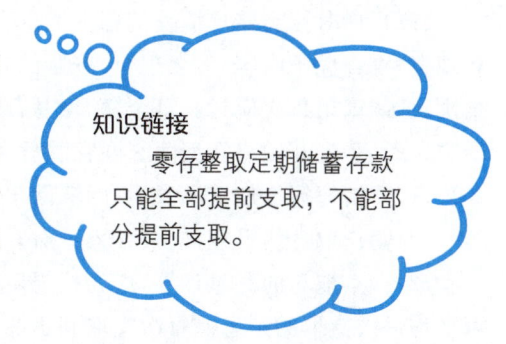

> **知识链接**
> 零存整取定期储蓄存款只能全部提前支取,不能部分提前支取。

(1)开户

①除采用零存整取存款凭条、账卡、存折外,其余处理程序同活期储蓄存款。

②续存时,核对续存金额是否符合规定,续存中如有漏存,上月漏存可于次月补存,但不得于第三个月补存。发生漏存后如次月未补存,按漏存处理。

(2)到期支取

①检查存款是否已到期,抽出账卡核对,如无挂失、冻结等情况,按规定计算应付利息。

②其余处理程序同活期储蓄存款中的"销户"。有关提前支取手续参照整存整取定期储蓄处理。除计息利率不同外,其他处理程序同"到期支取"。

③计算利息时,通常采用月积数计息法和固定基数计息法。

a.月积数计息法根据存款账每月余额计算出月积数,然后乘以月利率计算应付利息。

b.固定基数计息法根据规定存期和利率计算出每元本金到期应付利息,再以此为基数乘以存入金额的合计数,计算出应付利息。

3. 整存零取定期储蓄存款的规定及核算

整存零取定期储蓄存款是本金一次存入,约定存期,分次支取本金,到期一次支取利息的一种定期储蓄存款。一般 1 000 元起存,存期分为 1 年、3 年、5 年三档,本金支取期分 1 个月、3 个月、6 个月,由银行发给存折,以后凭存折分期支取本金,到期一次支取利息。

> **知识链接**
> 整存零取定期储蓄存款适用于大笔款项在较长时间内分期陆续使用。

(1)开户业务的核算比照零存整取储蓄业务。

(2)分次支取业务的核算参照储蓄存款支取业务的方式。

(3)结清。储户于存单期满最后一次取款时,除按分次取款手续处理外,还应计付利息,并在原存单上加盖"结清"戳记作为取款凭条附件。

(4)本金是一次存入,余额逐渐减少,而不是固定本金。因此,利息计算可比照零存整取储蓄存款采用月积数计息法,计息的规定与整存整取相同。

4. 存本取息定期储蓄存款的规定及核算

存本取息定期储蓄存款是一次存入本金,约定存期,分次支取利息,到期一次支取本金的一种定期储蓄存款。一般 5 000 元起存,存期分为 1 年、3 年、5 年,每次支取利息的时间由储户自定,1 个月或几个月均可。若储户到取息日期不来取息,以后可随时来取,但不计

复息。

(1)开户时接到储户填妥的存本取息存款凭条(包括姓名、存期支息期限、金额等内容)和现金,检查凭条内容,清点现金;按照储户约定的支息期限,根据本金、存期、利率和支取利息次数,计算出每次应付利息金额,填写存折(单)、账卡。凭印支取的,在账卡印鉴栏内加盖储户印章,登记开销户登记簿。在存款凭条加盖"现金收讫"章、存折扉页(或存单)处加盖业务公章,开销户簿上加盖私章后,问清储户姓名及存款金额后将存折(单)交给储户。

(2)储户取息的日期,应按存入日对月对日支付,未到取息日期,不得提前支取。

(3)存本取息的利息计算,应先按规定利率计算应付利息总数,然后再根据取息次数计算平均每次支取的利息。每次支取利息的计算公式如下:

$$每次支取利息=(本金×存期×利率)÷支取利息次数$$

(4)支取本金包括:到期支取、提前支取、过期支取。

(四)定活两便储蓄存款业务的规定和核算

定活两便储蓄存款是存入时不约定存期,可以随时支取,按实际存期确定利率的一种储蓄存款,具有定期和活期双重性质,一般50元起存。

(1)开户时,储户填写的存单中不写存期、利率。

(2)可随时支取,支取时除计息方法不同外,其余处理程序均同"整存整取"。

(3)利息计算根据不同存期来加以计算。

> **知识链接**
> 定活两便储蓄存款存单分记名、不记名两种,记名的可以挂失,不记名的不可以挂失。

▶ **微知识** 存期不足3个月按支取日挂牌公告的活期利率计息;存期3个月以上,按支取日1年期以内定期整存整取同档利率6折计息。

(五)通知储蓄存款业务的规定和核算

1.开户

(1)通知储蓄存款凭证使用活期存折。

(2)开户时必须在活期存款凭条、账卡和存折上加盖"通知存款"戳记。

(3)其余处理程序同活期储蓄存款。

2.规定

(1)储户在存款时不约定存期,支取时需提前通知银行,约定取款日期和金额方能支取。

(2)起存金额为5万元,最低支取金额为5万元。

(3)无论存期多长,按存款人提前通知的期限长短划分为1天和7天两个档次。

(4)适合随时支取较大金额的储户。

▶ **微知识** 在实际业务中,各银行在不违背原则的前提下开办了约定转存的通知存款,存期有一天和七天两个档次。

四、储蓄存单(折、卡)及印鉴(密码)挂失手续

(一)存单的挂失

1.存款人本人挂失

(1)《储蓄管理条例》规定,储户遗失存单、存折或者预留印鉴印章的,必须立即持本人有效身份证件,并提供储户的姓名、开户时间、储蓄种类、金额、账号及住址等有关信息,向开户的储蓄机构申请挂失。

挂失申请书一式三联,填写后,经办人员审核无误,第一联留存备查;第二联加盖公章及经办人员的名章后交给挂失人作为办理新存单的依据;第三联凭以登记挂失登记簿。

(2)挂失方式。挂失以书面挂失为原则。存款人申请挂失时,应当由其亲自填写挂失凭证,切不可代其填写。存款人来不及书面挂失,也可以先口头挂失(包括电话挂失)或者用函电等方式挂失,但必须在5日内补办书面挂失手续,否则其挂失不再具有法律效力。

(3)挂失后存单的补领或挂失款项的支取。按照规定,存单挂失7天后,存款人需亲自前往储蓄机构办理补领新存单、存折或支取存款手续。

(4)挂失期间存单持有人要求支取存款的处理。在挂失期间,如果有人持存单支取存款,应当告知其存单已被挂失,不能支取。存单持有人能够证明自己为存权利人的,银行应当立即对办理挂失是否正确进行复核,如果发现挂失错误,则应停止向挂失申请人补发新存单或者支付挂失款项;已经办理补领手续的,要以合法手段向挂失申请人追索。同时,要妥善处理好真正存款人的存款支取问题。

(5)挂失后又找到了存单,储户可持挂失申请书和原挂失证件撤销挂失,并由储户在挂失申请书和登记簿上批注"×年×月×日撤销挂失"字样并签名。

(6)挂失存单已补发或支取手续后又找到原存单的,储蓄机构应将原存单收回并注明"已挂失作废"字样,原挂失申请书作废。

(7)储户挂失申请书遗失,应重新办理正式挂失手续,并在备注栏注明"补办挂失"字样,原挂失申请书作废。

(8)存款人死亡后,继承人申请挂失时,须持当地县级以上(含县级)公证机关签发的继承权证明书办理,没有设立公证机关的地方,凭市、县级人民法院签发的继承权判决书办理。

(9)大额可转让存单的挂失。根据中国人民银行《大额可转让定期存单管理办法》规定,大额可转让定期存单是一种固定面额、固定期限、可以转让的大额存款凭证。大额可转让存单的发行对象为城乡居民个人和企业、事业单位。各商业银行的储蓄机构只能对个人发行大额可转让定期存单。

大额可转让定期存单采用记名方式发行,存单在转让前购买人因意外事故而使存单遗失、损毁时,可以向原发行银行申请挂失,挂失手续与定期储蓄存款挂失手续相同。存单一经转让,则不能申请挂失。鉴别是否转让,主要看其是否曾进行背书,如有背书,就视为已经转让。

2.委托挂失

对于委托挂失,中国人民银行规定:如储户本人不能前往办理,可委托他人代为办理挂

失手续,但要求被委托人出示其身份证件。中国人民银行《关于办理存单挂失手续有关问题的复函》对委托挂失又进一步明确:委托他人代为办理挂失手续的,被委托人只要出具委托人及被委托人的身份证件,并按照规定提供存款的有关信息,储蓄机构即可受理。

银行可以受理委托挂失申请,但不得受理委托补领新存单或者支取挂失款项的申请。中国人民银行《关于办理存单挂失手续有关问题的复函》规定:储户遗失存单后,委托他人代为办理挂失手续只限于代为办理挂失申请手续。挂失申请手续办理完毕后,储户必须亲自到储蓄机构办理补领新存单或支取存款手续。

(二)存单密码和预留印鉴挂失

1.个人储蓄存款存单密码和预留印鉴挂失

存单密码和预留印鉴的挂失与存单的挂失的要件不完全相同:

(1)存单灭失以后,存款人须提供存款的有关信息,以此来间接证明其对存单的所有权。存单密码与预留印鉴在申办挂失时,存单还在存款人手中,只是由于不能提供存单密码或者预留印鉴导致存款不能支取才申办挂失,所以,不必要求存款人提供存款的有关信息。如果存单丢失后,存款人丢失了预留印鉴或者忘记了存单密码,在申办挂失时,应当要求存款人提供存款的有关信息,但这时所申办的是存单挂失,而不是存单密码或者预留印鉴的挂失。

(2)存单密码或者预留印鉴的挂失通常是存款人在支取存款时遗忘或灭失的情况下申办的,由于存单没有丢失,所以银行因挂失所承担的风险较存单挂失要小。

(3)存单密码挂失不适用于委托挂失。存款人忘记存单密码,应当亲自申办挂失,不能委托他人代为办理,这一点不同于存单挂失。

(4)对个人存款预留印鉴的挂失,应比照《储蓄管理条例》和中国人民银行的有关规定办理。银行在受理挂失时,要注意审查以下内容:存单是否真实;挂失申请人的身份证件是否为本人真实的身份证件;身份证件内容与开户时留存的内容是否一致。上述内容审查无误后,即可办理挂失。

2.单位存款密码和预留印鉴挂失

单位存款的挂失不能适用《储蓄管理条例》的规定,应根据《人民币单位存款管理办法》的规定办理。单位存款与储蓄存款除了存款主体不同外,其他方面也有不同:

(1)单位活期存款按照账户进行管理,没有存单也没有存款证实书,按照《支付结算办法》的相关规定进行存取和结算。

(2)单位定期存款给存款单位开具《单位定期存款开户证实书》,并要求存款单位预留财务专用章和法定代表人及财会人员印章。支取存款时,须凭预留印鉴和《单位定期存款开户证实书》支取。

> **微知识** 储蓄存款可以预留印鉴,也可以不预留印鉴,但单位存款必须预留印鉴。因此,储蓄存款存单丢失后如不及时申办挂失,则可能会导致存款被冒领;而《单位定期存款开户证实书》丢失,只要预留印鉴不遗失,存款也不会被冒领。可能正是基于此,《人民币单位存款管理办法》只规定了密码和预留印鉴的挂失,而未规定《单位定期存款开户证实书》的挂失。

五、储蓄网点结账的处理

储蓄网点每日营业终了以及月底、年终，都要对所有账务进行全面核算，确保账账、账款、账实、账据、账表、内外账全部相符。

六、管理行的账务处理与事后监督

(一)账务处理

基层储蓄所的业务是管理行业务的组成部分，每日营业终了，通过并账和并表的方式并入管理行的储蓄业务当中。

1.并账方式的处理

如果储蓄所的账务不独立，则采用并账方式。管理行收到储蓄所填送的汇总传票和储蓄日报表，经过审核无误，对各储蓄存款科目应按储蓄所分别立账，并根据储蓄传票登记在有关的账户内。管理行轧账时，将储蓄传票视同本行传票一起处理。

2.并表方式的处理

如果储蓄所的账务独立、完整，则采用并表方式。储蓄所自己有一套独立完整的账务体系，管理行对储蓄所账务不设分户账，只将储蓄所的日报表同管理行的日报表合并，编制全辖汇总日计表。

(二)事后监督

事后监督的工作较为复杂，工作量大，其包括凭证内容是否完整、金额有无错误、凭证签章是否齐全、账簿记载是否正确、利息计算有无错误、报表编制是否准确等内容，但若监督执行到位，且逐户逐笔监督，则对于提高核算质量、维护存款安全具有一定的积极作用。

活动练习

一、名词解释

1.储蓄存款　2.基本存款账户　3.专用存款账户　4.利率　5.存款利息

6.积数　7.定活两便储蓄存款　8.一般存款账户　9.临时存款账户

二、单选题

1.活期储蓄存款采用定期结息，结息日为(　　)。

A.按年结息，每年 6 月 20 日为结息日　　B.按年结息，每年 12 月 20 日为结息日

C.按季结息，每季末月 20 日为结息日　　D.按季结息，每季末月日为结息日

2.单位活期存款的计息时间一般是(　　)。

A.每月末　　　　　　　　　　　　　　B.每季末月 20 日

C.每季末月 21 日　　　　　　　　　　D.每季末

3.2009年6月1日,某储户存入整存整取3年期的存单一张,金额1 500元。存入时,3年期存款利率为2.46%,活期存款利率为0.72%。2010年6月1日要求全部支取。支取时,3年期存款利率为3.24%,2年期存款利率为2.70%。该笔存款按( )%利率计算利息。

A.2.46　　　　　　　　　　　　B.3.24
C.2.70　　　　　　　　　　　　D.0.72

4.统驭分户账,进行综合核算与明细核算相互核对的主要工具是( )。

A.余额表　　　　　　　　　　　B.科目日结单
C.日计表　　　　　　　　　　　D.总账

5."库存现金"科目的借方发生额为( )。

A.资产的增加　　　　　　　　　B.资产的减少
C.负债的增加　　　　　　　　　D.负债的减少

6.存款人因办理日常转账结算和现金收付而开立的银行结算账户是( )。

A.基本存款账户　　　　　　　　B.一般存款账户
C.临时存款账户　　　　　　　　D.专用存款账户

7.活期存款和定期存款是按照( )来划分的。

A.不同来源　　　　　　　　　　B.不同经济性质
C.存款期限　　　　　　　　　　D.存款手续

8.既可用于支取现金又可用于转账的支票是( )。

A.现金支票　　　　　　　　　　B.转账支票
C.普通支票　　　　　　　　　　D.划线支票

9.现金收款规则第二条是坚持现金收入( )的原则。

A.先收款后记账　　　　　　　　B.先记账后收款
C.收款与记账同时进行　　　　　D.以上都不对

10.在分户账中具有销账栏的是( )。

A.甲种账　　　　　　　　　　　B.乙种账
C.丙种账　　　　　　　　　　　D.丁种账

11.银行的综合核算系统包括( )。

A.分户账　　　　　　　　　　　B.总账
C.余额表　　　　　　　　　　　D.现金收付日记簿

12.商业银行的资金来源有( )。

A.吸收的财政性存款　　　　　　B.吸收的一般存款
C.发行货币　　　　　　　　　　D.向企业借款

13.单位凭以办理日常结算及现金收付的账户是( )。

A.一般存款户　　　　　　　　　B.基本存款户
C.临时存款户　　　　　　　　　D.专用存款户

14.单位活期存款计息方法可采用( )。

A.累计法　　　　　　　　　　　B.积数法
C.累进法　　　　　　　　　　　D.复利法

三、多选题

1.下列凭证中属于基本凭证的有（　　）。

A.现金支票　　　　　　　　　　B.现金收入凭证

C.转账借方传票　　　　　　　　D.表外科目收入传票

E.现金缴款单

2.下列账户中属于单位银行结算账户的有（　　）。

A.基本存款账户　　　　　　　　B.一般存款账户

C.储蓄存款账户　　　　　　　　D.临时存款账户

E.短期贷款账户

3.存款业务的种类按照资金性质的不同可以分为（　　）。

A.单位存款　　　　　　　　　　B.活期存款

C.个人储蓄存款　　　　　　　　D.定期存款

4.综合核算是按科目核算的，其由（　　）组成。

A.科目日结单　　　　　　　　　B.总账

C.日计表　　　　　　　　　　　D.余额表

E.分户账

5.银行的账务核对在内容上可分为（　　）。

A.账账核对　　　　　　　　　　B.账款核对

C.账表核对　　　　　　　　　　D.账实核对

E.内外账务核对

6.银行会计账务组织包括（　　）。

A.明细核算　　　　　　　　　　B.总分类核算

C.综合核算　　　　　　　　　　D.账务核对

E.账实核对

7.储蓄存款的对象和范围包括（　　）。

A.工资　　　　　　　　　　　　B.奖金

C.个人投资收益　　　　　　　　D.单位活期存款

8.银行存款的利息计算可采用（　　）。

A.余额表　　　　　　　　　　　B.日计表

C.总账　　　　　　　　　　　　D.乙种账

E.甲种账

9.银行会计基本核算方法主要包括（　　）。

A.会计科目　　　　　　　　　　B.记账方法

C.填制审核凭证　　　　　　　　D.账务组织及处理

10.明细核算包括（　　）。

A.分户账　　　　　　　　　　　B.登记簿

C.日计表　　　　　　　　　　　D.余额表

11.申请开立基本存款账户的条件有( )。
A.企业法人　　　　　　　　　B.企业法人内部非独立核算的单位
C.社会团体　　　　　　　　　D.私营企业和个体经营户

12.分户账按其形式可分为( )。
A.甲种账　　　　　　　　　　B.乙种账
C.丙种账　　　　　　　　　　D.丁种账

13.登记簿用来登记( )。
A.重要空白凭证　　　　　　　B.某些实物
C.各项存款　　　　　　　　　D.各项借款

14.一般存款账户用来办理存款人的( )。
A.借款转存　　　　　　　　　B.现金存入
C.提取现金　　　　　　　　　D.转账支取

15.出纳人员( )必须办理交接手续,账账、账实、账款核对相符后,交接双方及监交人在交接登记簿上签章。
A.工作调动　　　　　　　　　B.离职
C.临时离岗　　　　　　　　　D.生病

16.银行会计人员包括( )。
A.记账员　　　　　　　　　　B.复核员
C.稽核员　　　　　　　　　　D.信贷员

17.明细核算的组成有( )。
A.会计凭证　　　　　　　　　B.分户账
C.余额表　　　　　　　　　　D.现金收入和现金付出日记簿

18.定期储蓄存款按存取方式的不同分为( )。
A.整存整取　　　　　　　　　B.零存整取
C.存本取息　　　　　　　　　D.整存零取

四、判断题

1.商业银行经济业务发生后,涉及表内科目的,采用单式记账法;涉及表外科目的,采用复式记账法。( )

2.现金收入业务必须"先收款,后记账"。( )

3.定活两便储蓄存款,实际存期1年以上,无论存期多长,整个存期利率一律按支取日整存整取一年期存款利率打一定折扣计算。( )

4.银行会计凭证由于需要在银行内部有关部门之间进行组织传递,所以又称为"传票"。( )

5.办理出纳业务必须坚持"日清日结",中午休息时不必核对账款,待晚上轧账时一并核对。( )

6.现金收款要求先收款后记账,现金付款必须先记账后付款。( )

7.会计档案一律不准外借,但公安、检察机关可随时查阅。( )

8.单位活期存款按年结息,储蓄存款按季结息。   (   )
9.计息余额表的作用有二,一是总分核对,二是计算利息。   (   )
10.整存整取定期储蓄存款全部提前支取时,储户除提交存单外,还应交验本人的有效身份证件,利息按实际存期乘以原定利率。   (   )

五、简答题

1.单位银行存款账户有哪些类别？说明其用途。
2.简述活期存款计息的基本原理。
3.简述整存整取定期储蓄存款计息的基本原理。

六、实务题

(一)单位活期存款利息的计算

余额表计息法(见表3-11)：

表3-11　　　　　　　　　　　计息余额表
　　　　　　　　　　　　　　　20××年6月

科目名称：单位活期存款　　利率：月0.6‰　　　　　　　　　共　页　第　页

余额\日期	账号	2010132		
	户名	东风工厂		
	余额	(位数)		
上月底止累计应计息积数		20 347 400		
1		292 000		
...				
10		296 500		
10天小计		2 941 000		
...				
20		298 000		
20天小计		5 924 600		
至结息日累计应计息积数				
应加积数				
应减积数		22 000		
本期累计应计息积数				
利息				

要求：

(1)计算结息日累计计息积数。

(2)计算本期应计息积数。

(3)计算利息。

(4)正确填写传票。

(二)单位活期存款利息的计算

账页计息法(见表3-12)：

表 3-12　　　　　　　　　　　　　　存款分户账

户名:红洋百货　　　　　　　　账号:2010007　　　　　　　　利率:月 0.6‰

2020年		摘要	借方	贷方	借或贷	余额	日数	积数
月	日							
12	1	承前页			贷	470 000.00	71	56 000 000.00
12	5	转贷		600.00				
12	7	转借	930.00					
12	9	转借	8 050.00					
12	13	转贷		6 800.00				
12	13	转贷		1 320.00				
12	18	转借	6 000.00					
12	20	转贷		7 000.00				
12	21	转息						

要求：

(1)计算累计天数。

(2)计算累计积数。

(3)计算应付利息。

(三)业务题

根据业务描述,进行账务处理。

(1)街北商场交存销货收入现金 50 000 元。

(2)客户王亮办理活期存款,交来现金 10 000 元。

(3)高岩 2018 年 11 月 2 日存入定期 1 年的储蓄存款 2 500 元,于 2020 年 1 月 12 日来行支取。存入日 1 年期存款利率为 2.25%,活期存款利率为 0.72%,存期内无利率调整(利息税率为 20%)。

(4)卖出黄金,收取现金 20 000 元。

(5)向中国人民银行送存现金 450 000 元。

(6)金融职业学院有一笔 1 年期定期存款 150 000 元,于 7 月 1 日到期支取,利息一并转入活期存款账户。假设于每季末计算应付利息,1 年期定期存款月利率为 1.875‰。

(7)张开送存现金 6 000 元,存入活期储蓄存款。

(8)2020 年 7 月 20 日,某分行接到本行开户单位红冶钢厂开来的转账支票一张,将闲置资金 100 000 元转为 6 个月定期存款,月利率为 1.02‰。同年底,银行半年期存款利率调整为 1.04‰,做出银行存入和到期支取的有关账务处理。

项目四
贷款业务

活动目标	本项目教材通过引入《中华人民共和国担保法》《金融企业会计制度》《金融企业呆账准备提取管理办法》等相关规定及案例,并融入专项贷款投放、扶贫贷款发放等一系列复工复产的金融支持政策等育人元素,使学生在掌握贷款业务有关规定及账务处理的同时,成长为能担当民族复兴大任的时代新人。
活动重点	贷款发放与收回的账务处理,呆账、坏账准备金的提取与核销,贷款利息的计算,票据贴现的处理。
活动难点	贷款损失准备金的计提、贷款转逾期贷款的处理及逾期贷款利息的计算。
活动方法	本项目融入课程思政元素,利用先进的教学工具,采用课堂讲授、教学视频、软件实训等线上线下相结合的活动方法。
活动内容	本项目引导学生了解银行会计的重要性,理解贷款是银行的主要资产,是运用资金的主要渠道,也是取得收入的主要途径。

抵押贷款

任务一 认识贷款业务

一、贷款的概念与意义

(一)概念

贷款是银行和其他信用机构以债权人地位,将货币资金贷给借款人,借款人按约定利率和利息还本付息的一种信用活动。

(二)意义

贷款是银行最主要的资产业务,银行的收益主要来自存贷款之间的利息差额。

贷款业务是一种风险较大的资产业务,经营不当会给银行造成巨大的损失,商业银行发放贷款必须遵循安全性、流动性和营利性的原则。

贷款对国民经济的发展具有重大作用:

(1)国家运用贷款方式对国民经济各部门进行资金再分配,以满足生产和流通中的资金需要,促进社会经济的协调发展。

(2)银行信贷投放是形成社会购买力的主要途径,贷款的规模会对货币、物价的稳定产生重大影响,对银行经营管理和整个国民经济的发展具有重要意义。

二、贷款的种类

贷款的种类见表 4-1。

表 4-1　　　　　　　　　　贷款的种类

分类标准	类别	备注
期限长短	①短期贷款(1年期以下,含1年):是指银行根据有关规定发放的各种贷款,包括质押贷款、抵押贷款、保证贷款、信用贷款等。 ②中期贷款(1～5年,含5年):主要用于工商企业重大设备更新改造、固定资产投资等。 ③长期贷款(5年以上):主要用于大型工程、重点工程、对外援助项目的投资以及个人购买住宅等	依据中国人民银行发布的《贷款通则》

(续表)

分类标准	类别	备注
贷款发放方式	①信用贷款:以借款人的信誉发放的贷款,借款人不需要提供抵押品或第三方担保,仅凭自己的信誉就能取得的贷款。由于这种贷款方式风险较大,一般要对借款方的经济效益、经营管理水平、发展前景等情况进行详细考察,以降低风险。 ②担保贷款:是指由借款人或第三方依法提供担保而发放的贷款。担保贷款包括保证、抵押、质押、定金留置(很少使用)。 ③票据贴现:是指资金的需求者,将自己手中未到期的商业票据、银行承兑票据或短期债券向银行或贴现公司要求变成现款,银行或贴现公司(融资公司)收进这些未到期的票据或短期债券,按票面金额扣除贴现日至到期日前一日后的利息支付给贴现申请人,等票据到期时再向出票人收款	①信用贷款:主要适用于经工商行政管理机关核准登记的企(事)业法人、其他经济组织、个体工商户,并符合《贷款通则》和银行规定的要求。 ②保证贷款:是指按《中华人民共和国民法典》规定的保证方式,以第三人承诺在借款人不能偿还贷款时,按约定承担一般保证责任或连带责任而发放的贷款。 ③抵押贷款:以借款人或第三人的财产作为抵押物发放的贷款。 ④质押贷款:以借款人或第三人的动产或权利作为质物发放的贷款
贷款风险程度	①正常:借款人能够履行合同,没有足够理由怀疑贷款本息不能按时足额偿还。 ②关注:尽管借款人目前有能力偿还贷款本息,但存在一些可能对偿还产生不利影响的因素。 ③次级:借款人的还款能力出现明显问题,完全依靠其正常营业收入无法足额偿还贷款本息,即使执行担保,也可能会造成一定损失。 ④可疑:借款人无法足额偿还贷款本息,即使执行担保,也肯定要造成较大损失。 ⑤损失:在采取所有可能的措施或一切必要的法律程序之后,本息仍然无法收回,或只能收回极少部分	2004年开始,国有独资商业银行和股份制银行全面推行五级分类制度。正常、关注属于正常贷款;次级、可疑、损失属于不良贷款
贷款对象主体性质	①单位贷款:是指银行向企事业单位及机关、团体等经济组织发放的贷款。 ②个人贷款:是指银行向消费者个人发放的贷款	个人贷款是近几年商业银行推行的贷款品种。如个人住房贷款、个人消费贷款、国家助学贷款等
贷款本息是否逾期超过一定天数	①应计贷款:非应计贷款以外的贷款,应在表内核算。 ②非应计贷款:是指贷款本金或利息逾期90天没有收回的贷款,它应列入表外科目核算。当它收回时,首先冲减本金,再确认利息收入	当应计贷款转为非应计贷款时,应将已入账但尚未收回的利息收入和挂账的应计利息予以冲账
银行发放贷款的自主程度	①自营贷款:是指贷款人以合法方式筹集的资金自主发放的贷款,其风险由贷款人承担,并由贷款人收回本金和利息。 ②委托贷款:是指由委托人提供合法来源的资金,银行根据委托人确定的贷款对象、用途、金额、期限、利率等代为发放、监督使用并协助收回的贷款业务。委托人包括政府部门、企事业单位及个人等。 ③特定贷款:是指经国务院批准并对贷款可能造成的损失采取相应补救措施后责成国有独资商业银行发放的贷款。这种贷款属于政策性的成分比较多,一般用于国有企业的重大设备改造项目、国家重点工程建设项目、国家重点扶贫项目、成套设备出口项目(卖方信贷)、国家重点科研项目等投资	

任务二 核算贷款业务

一、会计科目的设置

会计科目的设置见表4-2。

表 4-2　　　　　　　　　　　　　会计科目的设置

科目名称	概念及性质	账务处理
贷款	①该科目核算商业银行按规定发放的各种贷款,包括质押贷款、抵押贷款、保证贷款、信用贷款、银团贷款、贸易融资、协议透资、信用卡透支、转贷款以及垫款等。 ②可按贷款类别、客户,分别设置"本金""利息调整""已减值"等进行明细核算,属于资产类科目	①发放贷款时,按贷款的合同本金,借记本科目(本金),按实际支付的金额,贷记吸收存款等科目,有差额的,借记或贷记本科目(利息调整)。 ②收回贷款时,应按客户归还的金额,借记"吸收存款"等科目,按收回的应收利息金额,贷记"应收利息"科目,按归还的贷款本金,贷记本科目(本金),按其差额,贷记"利息收入"科目。 ③利息存在调整余额的,应同时结转
应收利息	该科目核算商业银行发放贷款、存放中央银行款项、拆出资金、买入返售金融资产等应收取的利息	①发放贷款时,于资产负债表日按贷款的本金和合同利率计算确定的应收未收利息,借记本科目,按贷款的摊余成本和实际利率计算确定的利息收入,贷记"利息收入"科目,按其差额,借记"贷款——利息调整"科目; ②收到应收利息时,贷记本科目
利息收入	该科目核算商业银行确认的利息收入,包括发放的各类贷款、与其他金融机构之间发生资金往来业务、买入返售金融资产等实现的利息收入等	①资产负债表日按贷款的本金和合同利率计算确定的应收未收利息时,借记"应收利息"科目,按贷款的摊余成本和实际利率计算确定的利息收入,贷记"利息收入"科目,按其差额,借记"贷款——利息调整"科目。 ②实际利率和合同利率差异较小的,也可以采用合同利率计算确定利息收入

二、信用贷款业务的核算

信用贷款是指贷款银行以借款人的信誉发放的贷款。借款人应逐笔提出借款申请,经银行审批同意后逐笔签订借款合同,逐笔立据审查,逐笔发放,约定还款期限,到期一次或分次归还贷款。

(一)贷款申请

进行贷款申请时,应遵循以下要求:

(1)借款人申请借款时,应向银行提交借款申请书(见表4-3)一式五联。

(2)申请书上必须填写借款金额、借款用途、偿还能力和还款方式等内容。

(3)向银行提供以下资料:

①借款人基本情况;

②财政部门或会计师事务所核准的上年度财务报告,以及申请借款前一期的财务报告;

③原有不合理占用的贷款的纠正情况。

> **微知识** 如申请中长期贷款,还必须提供:项目可行性报告、项目开工前期准备工作完成情况的报告、在开户银行存入了规定比例资金的证明、经有权单位批准下达的项目投资计划或开工通知书、按规定项目竣工投产所需自筹流动资金落实情况及证明材料。

表4-3　　　　　　　　　　　　　借款凭证

中国××银行(　贷款)借款凭证(申请书代付出传票)　①

单位编号:　　　　　　　日期:　年　月　日　　　　　　银行编号:

收款单位	名　称		借款单位	名　称	
	账　号			放款户账号	
	开户银行			开户银行	
借款期限(最后还款日)		利率		起息日期	
借款申请金额	人民币(大写)		千百十万千百十元角分		
借款原因及用途	银行核定金额:		千百十万千百十元角分		
银行审批	负责人:　　　　信贷部门主管: 信贷员:		会计分录 (借) 对方科目(贷) 会计　　复核　　记账		
根据你行贷款办法规定,申请办理上述借款,请核定贷给 此致 　××银行		(借款单位预留往来户印鉴)			

此联由银行代放款账户付出凭证

(二)贷款审查

进行贷款审查时,应遵循以下要求:

(1)银行信贷部门应按照审贷分离、分级审批的贷款管理制度进行贷款审批。

(2)经审批同意贷款后,银行(贷款人)应与借款人签订借款合同,合同上应注明贷款种类、贷款用途、金额、利率、还款期限、还款方式、违约责任和双方认为需要约定的其他事项。

(3)经过信贷部门审查签章,管理权人批准,送会计部门办理贷款发放手续。

(4)会计部门收到借款凭证,审查内容是否正确。

具体内容如下：

①凭证有无信贷部门的审批意见；

②内容填写是否正确、完整；

③大小写金额是否一致；

④印鉴是否相符等。

(三) 贷款发放

办理贷款发放业务应遵循以下要求：

(1) 审核无误后，将第一联回单、第二联转账借方凭证、第三联转账贷方凭证、第四联代分户卡片、第五联退业务部门留存。编制会计分录如下：

借：贷款——短期贷款（或中长期贷款）——××单位贷款户

　　贷：吸收存款——活期存款——××单位存款户

(2) 根据传票分别登记借款单位贷款账户和存款账户。

(3) 转账办妥后，随时检查借款单的到期日，并在到期日前通过信贷部门转告借款单位准备资金按期归还。

例 4-1

2019年8月5日，贸易公司向其开户银行申请短期贷款150 000元，期限7个月，约定利率为6.78%。信贷部门认真审查后同意发放，并经会计部门将款项转入该公司存款账户。编制会计分录如下：

借：贷款——短期贷款——贸易公司贷款户　　　　　　　150 000.00

　　贷：吸收存款——活期存款——贸易公司存款户　　　　150 000.00

(四) 贷款收回

1. 贷款到期收回的核算

借款单位到期归还贷款时，应填制转账支票及一式四联的还款凭证（见表4-4）送交开户银行，办理还款手续。

银行以转账支票代替转账借方传票，以第一联还款凭证作其附件；以第二联还款凭证代替转账贷方传票；以第三联还款凭证转交信贷部门核销原放款记录；将第四联还款凭证加盖转讫章后作为回单还给借款人，借款人将其作为归还贷款的依据。

贷款到期收回分以下几种情形：

第一，银行会计部门审核并与专夹保管的借据核对无误后办理转账，其会计分录为：

借：吸收存款——活期存款——××单位存款户

　　贷：贷款——短期贷款（或中长期贷款）——××单位贷款户

> **微知识** 如果借款人事先与银行有商定，也可由银行主动填制四联特种转账传票办理贷款收回手续。其中一联特种转账借方传票作付款通知，其余三联作为记账凭证。如果利息是按季定期计收的，则收贷款时，不办理利息转账，可少填一联特种转账贷方传票。

第二，不在本行开户的借款单位提交的转账支票，应通过票据交换交给有关的银行审核

无误后,才能办理转账。其会计分录如下:

  借:存放中央银行款项(或有关科目)
   贷:贷款——短期贷款——××单位贷款户

  第三,分次归还贷款的,应在借据上登记分次归还日期、金额及结欠余额,待最后一次还清时,再将注销的借据交给借款人。

  第四,如果贷款到期日借款人没有主动归还,则银行可以按有关规定,检查单位存款账户的余额,主动扣收全部或者部分贷款,并由银行填制特种转账传票,按照有关规定进行账务处理。

表 4-4   **还款凭证**

中国××银行(贷款)还款凭证(支款凭证) ①

日期: 年 月 日   原借款凭证银行编号:

收款单位	名 称		借款单位	名 称	
	账 号			放款户账号	
	开户银行			开户银行	
计划还款日期			还款次序	第 次还款	
借款申请金额	人民币(大写)				
还款内容			千 百 十 万 千 百 十 元 角 分		
由借款单位存款户内转还上述借款			会计分录:(借)_____ 对方科目(贷)_____		
(盖借款单位预留存款户印鉴)(银行主动转还时免盖)			会计 复核 记账		

（此联由银行代放款账户付出凭证）

例 4-2

  接【例 4-1】,2020 年 3 月 5 日,贸易公司向其开户银行申请短期贷款 150 000 元到期了,借款单位填制还款凭证,到银行办理还款业务。编制会计分录如下:

  借:吸收存款——活期存款——贸易公司存款户   150 000.00
   贷:贷款——短期贷款——贸易公司贷款户   150 000.00

2.贷款展期

  贷款到期就要归还,这是企业必须遵守的信用原则,也是银行加速信贷资金周转的前提条件。

> **微知识** 如果贷款人贷款期间发生暂时资金周转困难,致使不能按期偿还贷款本金,并且符合展期规定的条件,就可以申请展期。

> **知识链接**
> 现在是征信社会,良好的个人信用是无形的信誉财富,一定要守护好自己的"经济身份证"。

73

(1)基本定义

贷款展期是指贷款人向贷款银行申请并获得批准的情况下,延期偿还贷款的行为。贷款是否展期由贷款人决定。

申请保证贷款有抵押贷款、质押贷款展期的,还应当由保证人、抵押人、出质人出具同意的书面证明。已有约定的,按照约定执行。

(2)时间和条件

①贷款展期不得低于原贷款条件。

②每笔贷款展期只限1次。短期贷款(期限在1年以内,含1年)展期期限累计不得超过原贷款期限。

③中期贷款(1年以上,5年以下,含5年)展期期限累计不得超过原贷款期限的一半。

④长期贷款(5年以上)展期期限累计不得超过3年。

⑤国家另有规定者除外。

(3)贷款展期办理步骤

①提出申请,说明情况,同时填制"贷款展期申请书"一式三联,交给信贷部门。如果借款人未申请展期或申请未获批准,则其贷款从到期日次日起,转入逾期贷款账户。

> **知识链接**
> 一般情况下,短期贷款必须在到期日的10天前、中长期贷款在到期日的1个月前由借款人向贷款银行申请展期。

②信贷部门审批后,在展期申请书上签署意见,第一联由信贷部门备查,第二联、第三联交银行会计部门。

③会计部门收到后,不需要办理转账,只在贷款凭证上批注展期日期,其中第二联展期申请书附于借款凭证后面专夹保管,第三联加盖业务公章后交给借款单位,作为同意贷款展期的通知。

3.贷款逾期

(1)基本定义

逾期贷款是指借款合同约定到期(含展期后到期)未归还的贷款(不含呆滞贷款和呆账贷款)。

> **微知识** 银行投放在这类贷款上的资金,将来可能收回,也可能收不回来,遭受损失的可能性极大,对于这类贷款,商业银行通常要加收惩罚利息。逾期贷款属于银行有问题资产,因此商业银行应保持较高的资本准备,准备率一般为50%。

(2)具体规定

①当贷款逾期但不超过90天,借款单位存款账户无力归还贷款时,银行会计部门应于贷款到期日营业终了,通过会计分录将贷款转入"逾期贷款"账户。

②核算时由会计部门填制两联特种转账借方传票。编制会计分录如下:

> **知识链接**
> 银行会计部门应将逾期贷款借据另行保管,对逾期贷款应及时查明原因,积极组织催收。

借：贷款——逾期贷款——××单位逾期贷款户
　　贷：贷款——短期贷款(或中长期贷款)——××单位贷款户

例 4-3

接【例 4-1】，2020 年 3 月 5 日，贸易公司向其开户银行申请的短期贷款 150 000 元到期了，如果借款单位只能部分归还 100 000 元，那么如何进行账务处理？

第一步，归还部分的账务处理：

借：吸收存款——活期存款——贸易公司存款户　　　　100 000.00
　　贷：贷款——短期贷款——贸易公司贷款户　　　　　　100 000.00

第二步，逾期部分的账务处理：

借：贷款——逾期贷款——贸易公司逾期贷款户　　　　50 000.00
　　贷：贷款——短期贷款——贸易公司贷款户　　　　　　50 000.00

4.非应计贷款

(1)基本定义

非应计贷款是指贷款本金或利息逾期 90 天没有收回的贷款；或者按质量进行五级分类，结果被确认为不良贷款时，应转入"非应计贷款"科目单独核算的贷款，其利息在表外核算。

应计贷款是指非应计贷款以外的贷款。

(2)具体规定

会计部门根据经过审查确认的不良贷款的有关单证，编制特种转账凭证，办理转账。

编制会计分录如下：

借：非应计贷款——××单位贷款户
　　贷：逾期贷款——××单位逾期贷款户

> **知识链接**
>
> 当实际收回贷款时，首先冲减本金，本金全部收回后，超出部分计入当期利息收入。

例 4-4

接【例 4-1】，2020 年 6 月 5 日，贸易公司向其开户银行申请的短期贷款 150 000 元中，未偿还部分 50 000 元贷款已经逾期超过 90 天了。银行应进行如下账务处理：

借：非应计贷款——贸易公司单位贷款户　　　　　　　50 000.00
　　贷：逾期贷款——贸易公司单位逾期贷款户　　　　　　50 000.00

三、担保贷款业务的核算

担保贷款是指借款人或第三方依法提供担保而发放的贷款。担保贷款包括保证贷款、抵押贷款、质押贷款。

（一）保证贷款

1.概念

保证贷款是指按《中华人民共和国民法典》规定的保证方式，以第三人承诺在借款人不能偿还贷款时，按约定承担一般保证责任或连带责任而发放的贷款。

2.具体规定

《中华人民共和国民法典》规定：

（1）机关法人不得为保证人，但是经国务院批准为使用外国政府或者国际经济组织贷款进行转贷的除外。

（2）以公益为目的的非营利法人、非法人组织不得为保证人。

（3）保证合同应当包括：被保证的主债权的种类、数额，债务人履行债务的期限，保证的方式、范围和期间等条款。

> **知识链接**
> 《中华人民共和国民法典》自2021年1月1日起生效，《中华人民共和国担保法》同时废止。

3.审核内容及业务办理

（1）借款人申请保证贷款，应提交借款申请书和其他相关资料，同时还应向银行提供保证人情况及保证人同意保证的有关证明文件。

（2）银行信贷部门严格审查保证人的资信状况。

> **微知识** 保证人的资信状况包括保证人的独立法人资格、工商登记情况、生产经营状况、财务状况、负债情况、偿债能力、信誉程度，银行要对保证人的担保资格、履约意愿严格把关，防止互相担保、连环担保的现象发生。

（3）银行与保证人签订保证合同或由保证人在借款合同上注明保证条款并签名盖章。

（4）贷款发放和收回。保证贷款发放后，银行与保证人应共同监督借款人按合同规定使用贷款和按期偿还贷款。

> **微知识** 贷款到期后，如果借款人按时还本付息，借款合同和担保合同随即解除。如果借款人无力偿还贷款本息，银行应通知担保人代偿。核算手续同信用贷款基本相同。

（二）抵押贷款

1.抵押贷款的概述

（1）概念

抵押贷款是指《中华人民共和国民法典》规定的抵押方式，以借款人或第三人的财产作为抵押物发放的贷款。

（2）具体规定

①下列财产可以抵押：建筑物和其他土地附着物；建设用地使用权；海域使用权；生产设备、原材料、半成品、产品；正在建造的建筑物、船舶、航空器；交通运输工具；法律、行政法规未禁止抵押的其他财产。

②下列财产不得抵押：土地所有权；宅基地、自留地、自留山等集体所有土地的使用权，

但是法律规定可以抵押的除外;学校、幼儿园、医疗机构等为公益目的成立的非营利法人的教育设施、医疗卫生设施和其他公益设施;所有权、使用权不明或者有争议的财产;依法被查封、扣押、监管的财产;法律、行政法规规定不得抵押的其他财产。

③借款人若到期不能偿还贷款本息,银行有权依法处置其抵押品,并从所得价款中优先收回贷款本息。

④抵押贷款中流动资金贷款最长不超过1年,固定资产贷款一般为1~3年(最长不超过5年)。

⑤抵押贷款不是按抵押物价值金额予以发放,而是按一定比例进行折扣。

> **微知识** 贷款额度＝抵押物作价现值×抵押率(抵押率没有具体规定,而应视情况确定,一般按50%~70%确定,最高不超过70%)。

⑥抵押贷款应到期归还,一般不得展期。

(3)办理步骤

①借款人申请该类贷款时,应填写《质押或抵押贷款申请书》,注明抵押物的名称、数量、价格、质量等。

②借款人向银行提供抵押物清单及有处分权人的同意抵押证明。

③其余提供的资料与信用贷款基本相同。

④抵押人和抵押权人以书面形式订立抵押合同。

> **微知识** 抵押合同应当包括以下内容:
> 被担保的主债权种类、数额;债务人履行债务的期限;抵押物的名称、数量、质量、状况、所在地、所有权权属或者使用权权属;抵押担保的范围;当事人认为需要约定的其他事项。

2.抵押贷款的业务处理

(1)发放贷款的处理步骤

①借款人申请抵押贷款时,应向银行提交"抵押贷款申请书",写明借款用途、金额、还款日期,抵押品的名称、数量、价值、存放地点等有关事项。

②信贷部门审批同意后,签订抵押贷款合同,同时,借款人应将抵押品或抵押品产权证明移交银行。

③银行经审查无误后,签订"抵押品保管证"并交给借款人,出纳部门登记有关登记簿。同时,信贷部门填制一式五联借款凭证,送交会计部门凭以办理贷款发放手续。

④会计部门收到借款凭证,经审核无误后进行账务处理。编制会计分录如下:

借:贷款——抵押贷款——××户
　　贷:吸收存款——活期存款——××户

同时,对抵押物进行详细登记,并列入表外科目核算,编制会计分录如下:

收入:待处理抵押品——××户

(2)到期收回的处理步骤

①抵押贷款到期,借款人应主动提交放款收回凭证或转账支票到银行办理还款手续,编制会计分录如下:

借:吸收存款——活期存款——××户
　　贷:贷款——抵押贷款——××户(本金)

②抵押贷款本息全部收回后,银行会计部门应根据信贷部门签发的抵押物品退还通知书,填制表外科目付出传票。

③出纳部门销记表外科目登记簿,退还抵押物品。编制会计分录如下:

付出:待处理抵押品——××户

> **知识链接**
> 抵押和质押贷款到期,借款人不能归还,应根据贷款合同依法对抵押物进行出售、拍卖或作价入账。

(3)贷款到期不能收回的处理步骤

①将抵押品作价入账。将抵押品按实际抵债部分的贷款本金和已确认的利息作为入账价值。编制会计分录如下:

借:固定资产等

　　贷:逾期贷款——××单位抵押贷款户

　　　　应收利息——应收抵押贷款利息户

　　　　利息收入——抵押贷款利息收入户

　　　　累计折旧

②将抵押品作价变卖。将抵押品作价变卖所取得的价款,扣除银行在处置抵押品时所支付的费用和成本后的净收入,抵补贷款本息。

a.净收入大于贷款本息之和的,其多余部分计入利息收入。编制会计分录如下:

借:活期存款(库存现金等)

　　贷:逾期贷款——××单位抵押贷款户

　　　　应收利息——应收抵押贷款利息户

　　　　利息收入——抵押贷款利息收入户

b.净收入小于贷款本金的,其本金不足部分用贷款损失准备核销,应收利息从坏账准备中核销。编制会计分录如下:

借:活期存款(或库存现金等)

　　贷款损失准备

　　贷:逾期贷款——××单位抵押贷款户

借:坏账准备

　　贷:应收利息——应收抵押贷款利息户

c.净收入大于贷款本金,小于贷款本息的,拍卖所得在补偿贷款本金及部分利息后,其不足部分用坏账准备核销。编制会计分录如下:

借:活期存款(库存现金等)

　　贷:逾期贷款

　　　　应收利息——应收抵押贷款利息户

　　　　利息收入——抵押贷款利息收入户

借:坏账准备

　　贷:应收利息——应收抵押贷款利息户

（三）质押贷款

1.概念

质押贷款是指贷款人按《中华人民共和国民法典》规定的质押方式以借款人或第三人的动产或权利为质物发放的贷款。

2.具体规定

质押贷款的发放，必须以质物为基础。作为质物的动产或权利必须符合《中华人民共和国民法典》的有关规定，出质人必须依法享有对质物的所有权或处分权，并向我行书面承诺为借款人提供质押担保。

《中华人民共和国民法典》规定，下列动产或权利可以作为质押贷款的质物：

汇票、本票、支票；债券、存款单；仓单、提单；可以转让的基金份额、股权；可以转让的注册商标专用权、专利权、著作权等知识产权中的财产权；现有的以及将有的应收账款；法律、行政法规规定可以出质的其他财产权利。

> **微知识**
>
> 以银行汇票、银行承兑汇票、支票、本票、存款单、国库券等有价证券质押的，质押率最高不得超过90%。
>
> 以动产、依法可以转让的股份（股票）、商业承兑汇票、仓单、提单等质押的，质押率最高不得超过70%。
>
> 以其他动产或权利质押的，质押率最高不得超过50%。

知识链接
贷款到期，借款人不能归还贷款，银行可按照所得质物的价款归还贷款本息。

3.步骤及账务处理

可参照抵押贷款。

四、贷款利息业务的核算

（一）按照人民银行规定的利率以及浮动幅度确定合同利率

1.短期贷款

短期贷款是指期限在1年以下（含1年），按贷款合同签订日的相应档次的法定贷款利率计息。

（1）贷款合同期内，遇利率调整不分段计息。

（2）按季结息的，每季度末月的20日为结息日；按月结息的，每月的20日为结息日。具体结息方式由借贷双方协商确定。

（3）对贷款期内不能按期支付的利息根据贷

知识链接
近年来，套路贷等不法高利贷频发，利率为24%以上的贷款受法律保护吗？

款合同利率按季或按月计收复利,贷款逾期后改按罚息利率计收复利。

(4)最后一笔贷款清偿时,利随本清。

2.中长期贷款

中长期贷款是指期限在1年以上,利率实行分段计息,贷款发放当年执行合同利率,于下一年度1月1日,按当日基准利率档次、合同约定的浮动比率或浮动点数执行新的贷款利率。

(1)按季结息,每季度末月20日为结息日。

(2)对贷款期内不能按期支付的利息根据合同利率按季计收复利,贷款逾期后改按罚息利率计收复利。

3.贷款展期

期限应累计计算,累计期限达到新的利率期限档次时,自展期之日起,按展期日挂牌的同档次利率计息;达不到新的期限档次时,按展期日的原档次利率计息。

4.逾期贷款

逾期贷款的处理规则如下:

(1)贷款逾期但未超过90天的,按罚息利率计收罚息。罚息利率在借款合同载明的贷款利率水平上加收30%~50%。

(2)借款人未按合同约定用途使用借款的罚息利率,由现行的万分之五计收利息,改为在借款合同载明的贷款利率水平上加收50%~100%;对逾期或未按合同约定用途使用借款的贷款,从逾期或未按合同约定用途使用贷款之日起,按罚息利率计收利息,直至清偿为止。对不能按时支付的利息,按罚息利率计收复利。

(3)发放的贷款到期(含展期,下同)90天后尚未收回的,其应计利息停止计入当期利息收入,纳入表外核算。

(4)已计提的贷款应收利息,在贷款到期90天仍未收回的,或在应收利息逾期90天后仍未收到的,冲减原已计入损益的利息收入,转作表外核算。

> **微知识** 贷款到期日为节假日的利息计算:
>
> (1)贷款到期日为节假日,在节假日前最后一个营业日归还,应扣除到期日与归还日之间的天数,按合同利率计算利息。
>
> (2)节假日后第一个工作日归还,应加收到期日与归还日的天数按合同利率计算利息。
>
> (3)节假日后第一个工作日未归还,应从节假日后第一个工作日按照逾期贷款利率计息。

(二)贷款利息的计算方法

1.定期结息

(1)概念

定期结息是实行按季(或月)结息的一种方法。

(2)基本规定

①按权责发生制原则,银行按季计算贷款的应收利息,计入当期损益。

②每季末月20日(或每月20日)为结息日,一般采用余额表计息或分户账账页计息的做法。

③公式为:利息＝累计计息积数×日利率。

④结息日银行计算各单位的贷款利息,编制贷款利息清单(见表4-5)一式三联,直接从借款单位存款账户中扣收。

表4-5　　　　　　　　　　中国××银行贷款利息清单

账别：　　　　　　　　　　　年　月　日　　　　　　　　　第　页　共　页

序号	账号	户名	天数	积数	利率	付息账号	金额
合　计						科目(借)_____ 对方科目(贷)_____	
(银行盖章)							

a.借款单位账户有款支付时,贷款利息清单第二联作支款通知,第一联为转账借方传票,第三联作为转账贷方传票办理转账。编制会计分录如下：

借：吸收存款——活期存款——××单位存款户
　　贷：利息收入

b.借款单位存款账户无款或存款资金不足支付时,不足部分作为应收利息。编制会计分录如下：

借：应收利息——借款单位
　　贷：利息收入——贷款利息收入

⑤贷款到期(含展期后到期)收回,从转入逾期贷款账户之日起,应单独设立逾期贷款余额表登记,利息按规定的逾期贷款利率计算。

⑥已计提的贷款应收利息,在贷款到期90天后仍未收回的,以及至结息日起贷款利息逾期90天(不含90天)以上尚未收回,不论其贷款本金是否逾期,都应从损益中转出。冲减原已计入损益的应收利息,转入表外科目核算。编制会计分录如下：

借：利息收入——贷款利息收入户
　　贷：应收利息——借款单位户

转入表外科目的会计分录如下：

收入：未收贷款利息——××户

▶微知识　未收贷款利息表外科目除了核算上述从已计入损益中冲减出的应收利息外,以下情况也应纳入该表外科目核算。如贷款转入非应计贷款后,仍应按期计算利息,但计息后不作为当期收益,而纳入"未收贷款利息"表外科目核算。对于表外核算的"未收贷款利息",应按期计算复利,但不计入损益,而在表外核算,实际收到时再计入损益。

【例 4-5】

开户银行于 2020 年 5 月 12 日向开户单位贸易公司发放了一笔短期贷款,金额为 600 000 元,期限为 3 个月,年利率为 6.56‰,2020 年 8 月 12 日到期。要求办理利息结算。

(1)计算利息

①6 月 21 日应计利息(5 月 12 日～6 月 20 日)为：

600 000×40×(6.56‰÷360)＝4 373.33(元)

②8 月 12 日还款时应计利息(6 月 21 日～8 月 11 日)为：

600 000×52×(6.56‰÷360)＝5 685.33(元)

该笔贷款总计利息为：4 373.33＋5 685.33＝10 058.66≈10 059(元)

(2)收取利息

①6 月 21 日结息时,经办人员编制特种转账借、贷方传票或贷款利息清单,将相关信息录入操作系统办理转账。编制会计分录如下：

借:吸收存款——活期存款——贸易公司户　　　　　　　　　　4 373.33
　　贷:利息收入——贷款利息收入户　　　　　　　　　　　　　4 373.33

②8 月 12 日到期还贷款本息时会计分录同上。

一联特种转账借方传票加盖转讫章后作为支款通知交给借款人。

(3)后续处理

银行经办人员在相关凭证上分别加盖转讫章和经办人员名章后作为办理业务的凭证与其他凭证一并装订保管。

2.利随本清

(1)概念

利随本清又称逐笔结息,是指贷款到期,借款单位还款时银行应按贷款之日起至还款之日前一天止(算头不算尾)的贷款天数计算贷款利息,利息随本金同时归还。

(2)具体规定

利随本清的利息的计算主要是时间的计算,根据商业银行会计制度的规定,具体如下：

①贷款满年的按年计算,满月的按月计算,不满整年(月)的零头数按实际天数计算。整年按 360 天,整月按 30 天计算。即对年对月对日。

其计算公式为：

$$利息＝本金×存期×利率$$

②为了能正确反映银行的经营情况,应按季计提贷款利息并入账。结息日计提贷款利息的账务处理如下：

借:库存现金(或吸收存款)
　　贷:贷款——短期贷款(中长期贷款)——贷款利息收入户
　　　　利息收入——贷款利息收入户

③对逾期贷款,在利息计算上,首先按照合同利率计算到期利息,然后按照逾期天数和规定的逾期贷款利率计算逾期贷款利息。

例 4-6

根据【例 4-5】办理利息结算。
(1)计算利息
利息＝本金×存期×利率＝600 000×92×6.56％÷360＝10 058.67(元)
(2)账务处理
同【例 4-5】。
(3)后续处理
同【例 4-5】。

五、贷款损失准备金与减值贷款业务的核算

(一)贷款损失准备金计提的有关概述

1.贷款损失准备金计提的有关规定

商业银行为了提高抵御风险的能力,按照财政部、国家税务总局、中国人民银行颁布的相关法律、制度的要求,及时足额计提贷款损失准备金,从而确保信贷资金的完整,以保持银行稳健经营和持续发展。

> 知识链接
> 金融借贷的风险防范和诉讼应对。

根据《金融企业会计制度》及《金融企业呆账准备提取管理办法》的规定,商业银行应在期末分析各项贷款的可收回性,并预计可能产生的贷款损失。对预计可能产生的贷款损失,计提贷款损失准备金。

2.贷款损失准备金计提的范围及方法

(1)计提的范围。商业银行承担风险和损失的各项信贷资产包括:贷款(含抵押、质押、担保等贷款)、银行卡透支、贴现、信用垫款(含银行承兑汇票垫款、信用证垫款、担保垫款等)、进出口押汇、拆出资金、应收融资租赁款等。由商业银行转贷并承担对外还款责任的国外贷款包括:国际金融组织贷款、外国买方信贷、外国政府贷款和外国政府混合贷款等资产。

(2)计提的方法。银行应当按照谨慎性原则,合理估计贷款可能发生的损失,及时足额提取贷款损失准备金。贷款损失准备金必须根据贷款风险的程度足额提取,准备金提取不足的,不得进行税后利润分配。贷款损失准备金由各银行总行统一计提。商业银行提取的贷款损失准备金一般有三种:一般准备金、专项准备金和特种准备金。

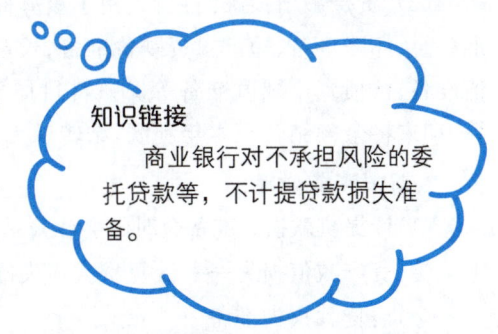

> 知识链接
> 商业银行对不承担风险的委托贷款等,不计提贷款损失准备。

①一般准备金是指商业银行按照贷款余额的一定比例从净利润中提取的,用于弥补尚未识别的可能性损失的一般风险准备金。该项准备金作为利润分配处理,并作为所有者权益的组成部分,一般准备金是根据全部贷款余额的一定比例按季计提,年末一般准备金余额应不低

于年末贷款余额的1%。它只与当前贷款余额有关,而与不良信贷资产没有直接关系。

②专项准备金是对贷款进行风险分类的基础上,按季对每笔贷款损失程度计提的准备金,不同风险类别的贷款计提的比例不同。关注类贷款的计提比例为2%;次级类贷款的计提比例为25%;可疑类贷款的计提比例为50%;损失类贷款的计提比例为100%。次级和可疑类贷款,在上述比例基础上,可以上下浮动20%。

③特种准备金是商业银行针对特定国家、地区、行业发放的贷款按季计提的准备金,计提比例由商业银行根据贷款资产的风险程度和回收的可能性合理确定。

(3)商业银行计提贷款损失准备金时,账务处理上应计入当期损益,发生贷款损失,冲减已计提的贷款损失准备金。对核销后的呆账贷款,商业银行应继续保留追索权,对已核销贷款损失以后又收回的,其核销的贷款损失准备金予以转回。

3.贷款损失核销的条件

对于被确认为损失的贷款,应按规定的核销条件、核销的办法和审批权限,从提取的贷款损失准备金中加以核销。贷款损失核销的条件如下:

(1)借款人和担保人已经依法宣告破产,经法定清偿后仍然未能归还的贷款。

(2)借款人死亡,或依照《中华人民共和国民法典》的规定,宣告失踪或死亡,以其遗产未能还清的贷款。

(3)借款人遭受重大自然灾害或意外事故,损失巨大且未获保险补偿,确实无力偿还的部分,或获保险补偿后未能还清的贷款。

(4)经国务院专案批准核销的逾期贷款。

(5)贷款人依法处理贷款抵押品所得价款不足补偿贷款的部分。

(二)贷款损失准备金的核算

1.科目的设置

(1)"贷款损失准备"科目。用于核算商业银行按照国家有关规定提取的用于补偿贷款发生损失的准备金。该科目属于资产类的备抵科目,按照贷款损失准备金的种类进行明细核算,期末余额在贷方,反映商业银行已提取的贷款损失准备金。

(2)"资产减值损失"科目。用于核算商业银行按规定提取的各项准备金,包括贷款损失准备金、坏账准备、短期投资跌价准备、长期投资减值准备、固定资产减值准备、无形资产减值准备、抵债资产减值准备等。该科目属于损益类科目,按提取准备金的种类进行明细核算,期末将余额结转至本年利润,结转后无余额。

2.期末账务处理

(1)计提贷款损失准备金时的会计分录如下:

借:资产减值损失——计提贷款损失准备
　　贷:贷款损失准备

(2)冲减贷款损失准备金时的会计分录如下:

借:贷款损失准备
　　贷:资产减值损失——计提贷款损失准备

> **知识链接**
> 非应计贷款是指贷款本金或贷款利息逾期90天没有收回的贷款,应单独核算。

(3)核销呆账贷款损失时,编制会计分录如下:

借:贷款损失准备
　　贷:非应计贷款(或××贷款)

(4)已确认并核销的非应计贷款,以后年度又收回时,应将其核销的贷款损失准备金予以转回。编制会计分录如下:

借:非应计贷款
　　贷:贷款损失准备
借:吸收存款——活期存款
　　贷:非应计贷款

例 4-7

某商业银行2020年年末计提的贷款损失准备金。贷款余额为570 000万元,分类如下:正常贷款546 000万元;关注贷款13 000万元;次级贷款6 000万元;可疑贷款3 000万元;损失贷款2 000万元。按照贷款余额的1‰提取一般准备金,专项贷款的比例计提专项准备金。核销呆账贷款200万元后,又有60万元收回。年末一般准备金账面余额为5 300万元,专项准备金账面余额为7 820万元。

要求:按比例计算年末应提取一般准备金和专项准备金的数额;计算应调整贷款损失准备金的数额并编制提取贷款损失准备金的会计分录(以万元为单位)。

1. 一般准备金

年末应提取的一般准备金=570 000×1‰=5 700(万元)

调整提取一般准备金=5 700－5 300=400(万元)(调整增加)

借:资产减值损失——计提贷款损失准备　　　　　　400.00
　　贷:贷款损失准备　　　　　　　　　　　　　　　　　　400.00

2. 专项准备金

年末应提取的专项准备金=13 000×2%＋6 000×25%＋3 000×50%＋2 000×100%
　　　　　　　　　　　　=5 260(万元)

调整提取专项准备金=7 820－5 260=2 560(万元)(调整减少)

借:贷款损失准备　　　　　　　　　　　　　　　　　2 560.00
　　贷:资产减值损失——计提贷款损失准备　　　　　　　2 560.00

3. 核销呆账贷款

借:贷款损失准备　　　　　　　　　　　　　　　　　200.00
　　贷:非应计贷款(或××贷款)　　　　　　　　　　　　200.00

已确认并核销的非应计贷款,又收回时:

借:非应计贷款　　　　　　　　　　　　　　　　　　60.00
　　贷:贷款损失准备　　　　　　　　　　　　　　　　　　60.00
借:吸收存款——活期存款　　　　　　　　　　　　　60.00
　　贷:非应计贷款　　　　　　　　　　　　　　　　　　　60.00

六、票据贴现业务的核算

（一）贴现概述

1.概念

商业汇票的持票人在汇票到期日前,为了取得资金,贴付一定利息,将票据权利转让给银行的票据行为,是银行向持票人融通资金的一种方式。票据贴现是银行的一项资产业务,其实质上是将银行信用与商业信用相结合的一种融资手段。

2.条件

商业汇票的持票人在向银行办理贴现时必须具备以下条件：

(1)申请人应当是经工商行政管理机关(或主管机关)核准登记的企(事)业法人或其他经济组织,并在工商或相关部门办理年检手续,票据真实,记载符合支付结算办法规定。

(2)持票人与其前手之间具有真实合法的商品交易关系。

(3)所持商业汇票合法有效,未注明"不得转让"和"质押"等字样。

> **知识链接**
> 审核票据时,一定要明察秋毫,谨防发生票据贴现诈骗案件。

3.程序

办理票据贴现的程序如下：

(1)持票人提供票据原件由银行代为查询,确定真实性。

(2)持票人填写贴现申请书、贴现凭证。

(3)持票人提供与交易相关的合同、交易发票。

(4)银行审核票据及资料同意后,客户背书转让汇票,并办理相关手续。

(5)银行计收利息,发放贴现款转入到持票人存款账户。

(6)持票人使用贴现款项。

4.适用对象

生产或经营规模较大,产品或企业经营服务有较大的市场需求,存在用季节性供需不平衡或其他业务而产生的不定期票据或资金结算的各类企业。

5.期限

贴现的期限从其贴现之日起至汇票到期日止,期限最长不超过6个月。实付贴现金额按票面金额扣除贴现日至汇票到期前一日的利息计算。

6.公式

$$贴现利息＝汇票金额×贴现期限×贴现利率$$
$$实付贴现额＝汇票金额－贴现利息$$

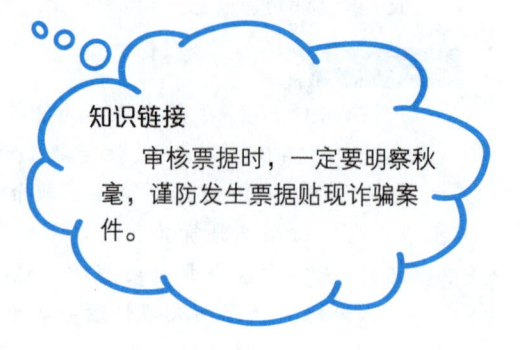

（二）贴现与贷款的关系

贴现与贷款，都是银行的资产业务，都是为客户融通资金，但二者之间存在差别，具体如下：

(1)资金流动性不同。由于票据的流通性，票据持有者可到银行或贴现公司进行贴现，换得资金。一般来说，贴现银行只有在票据到期时才能向付款人要求付款，但银行如果急需资金，可以向中央银行再贴现。但贷款是有期限的，在到期前是不能收回的。

(2)利息收取时间不同。贴现业务中利息的取得是在业务发生时即从票据面额中扣除，是预先扣除利息。而贷款是事后收取利息，它可以在期满时连同本金一同收回，或根据合同规定，定期收取利息。

(3)利率不同。贴现的利率要比贷款的利率低，因为持票人贴现票据是为了得到资金的融通，并非没有这笔资金。如果贴现率太高，则持票人取得融通资金的负担过重，成本过高，贴现业务就不可能发生。

(4)资金使用范围不同。持票人在贴现票据以后，就完全拥有了资金的使用权，他可以根据自己的需要使用这笔资金，而不会受到贴现银行和公司的任何限制。但借款人在使用贷款时，要受到贷款银行的审查、监督和控制，因为贷款资金的使用情况直接关系到银行能否很好地回收贷款。

(5)债务债权的关系人不同。贴现的债务人不是申请贴现的人而是出票人即付款人，遭到拒付时才能向贴现人或背书人追索票款。而贷款的债务人就是申请贷款的人，银行直接与借款人发生债务关系。有时银行也会要求借款人寻找保证人以保证偿还款项，但与贴现业务的关系人相比还是简单得多。

（三）贴现的账务处理

1.会计科目的设置

"贴现资产"科目是核算企业（银行）办理商业票据的贴现、转贴现等业务所融出的资金。可以按照贴现类别和贴现申请人进行明细核算。

> **知识链接**
> 企业（银行）买入的即期外币票据，也通过"贴现资产"科目核算。

企业（银行）办理贴现时，按贴现的票面金额，借记本科目（面值），按实际支付的金额，贷记"存放中央银行款项""吸收存款"等科目，按其差额，贷记本科目（利息调整）。

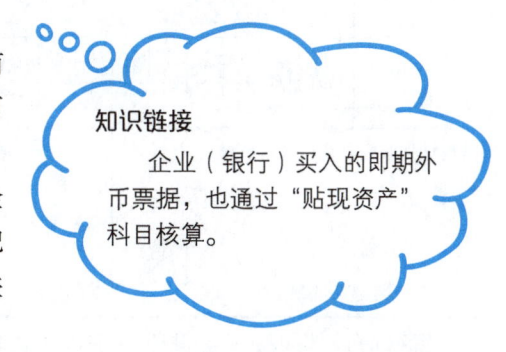

资产负债表日，按计算确定的贴现利息收入，借记本科目（利息调整），贷记"利息收入"科目。

贴现票据到期，应按实际收到的金额，借记"存放中央银行款项""吸收存款"等科目，按贴现的票面金额，贷记本科目（面值），按其差额，贷记"利息收入"科目。存在利息调整金额的，也应同时结转。

"贴现资产"科目的期末借方余额，反映企业（银行）办理的贴现、转贴现等业务融出的资金。

2.银行受理商业汇票贴现的流程

银行受理商业汇票贴现的流程如图 4-1 所示。

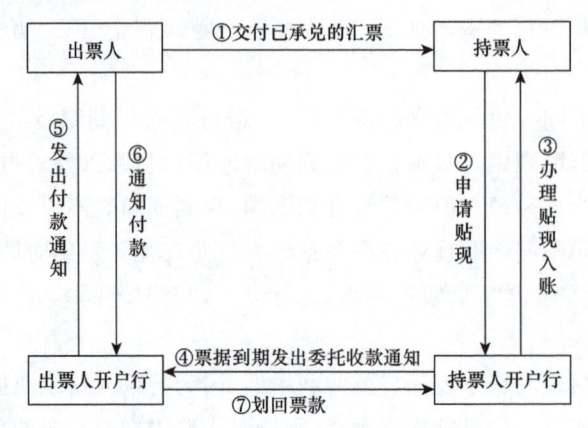

```
                    ①交付已承兑的汇票
    ┌─────────┐ ──────────────────→ ┌─────────┐
    │  出票人  │                      │  持票人  │
    └─────────┘                      └─────────┘
      ↑    │                           │    ↑
    ⑤发   ⑥通                         ②申   ③办
    出付   知付                         请贴   理贴
    款通   款                           现     现入
    知                                        账
      │    ↓                           ↓    │
    ┌─────────┐ ④票据到期发出委托收款通知 ┌─────────┐
    │出票人开户行│ ←──────────────────── │持票人开户行│
    │          │ ────────────────────→ │          │
    └─────────┘      ⑦划回票款         └─────────┘
```

图 4-1 银行受理商业汇票贴现的流程

商业承兑汇票或银行承兑汇票到期以前,收款人或被背书人(持票人)需要资金,可持汇票向开户银行申请贴现。申请时填制一式五联贴现凭证(见表 4-6),在第一联上加盖预留银行印鉴后,连同汇票送交银行。

表 4-6　　　　　　　　　　贴现凭证(借方凭证)

申请日期　年　月　日　　　　　　　　　　　　　　　　第　号

贴现汇票	种　类		号　码		持票人	名　称									
	出票日					账　号									
	到期日					开户银行									
汇票承兑人		名称				账号		开户银行							
汇票金额		人民币(大写)						千	百	十	万	千	百	十	元	角	分
贴现率		贴现利息	千	百	十	万	千	百	十	元	角	分	实付贴现金额	千	百	十	万	千	百	十	元	角	分
附送承兑汇票申请贴现,请审核。			银行审批						科目(借)_____ 对方科目(贷)_____ 复核　　记账						
持票人签章				负责人　　信贷员											

银行信贷部门按规定进行审查以下内容:

(1)申请人是否为在银行开立存款账户的企业法人以及其他组织。

(2)申请人与出票人或者直接前手之间是否具有真实的商品交易关系。

(3)申请人是否提供与其直接前手之间的增值税发票和商品发运单据复印件。

(4)符合条件的,在贴现凭证"银行审批栏"批注"同意"字样,并加盖有关人员的印章,送交会计部门。

会计部门接到汇票和贴现凭证后,按规定审查汇票并认真审核贴现凭证的填写是否与汇票内容相符,然后按照规定的贴现率计算出贴现利息和实付贴现金额,并在贴现凭证有关栏中填写贴现率、贴现利息和实付贴现金额。

以贴现凭证第一联代"贴现资产"科目借方传票,第二联、第三联分别作有关存款科目和利息收入科目的贷方传票,第四联加盖转讫章交给贴现申请人,第五联和汇票按到期日先后顺序排列保管。

贴现天数从贴现之日起到汇票到期日的前一天止,按照实际天数计算。编制会计分录如下:

借:贴现资产——××汇票户(面值)
  贷:吸收存款——活期存款——××单位存款户
    贴现资产——利息调整

> **知识链接**
> 承兑人在异地的,贴现天数另加3天的划款日期。

例4-8

2020年5月3日,贸易公司持未到期的银行承兑汇票向开户银行申请贴现,银行承兑汇票的面额为10万元,汇票出票日期为2020年4月8日,到期日为9月8日,经银行信贷部门审批同意后进行贴现(假设承兑人为异地某银行,月贴现率为4.5‰)。

银行会计部门的账务处理如下:
计算贴现利息和实付贴现金额:
贴现天数=128+3=131(天)
贴现利息=100 000×131×4.5‰÷30=1 965(元)
实付贴现金额=100 000-1 965=98 035(元)

借:贴现资产——银行承兑汇票户(面值)　　　　　　100 000.00
  贷:吸收存款——活期存款——贸易公司存款户　　　　98 035.00
    贴现资产——利息调整　　　　　　　　　　　　　1 965.00

资产负债表日,按照实际利率计算确定贴现利息收入,如果实际利率与合同利率差距不大,也可以采用合同约定的名义利率计算确定的利息收入。对于确认的贴现利息收入,编制会计分录如下:

借:贴现资产——利息调整　　　　　　　　　　　　　1 965.00
  贷:利息收入　　　　　　　　　　　　　　　　　　　1 965.00

3.贴现汇票到期收回的处理

商业汇票到期时,贴现银行作为收款人在汇票背面背书栏加盖结算专用章,并由授权的经办人员签名或盖章,注明"委托收款"字样,于汇票到期前匡算邮程,提前填制托收凭证。

托收凭证一式五联,第一联、第二联留下据以填制登记"发出委托收款登记簿",第三联至第五联托收凭证及汇票送交付款人开户银行或承兑银行。

> **知识链接**
> 对于商业承兑汇票,于汇票到期日将票款从付款人账户内付出;对于银行承兑汇票,应从应解汇款科目付出。

付款人开户银行或承兑银行收到上述托收凭证及汇票后,款项划往贴现银行。编制会计分录如下:

借:吸收存款——活期存款——××单位存款户(应解汇款)
　　贷:清算资金往来——辖内往来

例 4-9

2020年10月6日,面额为100 000元的银行承兑汇票到期,贴现银行匡算邮程,提前填制委托收款凭证寄往异地承兑银行,异地承兑银行收到上述委托收款凭证及汇票后划往贴现银行。

承兑银行会计部门的账务处理如下:

借:应解汇款——××承兑申请人户　　　　　　　　　　100 000.00
　　贷:清算资金往来——辖内往来　　　　　　　　　　　　100 000.00

贴现银行收到划回的票款后,以第二联托收凭证代传票,以第五联贴现凭证作附件办理转账,并销记"发出委托收款凭证登记簿"。编制会计分录如下:

借:清算资金往来——辖内往来
　　贷:贴现资产——××汇票户(面值)

4. 贴现汇票到期未收回的处理

贴现银行如果收到付款人开户银行退回的托收凭证、拒付理由书和汇票,可依据《中华人民共和国票据法》《支付结算办法》的规定,向贴现申请人追索票款,即对已贴现的金额,直接从贴现申请人账户收取。编制会计分录如下:

借:吸收存款——活期存款——贴现申请人户
　　贷:贴现资产——××汇票户(面值)

若贴现申请人账户余额不足支付,则将不足部分转为贴现申请人的逾期贷款。编制会计分录如下:

借:逾期贷款——原贴现申请人户
　　贷:贴现资产——××汇票户(面值)

活动练习

一、名词解释

1.贷款　2.信用贷款　3.票据贴现　4.担保贷款　5.非应计贷款　6.抵押贷款　7.保证贷款　8.质押贷款　9.贷款展期

二、单选题

1.票据贴现实付金额为(　　)。

A.汇票金额　　　　　　　　　　　　B.贴现利息

C.汇票金融－贴现利息　　　　　　　D.都不是

2.下列属于非应计贷款的是( )。

A.逾期180天的贷款本金 B.利息逾期180天以上的贷款

C.贷款本金逾期90天以上 D.贷款本金逾期120天以上

3.华润公司3月15日提交银行承兑汇票,申请贴现,该汇票出票日为3月6日,期限为4个月,承兑银行为省外系统内某行。计算的贴现天数为( )。

A.114天 B.113天

C.115天 D.116天

4.以借款人或第三人的财产作为抵押物发放的贷款是( )。

A.保证贷款 B.担保贷款

C.抵押贷款 D.质押贷款

5.逾期贷款是指到期应收回而未能收回的贷款。逾期(含展期后逾期)( )天以内的不良贷款,列为催收贷款。

A.60 B.90

C.180 D.360

6.按现行制度规定,商业银行可按贷款余额的( )实行差额提取贷款损失准备金。

A.1% B.2%

C.3% D.4%

7.对于表外核算的"未收贷款利息"应按期计收复利,复利计算后( )。

A.计入损益 B.计入利息收入

C.不计入损益,在表外核算 D.计入其他营业收入

8.中期贷款展期期限不得超过( )。

A.原贷款期限 B.原贷款期限的一半

C.1年 D.3年

三、多选题

1.会计部门收到"贷款展期申请书"后,应审查( )。

A.展期的贷款金额与借款凭证金额是否一致

B.展期申请书是否经信贷部门批准并签章

C.展期的期限是否符合规定

D.展期的利率是否正确

2.下列贷款可以计提贷款损失准备金的有( )。

A.委托贷款和代理贷款 B.银行卡透支

C.银行承兑汇票垫款及担保垫款 D.拆出资金

E.票据贴现

3.不良贷款指《贷款通则》中规定的( )。

A.展期贷款 B.逾期贷款

C.呆滞贷款 D.呆账贷款

4.贷款到期(含展期后到期)后未归还,而又重新贷款,用于归还部分或全部原贷款的,应依据借款人的实际还款能力将其认定为不良贷款。对同时满足( )条件的,应列为正常贷款。

A.借款人生产经营活动正常,能按时支付利息

B.重新办理了贷款手续

C.贷款担保有效

D.属于周转性贷款

5.银行按《中华人民共和国担保法》的有关规定处理抵押品时,对抵押品的处理方法有(　　)。

A.拍卖　　　　　　　　　　　B.出借

C.变卖　　　　　　　　　　　D.作价入账

E.捐赠

6.各商业银行应当按照谨慎性原则,合理估计贷款可能性发生的损失,及时计提贷款损失准备金。贷款损失准备金包括(　　)。

A.一般准备金　　　　　　　　B.专项准备金

C.特种准备金　　　　　　　　D.必要准备金

7.票据贴现业务与贷款业务相比,其不同点为(　　)。

A.融资的基础不同　　　　　　B.计收利息的时间不同

C.可以提前收回资金　　　　　D.体现的信用关系不同

E.风险程度不同

8.对于贷款损失准备金,下列做法或表述正确的有(　　)。

A.一般准备金系按贷款余额的1%提取,在税前列账

B.一般准备金系按贷款余额的1%提取,在税后列账

C.专项准备金系按贷款损失程度的不同,提取不同比例

D.贷款损失准备金由总行统一计提

E.贷款损失准备金提取不足不得进行税后利润分配

四、判断题

1.非应计贷款是指贷款本金或利息逾期90天没有收回的贷款。　　　　　　　(　　)

2.汇票的贴现利息＝汇票金额×贴现天数×月贴现率。　　　　　　　　　　　(　　)

3.贷款利息采取定期结息方式,一般应按季计收利息。　　　　　　　　　　　(　　)

4.短期贷款展期期限不得超过原贷款期限的一半。　　　　　　　　　　　　　(　　)

5.商业银行贷款与政策性贷款应分别核算。　　　　　　　　　　　　　　　　(　　)

6.现行制度规定贷款展期最多两次。　　　　　　　　　　　　　　　　　　　(　　)

7.对贷款逾期或挪用期间不能按期支付的利息按罚息利率按季(短期贷款也可按月)计收复利。若同一笔贷款既逾期又挤占挪用,则应择其重,不能并收。　　　　　(　　)

8.贷款银行减值准备由商业银行总行及分、支行分别计提。　　　　　　　　　(　　)

9.贷款利息的计算按结息期不同,分为定期结息和利随本清两种。　　　　　　(　　)

10.再贴现是贴现银行持未到期的尚未贴现的汇票向中国人民银行申请的贴现。

(　　)

五、简答题

1.简述票据贴现与贷款的联系与区别。

2.简述担保贷款的分类。

3.简述如何计提贷款损失准备金。
4.简述贷款利息的计算方法。
5.贷款展期有哪些规定?

六、实务题

1.织绵厂申请生产周转贷款 310 000 元,经信贷部门审批同意,于本日发放,全部转入该厂存款账户内,编制会计分录。

2.华康公司 1 月 18 日申请贷款 300 000 元,期限 3 个月,合同月利率为 5.1‰,经批准办理贷款发放手续。该笔贷款 4 月 18 日到期时银行只收回 100 000 元,剩余 200 000 元于 7 月 8 日收回。编制会计分录。

(1)1 月 18 日发放贷款本金。

(2)4 月 18 日贷款到期收回本金。

(3)收回逾期贷款本金。

3.晚风公司取得期限为 6 个月的贷款 860 000 元,转入存款账户。

4.2020 年 5 月 3 日,大华实业有限公司持未到期银行承兑汇票向开户银行申请贴现,该银行承兑汇票面额为 10 万元,汇票出票日是 2020 年 4 月 7 日,9 月 7 日到期,经银行信贷部门审批同意贴现(假设该公司在异地,月贴现率为 3.2‰)。

5.某商业银行 2020 年 3 月 31 日贷款余额为 100 亿元,按五级分类的情况如下:正常贷款为 77 亿元,关注类贷款为 16 亿元,次级类贷款为 2 亿元,可疑类贷款为 3 亿元,损失类贷款为 2 亿元。2020 年 6 月 30 日贷款余额为 150 亿元,按五级分类的情况如下:正常贷款为 120 亿元,关注类贷款为 20 亿元,次级类贷款为 5 亿元,可疑类贷款为 4 亿元,损失类贷款为 1 亿元。

(1)2020 年 3 月 31 日该行应计提的专项准备金是多少?

(2)2020 年 6 月 30 日该行应计提的专项准备金是多少?

项目五 支付结算业务

现金汇款

银行承兑汇票

活动目标 本项目通过介绍唐代的飞钱、书帖,宋代的交子、关子、会子,明清两代的会票(汇票),清代的票号,使学生了解支付结算业务的历史,将中华民族独有的传统文化融入教学中,使我们优秀的历史文化得到传承。教材同时介绍了《中华人民共和国票据法》《票据管理实施办法》等法规,使学生掌握了支付结算业务的流程、基本原则和账务处理,同时培养学生成为思想意志坚定的新时代高素质人才。

活动重点 结算票据、结算方式的基本规定及账务处理。

活动难点 结算票据、结算方式的流程。

活动方法 本项目融入课程思政元素,利用先进的教学工具和教学软件,采用课堂讲授、实训、综合练习等线上线下相结合的活动方法。

活动内容 本项目主要介绍商业银行支付结算的意义、种类、性质和原则;介绍各种支付结算业务的概念、特点、基本原则、账务处理及业务流程。

任务一 认识支付结算业务

一、支付结算的概念、种类及适用范围

(一)概念

支付结算是指单位、个人在社会经济活动中使用票据、银行卡及规定的结算方式进行货币给付及其资金清算的行为。

> **知识链接**
> 在我国，银行是支付结算和资金清算的中介机构。

(二)种类及适用范围

按支付结算使用的工具分为票据结算和非票据结算两类，如图 5-1 所示。

按支付方式分为现金结算和转账结算两种形式。

(1)现金结算是收付款双方直接使用现金收付款项的货币收付行为，一般来说，单位与个人、个人与个人之间的结算以及单位间的零星款项的结算可以使用现金结算。

(2)转账结算是指通过银行将款项从付款人账户划转到收款人账户的货币收付行为。在商品经济发达的经济社会，转账结算是货币收付的主要形式。企事业单位应按照《现金管理暂行条例》规定范围使用现金，应当通过开户银行进行转账结算。国家鼓励开户单位和个人在经济活动中，采取转账方式进行结算，减少现金的使用。

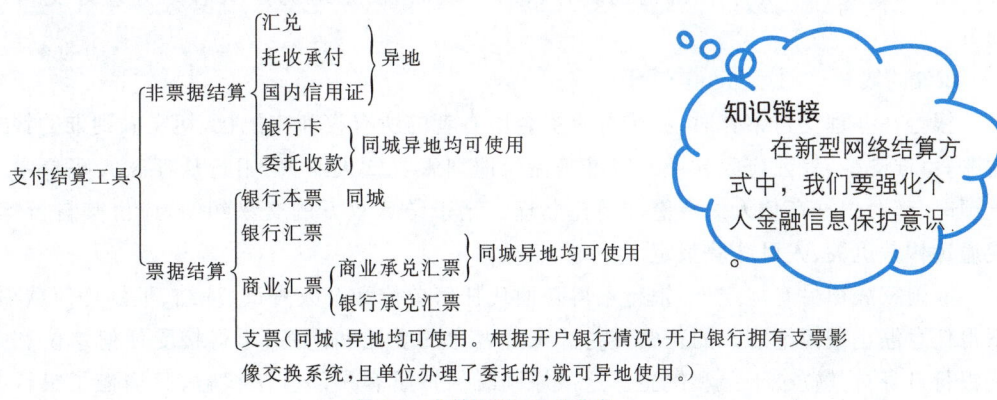

```
                    ┌ 汇兑
                    │ 托收承付 ┐ 异地
           ┌ 非票据结算 ┤ 国内信用证
           │        │ 银行卡   ┐
           │        └ 委托收款 ┘ 同城异地均可使用
支付结算工具 ┤
           │        ┌ 银行本票  同城
           │        │ 银行汇票
           └ 票据结算 ┤         ┌ 商业承兑汇票 ┐ 同城异地均可使用
                    │ 商业汇票 ┤
                    │         └ 银行承兑汇票 ┘
                    └ 支票(同城、异地均可使用。根据开户银行情况，开户银行拥有支票影
                      像交换系统，且单位办理了委托的，就可异地使用。)
```

> **知识链接**
> 在新型网络结算方式中，我们要强化个人金融信息保护意识。

图 5-1 支付结算工具的分类

二、支付结算资金清算程序

支付结算业务一般涉及四个当事人,即付款人、收款人、付款人开户行、收款人开户行。其资金清算关系如图5-2所示。

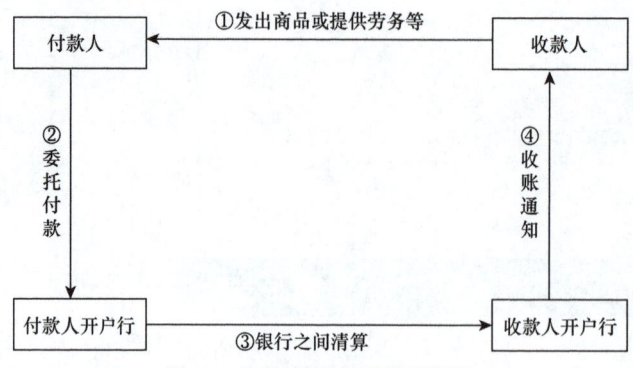

图5-2 支付结算资金清算程序图

三、支付结算的原则、纪律与责任

根据《支付结算办法》规定,单位、个人和银行办理支付结算必须遵守下列规章制度。

知识链接

加强支付结算管理,防范电信网络新型违法犯罪,健全金融宏观审慎管理和金融风险防范,保护资金安全。

(一)原则

1.恪守信用,履约付款

办理支付结算的当事人,应按照事先的约定或承诺,严格遵守信用,行使各自的权利和严格履行各自的职责和义务。

> **微知识** 票据权利人必须在票据权利时限内,主张自己的权利;票据债务人必须依法承担票据义务,按照约定的付款金额和付款期限进行支付。交易双方的开户银行也要按照有关规定,认真履行结算中介机构的责任,准确、及时、安全地为广大客户办理好支付结算业务。

2.谁的钱进谁的账,由谁支配

银行在办理支付结算时,必须尊重资金所有者的所有权和支配权,切实做到谁的钱进谁的账,由谁支配,保证应收款项及时准确无误地划入收款人账户;银行从存款人账户中支付款项时,都要根据存款人的意愿和委托办理。至于结算双方的交易纠纷,应由其自行解决,或通过仲裁机关、人民法院裁定。

除国家法律另有规定外,银行不得随便代任何单位和个人查询、冻结、汇划任何款项,也不得任意停止或拒绝客户的正常支付。未经客户的委托和同意,不得接受任何单位和个人或银行自身对其资金干预和侵犯。这条原则既保护了客户的合法权益,又加强了银行办理支付结算的责任,这也是银行的信誉所在。

3.银行不垫款

银行在办理支付结算过程中,只负责将结算款项从付款人账户划转到收款人账户,而不承担垫付任何款项的责任。这是由支付结算的性质和任务决定的。这条原则一方面保护了银行对其资金的所有权和支配权,另一方面促使单位和个人必须对其债务负责,而不得将自己的债务风险转嫁给银行。

银行不垫款的理由,主要有如下三点:

一是银行是企业性质,既要坚持自主经营、自担风险、自负盈亏、自我约束的经营原则,又要讲求效益性、安全性和流动性。

二是银行作为社会经济活动的资金清算枢纽,其信誉和信用不能被随便利用和套取。

三是若企业单位套用银行资金或银行随意代垫款,则银行势必被迫扩大信贷规模,增加货币供应量,从结算渠道打开缺口,引起信用泛滥和通货膨胀,给国家经济带来许多不良后果。

(二)纪律

单位和个人必须遵守的结算纪律如下:

(1)不准套取银行信用,签发空头支票、印章与预留印鉴不符支票、远期支票以及没有资金保证的票据。

(2)不准无理拒付,任意占用他人资金。

(3)不准违反规定开立和使用账户。

(4)不准签发、取得和转让没有真实交易和债权债务的票据,套取银行和他人资金。

> **知识链接**
> 伪造、变造金融票证罪,按照刑法相应规定:罚款、拘役或判刑。

银行必须遵守的结算纪律如下:

(1)不准以任何理由压票、任意退票、截留挪用客户和他行资金、受理无理拒付、不扣少扣滞纳金。

(2)不准在结算制度之外规定附加条件,影响汇路畅通。

(3)不准违反规定为单位和个人开立账户。

(4)不准拒绝受理、代理他行正常结算业务。

(5)不准放弃对企事业单位和个人违反结算纪律的制裁。

(6)不准违章签发、承兑、贴现票据,套取银行资金。

(7)不准超额占用联行汇差资金、转嫁资金矛盾。

(8)不准逃避向中国人民银行转汇大额汇划款项和清算大额银行汇票资金。

(9)不准签发空头银行汇票、银行本票和办理空头汇款。

(10)不准无理拒绝支付应由银行支付的票据款项。

(三)责任

单位和个人办理结算的责任如下:

(1)商业承兑汇票到期,付款人不能支付票款,按票面金额对其处以5%但不低于1 000元罚款;银行承兑汇票到期,承兑申请人未能足额交存票款,对尚未扣回的承兑金额按每天万

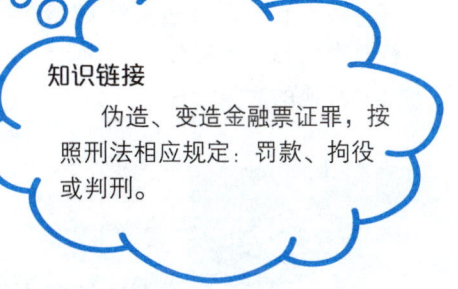

分之五计收罚息。

(2)存款人签发空头或印章与预留印鉴不符的支票,不以骗取财物为目的的,由中国人民银行处以票面金额5%但不低于1 000元罚款;持票人有权要求出票人赔偿支票金额2%的赔偿金。

(3)办理托收业务的,收款单位对同一付款单位发货托收累计3次收不回货款的,银行应暂停其向该付款单位办理托收;付款单位违反规定无理拒付,对其处以2 000元至5 000元罚款,累计3次提出无理拒付,银行应暂停其向外办理托收。付款单位到期无款支付,逾期不退回托收承付有关单证的,按照应付的结算金额对其处以每天万分之五但不低于50元罚款,并暂停其向外办理结算业务。付款人对托收承付逾期付款的,按照逾期付款金额每天万分之五计扣赔偿金等。

银行办理结算的责任如下:
(1)工作差错责任。
(2)违反结算规定责任。
(3)银行有关人员违反结算纪律的责任包括经济责任、行政责任和刑事责任。
(4)其他的法律责任。

> **思考**
> 非法出具金融票证,银行人员要承担什么责任?

任务二 核算支付结算业务

一、支票业务的核算

(一)支票的概念、种类及基本规定

1.概念

支票是出票人签发的,委托办理支票存款业务的银行在见票时无条件支付确定的金额给收款人或者持票人的票据。

2.种类

支票可分为现金支票、转账支票和普通支票。

> **思考**
> 伪造、变造支票要承担什么法律后果?

(1)现金支票只能用于支取现金。

(2)转账支票只能用于转账。

(3)普通支票可以用于支取现金,也可用于转账。在普通支票左上角划两条平行线的,为划线支票,其只能用于转账,不能支取现金。

3. 基本规定

支票业务的基本规定如下:

(1)中国人民银行于 2007 年 6 月 25 日建立全国支票影像交换系统,实现了支票在全国范围的互通使用,客户持任何一家银行的支票均可在境内办理支付。

(2)签发支票必须记载的事项有:表明"支票"的字样;无条件支付的委托;确定的金额;付款人名称;出票日期;出票人签章。支票的付款人为支票上记载的出票人开户银行。支票的金额、收款人名称,可以由出票人授权补记。未补记前不得背书转让和提示付款。

(3)支票见票即付。支票的提示付款期限自出票日起 10 天,到期日遇节假日顺延。异地使用支票款项最快可在 2 小时到 3 小时到账,一般在银行受理支票之日起 3 个工作日内均可到账。

为防范支付风险,异地使用支票的单笔金额上限为 50 万元。超过提示付款期限的,银行不予受理。

(4)签发支票应遵守的规定有:

签发支票应使用碳素墨水或墨汁填写,或使用支票打印机打印;签发现金支票和用于支取现金的普通支票,必须符合国家现金管理规定,签发金额不得超过付款时在付款人处实有的存款金额,禁止签发空头支票;出票人在支票上的签章为预留银行签章,出票人不得签发与其预留银行签章不符的支票,使用支付密码的,出票人不得签发支付密码错误的支票;支票的金额、签发日期和收款人名称不得更改,其他内容如有更改,必须由出票人加盖预留银行印鉴证明。

出票人签发空头支票、签章与预留银行印章不符的支票和支付密码错误的支票,银行应予以退票,并按票面金额处以 5% 但不低于 1 000 元的罚款,持票人有权要求出票人赔偿支票金额 2% 的赔偿金。对屡次签发的,银行应停止其签发支票。

(5)持票人提示付款应遵守的规定有:

现金支票的收款人只能向支票付款人提示付款,收款人提示付款时,应在现金支票背面"收款人签章"处签章,收款人为个人的,还需在现金支票背面注明身份证件名称、号码及发证机关,并交验身份证件。

转账支票的持票人可以委托开户银行收款或直接向支票付款人提示付款;持票人委托开户银行收款的,应作委托收款背书,并将支票、进账单送交开户银行,银行应通过票据交换收妥后入账;持票人直接向付款人提示付款时,应在转账支票背面"背书人签章"栏签章,并将支票、进账单送交签发人开户银行。

(二)支票核算程序

持票人(收款人)开户行受理持票人送交支票的处理俗称正送支票。正送支票核算程序如图 5-3 所示。

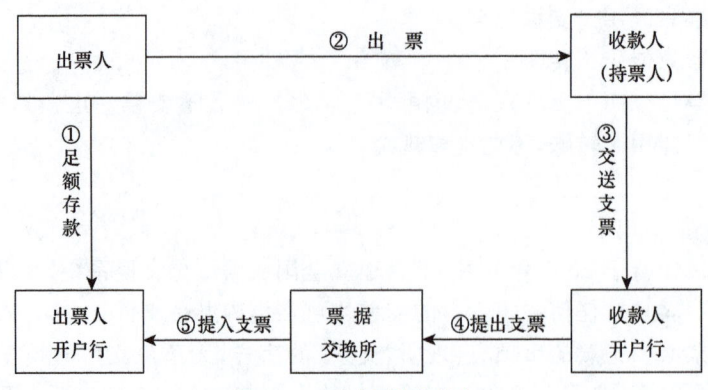

```
出票人 ──②出票──→ 收款人(持票人)
  │                    │
  ①足额存款          ③交送支票
  ↓                    ↓
出票人开户行 ←⑤提入支票─ 票据交换所 ←④提出支票─ 收款人开户行
```

图 5-3　正送支票核算程序

出票人开户行受理出票人(付款人)送交支票的处理俗称倒送支票。倒送支票核算程序如图 5-4 所示。

```
出票人                          收款人(持票人)
  │                                ↑
  ①提示付款                      ④收账通知
  ↓                                │
出票人开户行 ─②提出进账单→ 票据交换所 ─③提入进账单→ 收款人开户行
```

图 5-4　倒送支票核算程序

(三)支票核算手续

关于现金支票的处理在项目三做了叙述,这里只介绍转账支票的处理。

1.持票人、出票人在同一银行机构开户的账务处理

(1)审查

银行会计部门接到持票人或出票人送来的支票和三联进账单(见表 5-1)时,应认真审查以下内容:

①支票是否真实,是否超过提示付款期限。

②支票填明的持票人是否在本行开户,持票人的名称是否为该持票人,与进账单上的名称是否一致。

③出票人账户是否有足够的款项。

④出票人签章与预留银行的印章是否一致,使用的密码是否正确。

⑤支票的大小写金额是否一致,与进账单金额是否相符,支票记载事项是否齐全。

⑥出票金额、日期和收款人名称是否更改。

⑦其他记载事项的更改是否由原记载人签章证明。

⑧背书转让的支票是否按规定转让,背书是否连续,签章是否符合规定。

⑨持票人是否在支票的背面做委托收款背书。

（2）受理

①支票作借方传票，进账单第二联作贷方传票，办理转账。

②进账单第一联加盖转讫章作回单交给持票人。

③进账单第三联加盖转讫章作收账通知交给持票人。

（3）会计分录

借：吸收存款——活期存款——出票人户（支票）

　　贷：吸收存款——活期存款——持票人户（进账单第二联）

表 5-1　　　　　　　　　　　转账支票正面

| 中国××银行
转账支票存根
（黑）
支票号码
附加信息
＿＿＿＿＿＿
＿＿＿＿＿＿
＿＿＿＿＿＿
出票日期：年 月 日
收款人：
金　额：
用　途：
单位主管　　会计 | 中国××银行　转账支票（省别简称）　　支票号码：
出票日期（大写）　年　月　日　　付款银行名称：
收款人：　　　　　　　　　　　　　出票人账号：
人民币（大写）　　亿千百十万千百十元角分
用途＿＿＿＿
上列款项请从我账户内支付
出票人盖章　　　　　复核　　　　　记账
（使用清分机的，此区域供打印磁性字码） |

（本支票付款期限十天　贴粘单处）

规格：8×22.5cm 正联共 17cm（底纹按行别分色，大写金额栏加红水纹）。

表 5-2　　　　　　　　　转账支票背面（正联部分）

| 附加信息： | 被背书人

背书人签章
年　月　日 |

（贴粘单处）

表 5-3　　　　　　　　　××银行进账单(贷方凭证)

　　　　　　　　　　　　　　　　年　　月　　日

付款人	全称		收款人	全称											附件
	账号			账号											
	开户银行			开户银行											
金额	人民币(大写)				亿	千	百	十	万	千	百	十	元	角	分	张
票据种类		票据张数													
票据号码															
备注：				复核					记账						

2.持票人、出票人不在同一银行机构开户的账务处理

(1)持票人开户行受理持票人送存支票的账务处理(俗称正送支票)

①持票人开户行的账务处理

a.持票人开户行接到持票人送交的支票和三联进账单时,应按照有关规定认真审查,经审查无误后,录入全国支票影像交换系统,资金一般通过同城票据交换或小额支付系统进行清算。等接到付款清算行反馈的付款确认回折,再办理转账。编制会计分录如下：

借：清算资金往来——小额支付系统往来

　　(或)同城票据清算

　　贷：吸收存款——持票人户

> 思考
>
> 同城一般在当日或次日转入；异地一般2日至3日即可转入。

b.在同城手工交换情况下,在三联进账单上按票据交换场次加盖"收托后入账"的戳记,将第一联、第三联进账单加盖转讫章交给持票人,第二联进账单专夹保管。支票按照票据交换的规定及时提出交换。另编制转账传票办理转账。编制会计分录如下：

借：同城票据清算

　　贷：其他应付款——持票人户

c.如果提出的支票在下一个交换场次后未退回,则可另编制转账借方传票,第二联进账单作贷方凭证办理转账。编制会计分录如下：

借：其他应付款——持票人户

　　贷：吸收存款——活期存款——持票人户

d.如果提出的支票,由于其他原因在下一个交换场次退回,则另编制转账凭证,并将支票和进账单退还给持票人。编制会计分录如下：

借：其他应付款——持票人户

　　贷：同城票据清算

②出票人开户行的账务处理

a.出票人开户行接到收款清算行的付款信息,经审核无误后进行账务处理,编制会计分录如下：

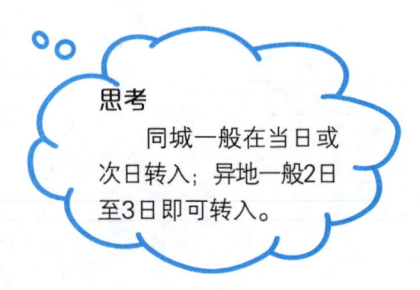

借:吸收存款——出票人户
　　贷:清算资金往来——小额支付系统往来

b.在同城手工交换情况下,应按照有关规定认真审查,经审核无误后,以支票作为借方传票,办理转账。编制会计分录如下:

借:吸收存款——活期存款——出票人户
　　贷:同城票据清算

c.经过审查,支票属于退票范围,出票人开户行及时使用"其他应收款"科目进行核算,则另编制借方凭证办理转账,支票专夹保管,等下次交换时退回。编制会计分录如下:

借:其他应收款——出票人户
　　贷:同城票据清算

d.如果退票理由是:所退支票属于空头支票,或印鉴与预留印鉴不符以及支票密码错误,除退票外,还应按照规定处以罚款,作为银行的营业外收入。编制会计分录如下:

借:吸收存款——活期存款——持票人户
　　贷:营业外收入——结算罚款收入户

e.支票在下次交换退回时,应另行编制贷方凭证办理转账。编制会计分录如下:

借:同城票据清算
　　贷:其他应收款——出票人户

例 5-1

甲地中国工商银行开户单位贸易公司,送交银行转账支票一张,金额为 25 000 元,系在异地中国农业银行开户的机电公司支付的材料款。经审核无误后通过支票影像系统办理款项结算。账务处理如下:

第一,甲地中国工商银行提交支票时,不做账务处理。

第二,中国农业银行通过小额支付系统进行清算,编制会计分录如下:

借:吸收存款——活期存款——机电公司户　　　　25 000.00
　　贷:清算资金往来——小额支付系统往来　　　　　　25 000.00

第三,甲地中国工商银行收到小额支付系统付款确认回执后,进行账务处理,编制会计分录如下:

借:清算资金往来——小额支付系统往来　　　　25 000.00
　　贷:吸收存款——活期存款——贸易公司户　　　　25 000.00

(2)出票人开户行受理出票人送存支票的账务处理(俗称倒送支票)

①出票人开户行

a.出票人开户行接到出票人送交的支票和三联进账单,经查无误后,录入全国支票影像系统,资金通过小额支付系统进行清算,支票作借方凭证。编制会计分录如下:

借:吸收存款——活期存款——出票人户
　　贷:清算资金往来——小额支付系统往来
　　　　(或)同城票据清算

b.第一联进账单作为受理回单交给出票人,第二联进账单加盖业务公章连同第三联进账单按票据交换规定,及时提出交换。

②收款人开户行

a.收款人开户行收到交换提入的第二联、第三联进账单,或收到收款信息,经审查无误后,第二联进账单加盖转讫章作为贷方凭证,第三联进账单加盖转讫章作为收账通知交给收款人。编制会计分录如下:

借:清算资金往来——小额支付系统往来
　　（或)同城票据清算
　　贷:吸收存款——活期存款——收款人户

b.如果收款人不在本行开户或进账单上的账号、户名不符,应通过"其他应付款"科目进行核算,编制会计分录如下:

借:同城票据清算
　　贷:其他应付款

c.将第二联、第三联进账单通过票据交换退回出票人开户行。

二、银行本票业务的核算

(一)银行本票的概念、种类及基本规定

1.概念

本票是出票人签发的,承诺自己在见票时无条件支付确定金额给收款人或持票人的票据。根据出票人的不同,分为商业本票和银行本票。商业本票是由商人签发的,目前,我国暂缓使用。

银行本票是银行签发的,承诺自己在见票时无条件支付确定金额给收款人或者持票人的票据。

思考
　　伪造、变造银行本票要承担什么法律后果?

2.种类

银行本票分为定额本票和不定额本票。

(1)定额本票是由中国人民银行发行,委托各商业银行代办签发和兑付。

(2)不定额本票是由经办行签发和兑付。

3.基本规定

银行本票业务核算的基本规定如下:

(1)单位和个人在同一票据交换区域需要支付各种款项,均可使用银行本票。

(2)银行本票出票人是经过中国人民银行当地分支行批准办理银行本票业务的银行机构。

(3)签发银行本票必须记载的事项有:表明"银行本票"的字样,无条件支付的承诺,确定的金额,收款人名称,出票日期,出票人签章。

(4)签发银行本票应遵守的规定有:

①申请人和收款人均为个人才能签发现金银行本票。

②出票银行收妥款项,签发银行本票。

③用于转账的,在银行本票上划去"现金"字样。

④用于支取现金的,在银行本票上划去"转账"字样。

⑤不定额本票要用压数机压印出票金额。

(5)银行本票的提示付款期自出票之日起最长不超过2个月。逾期的银行本票,代理付

款人不予受理,持票人在票据权利时效内向出票银行做出说明,并提供本人身份证件或单位证明,可持银行本票向出票银行请求付款。

(6)持票人提示付款应遵守的规定如下:

现金银行本票的收款人只能向出票银行提示付款,凭注明"现金"字样的银行本票向持票银行支取现金时,应在银行本票背面签章,记载本人身份证件名称、号码及发证机关,并交验本人身份证件及其复印件。

持票人对注明"现金"字样的银行本票需要委托他人向出票银行提示付款的,应在背面签章,记载"委托收款"字样、被委托人姓名和背书日期以及委托人身份证件名称、号码、发证机关。被委托人向持票银行提示付款时,应在银行本票背面处签章,记载身份证件名称、号码及发证机关,并同时交验委托人和被委托人的身份证件及其复印件。

在银行开立存款账户的持票人向开户银行提示付款时,应在银行本票背面"持票人向银行提示付款签章"处签章,签章须与预留银行签章相同,并将银行本票、进账单送交开户银行。

(7)填明"现金"字样的银行本票不得背书转让,转账的银行本票可以在同一票据交换区域背书转让。

(8)跨系统银行本票的兑付,持票人开户行可根据中国人民银行规定的金融机构同业往来利率向出票银行收取利息。

> **知识链接**
> 银行本票上未划去"现金"和"转账"字样的,一律按照转账办理。

(二)银行本票核算程序

银行本票核算程序如图 5-5 所示。

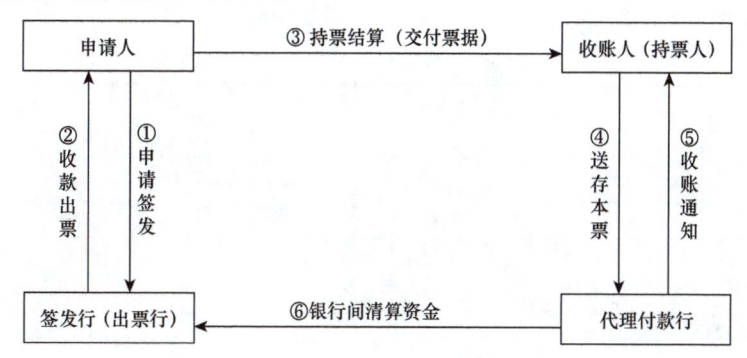

图 5-5　银行本票核算程序

(三)银行本票核算手续

1.银行本票出票的账务处理

(1)申请

①申请人需要使用银行本票,应向银行填写"银行本票申请书"。

②交现金办理本票的,第二联注销,以第三联代贷方凭证,现金交款单第二联作附件。

> **知识链接**
> 申请书一式三联。第一联存根退还申请人,第二联为借方凭证,第三联为贷方凭证。

③申请人和收款人均为个人申请签发用于支取现金的银行本票时,应在申请书的"支付金额"栏先填写"现金"字样,后填写支付金额。

(2)受理审查

①银行受理申请人提交的一式三联申请书时,应认真审查其填写的内容是否齐全、清晰。

②申请书填明"现金"字样的,申请人和收款人是否均为个人。

③金额大小写是否一致。

④签章是否为预留银行的签章等。

审查无误后,申请书第二联作借方传票(交现金的此联注销),第三联作贷方传票,办理转账。申请人交付款项时,编制会计分录如下:

借:吸收存款——活期存款——申请人户
　　(或)库存现金
　　贷:存入保证金——本票款

> **知识链接**
> 不定额本票凭证一式两联,第一联卡片,第二联本票;定额本票凭证分为存根联和正联。

(3)出票

①出票行在办理转账和收取现金以后,签发银行本票(见表5-4)。

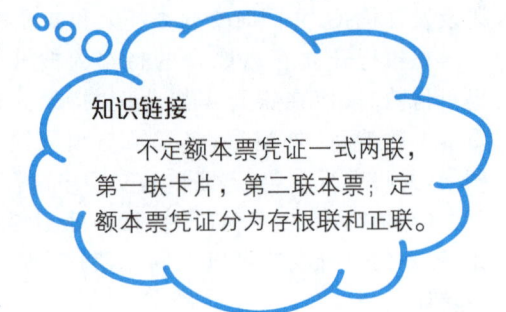

②填写的本票经复核无误后,在不定额本票第二联或定额本票正联上加盖本票专用章并由授权的经办人签名或盖章,签章必须清晰。

③定额本票正联交给申请人;不定额本票第二联在用压数机压印小写金额后交给申请人。

④第一联卡片或存根联上加盖经办、复核名章后留存,专夹保管。

表 5-4　　　　　　　　　银行本票样式

中国××银行				
付款期限 ×个月	本　票 出票日期(大写)　年　月　日		地名　　本票号码	
收款人:		申请人:		
凭票即付　人民币 　　　　　(大写)				
转账	现金	出票行签章	出纳　复核　经办	
备注				
(使用清分机的,此区域供打印磁性字码)				

(此联出票行结清本票时作借方凭证)

2.银行本票付款的账务处理

(1)代理付款行代替出票行付款

代理付款行代替出票行付款的账务处理程序如下:

①代理付款行接到在本行开立账户的持票人交来的本票和两联进账单时,应认真审查以下内容:

银行本票是否真实;是否超过提示付款期限;本票填明的持票人是否在本行开户,持票人名称与进账单上的名称是否相符;出票行的签章是否符合规定;不定额本票是否有统一制作的压数机压印金额,与大写出票金额是否一致;本票必须记载的事项是否齐全,出票金额、出票日期、收款人名称是否更改;持票人是否在本票背面签章,背书转让的本票是否按规定的范围转让,背书是否连续等。

经审查无误后,第二联进账单作贷方传票。编制会计分录如下:

借:同城票据清算
    贷:吸收存款——持票人户

②第一联进账单加盖转讫章作收账通知交给持票人。

③本票加盖转讫章,通过票据交换向出票行提出交换。

(2)出票行向收款人付款

出票行向收款人付款的账务处理程序如下:

①出票行受理本行签发的本票时,应抽出专夹保管的本票卡片或存根,进行核对。

②如果收款人交来的是注明"现金"字样的本票和委托他人提示付款的本票时,必须认真审查本票填写的申请书和收款人是否均为个人,核验收款人身份证件,并留复印件备查。经审核无误后,本票作借方传票,本票卡片或存根联作附件,办理转账。现金银行本票付款的账务处理如下:

借:存入保证金——本票款
    贷:库存现金

③出票行接到在本行开户的持票人交来转账银行本票时,经审核无误,银行本票系本行签发,本票作借方传票,本票卡片或存根联作附件,办理转账。转账银行本票付款的账务处理如下:

借:存入保证金——本票款
    贷:吸收存款——活期存款——持票人户

3.银行本票结清的账务处理

出票行收到票据交换提入的本票时,抽出专夹保管的本票卡片或存根,经与本票核对无误后,本票作借方传票,本票卡片或存根联作附件,办理转账。编制会计分录如下:

借:存入保证金——本票款
    贷:清算资金往来——同城票据清算

4.银行本票退款、超过提示付款期限票款的账务处理

(1)出票行退款的账务处理

申请人因本票超过提示付款期限或其他原因要求出票行退款时,应填制一式三联进账单连同本票交给出票行,并按规定提交证明或身份证件。

①出票行与原专夹保管的本票卡片或存根核对无误后,即在本票上注明"未用退回"字样,第二联进账单作贷方传票(若退付现金,则本联作借方传票的附件),本票作借方传票,本

票卡片或存根联作附件,办理转账。编制会计分录如下:

借:存入保证金——本票款
　　贷:吸收存款——申请人户
　　　(或)库存现金

②第一联进账单作回单,第三联进账单加盖转讫章作收账通知交给申请人。

(2)出票行支付超过付款期限票款的账务处理

①持票人超过付款期限不获付款,在票据权利时效内向出票行请求付款时,应当向出票行说明原因,并将本票交给出票行。

②出票行经与原专夹保管的本票卡片或存根核对无误,即在本票上注明"逾期付款"字样,办理付款手续。

持票人在本行开户,应填制三联进账单,以进账单第二联作贷方传票,本票作借方传票,本票卡片或存根作附件。编制会计分录如下:

借:存入保证金——本票款
　　贷:吸收存款——持票人户

持票人未在本行开户,填制三联进账单,本票作借方传票,本票卡片或存根作附件。编制会计分录如下:

借:存入保证金——本票款
　　贷:清算资金往来——同城票据清算

> **知识链接**
> 第一联进账单加盖转讫章作回单退回持票人,第二联、第三联进账单按规定提出交换。

例 5-2

甲地中国工商银行开户单位贸易公司提交银行本票委托书,金额 85 000 元,银行审核无误后,同意签发银行本票。4 日后,本市中国农业银行开户单位机电公司兑付该银行本票,通过同城票据交换将本票交给甲地中国工商银行。

根据题意,账务处理如下:

(1)中国工商银行签发银行本票,编制会计分录如下:

借:吸收存款——贸易公司　　　　　　　　　　　　85 000.00
　　贷:存入保证金——本票款　　　　　　　　　　　　85 000.00

(2)中国农业银行兑付银行本票,编制会计分录如下:

借:同城票据清算　　　　　　　　　　　　　　　　85 000.00
　　贷:吸收存款——机电公司　　　　　　　　　　　　85 000.00

(3)中国工商银行结清本票,编制会计分录如下:

借:存入保证金——本票款　　　　　　　　　　　　85 000.00
　　贷:同城票据清算　　　　　　　　　　　　　　　　85 000.00

三、银行汇票业务的核算

(一)银行汇票的概念、种类及基本规定

1. 概念

汇票是出票人签发的,委托付款人在见票时或指定日期无条件支付确定的金额给收款人或者持票人的票据。

银行汇票是出票银行签发的,由其在见票时按照实际结算金额无条件支付给收款人或者持票人的票据。银行汇票的出票银行为银行汇票的付款人。

> **思考**
> 伪造、变造汇票要承担什么法律后果?

2. 种类

汇票按出票人的不同分为银行汇票和商业汇票两种。

3. 基本规定

银行汇票业务核算的基本规定如下:

(1)单位和个人各种款项的结算,均可使用银行汇票。

(2)银行汇票的出票和付款业务仅限于能参加"全国联行往来"的机构办理。

(3)签发银行汇票必须记载的事项有:表明"银行汇票"字样、无条件支付的承诺、出票金额、付款人名称、收款人名称、出票日期、出票人签章。

(4)签发银行汇票应遵守的规定有:

①出票行收妥款项后签发银行汇票,并用压数机压印出票金额,将银行汇票和解讫通知书一并交申请人。

②签发转账银行汇票,不得填写代理付款人名称。

③签发现金银行汇票,申请人和收款人必须均为个人,收妥申请人交存的现金后,在银行汇票"出票金额"栏先填写"现金"字样,后填写出票金额,并填写代理付款人名称,申请人或收款人为单位的,银行不得为其签发现金银行汇票。

④银行汇票的提示付款期限自出票日起1个月。

持票人超过提示付款期限提示付款的,代理付款人不予受理,但持票人在票据权利时效内向出票行做出说明,并提供本人身份证件或单位证明,持银行汇票和解讫通知可以向出票银行请求付款。

(5)持票人提示付款应遵守如下规定:

①收款人受理申请人交付的银行汇票时,应在出票金额以内,根据实际需要的款项办理结算,并将实际结算金额和多余金额准确、清晰地填入银行汇票和解讫通知的有关栏内,未填明实际结算金额和多余金额或实际结算金额超过出票金额的,银行不予受理。

②银行汇票转账付款的,不得转入储蓄和信用卡账户。

③代理付款银行不得受理未在本行开立存款账户的出票人为单位直接提交的银行汇票。

④持票人向银行提示付款时,必须同时提交银行汇票和解讫通知,缺少任何一联,银行不予受理;注明"现金"字样的银行汇票的持票人,只能向银行汇票上注明的代理付款人提示付款。

现金银行汇票的持票人需要委托他人向银行提示付款的,应在银行汇票背面背书栏签章,记载"委托收款"字样、被委托人姓名和背书日期以及委托人身份证件名称、号码、发证机关,被委托人向银行会计提示付款时,应在银行汇票背面"持票人向银行提示付款签章"处签章,记载身份证件名称、号码及发证机关,并同时向银行交验委托人和被委托人的身份证件及其复印件。

(6)在银行开立存款账户的持票人向开户银行提示付款时,应在汇票背面"持票人向银行提示付款签章"处签章,签章与预留银行签章相同,并将银行汇票和解讫通知、进账单送交开户银行。

(7)转账银行汇票的未在银行开立存款账户的个人持票人,可以向任何一家银行机构提示付款。提示付款时,应在汇票背面签章,并填明本人身份证件名称、号码及发证机关,由其本人向银行提交身份证件及其复印件。

(8)银行汇票可以背书转让,但填明"现金"字样的银行汇票不得背书转让;银行汇票的转让,背书应当连续。

持票人或申请人因汇票超过付款提示期限或其他原因要求退款时,应将银行汇票和解讫通知同时提交到出票银行,并出具单位证明或个人身份证件,经审核无误后,方可办理。如缺少解讫通知,出票银行应于汇票提示付款期满1个月后才能办理。出票银行对于转账银行汇票的退款,只能转入原申请人存款账户;对于符合规定填明"现金"字样银行汇票的退款,才能退付现金。

(9)跨系统银行签发的转账银行汇票的付款,应通过同城票据交换将银行汇票和解讫通知提交该同城的有关银行审核支付后抵用。

(二)银行汇票核算程序

银行汇票核算程序如图5-6所示。

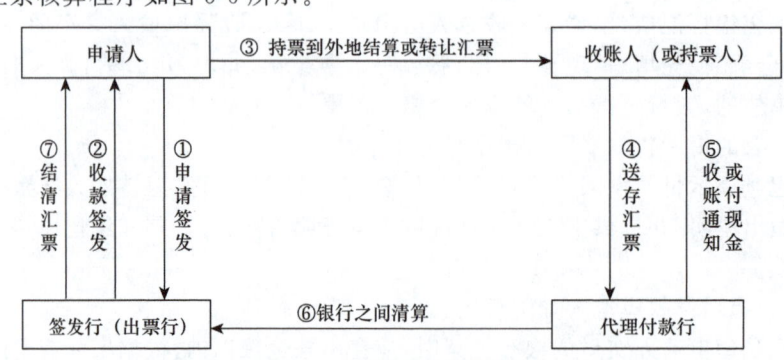

图 5-6　银行汇票核算程序图

(三)银行汇票核算手续

1.出票行出票的处理手续

(1)申请

①申请人需要使用银行汇票,应向银行填写银行汇票申请书,申请书(见表5-5)一式三联。

②第一联存根退还申请人,第二联为借方凭证,第三联为贷方凭证。

表 5-5

银行汇票申请书(借方凭证)

第　号

申请日期　　年　月　日

申　请　人		收　款　人									
账号或住址		账号或住址									
用　　途		代理付款行									
汇票金额	人民币 （大写）	千	百	十	万	千	百	十	元	角	分
上列款项请从我账户内支付 申请人盖章		科目(借)_____ 对方科目(贷)_____ 转账日期　年　月　日 复核　　　　　记账									

此联汇出行作借方凭证

(2)受理

①出票行受理申请人提交的第二联、第三联申请书时,应认真审查其内容是否填写齐全、清晰,其签章是否为预留银行的签章。

②申请书填明"现金"字样的,申请人和收款人是否均为个人,并交现金。

③经审查无误后,才能受理签发银行汇票的申请。

a.转账交付款项的,银行以申请书第二联作借方传票,第三联作贷方传票。编制会计分录如下:

借:吸收存款——活期存款——申请人户
　　贷:存入保证金——银行汇票款

b.现金交付的,第二联注销作附件,第三联申请书作贷方凭证。编制会计分录如下:

借:库存现金
　　贷:存入保证金——银行汇票款

(3)出票

①出票行在办好转账或收妥现金后,签发银行汇票,汇票凭证(见表 5-6)一式四联,第一联为卡片,第二联为汇票,第三联为解讫通知,第四联为多余款收账通知。

②银行汇票的填写有下列规定:

汇票的出票日期和出票金额必须大写,若填写错误,应将汇票作废。

签发现金银行汇票时,在四联汇票的"出票金额人民币(大写)"之后紧接着填写"现金"字样,再填写出票金额,在"代理付款行"及"行号"栏填明某行名称及行号。

签发转账银行汇票一律不得填写代理付款行。

申请书的备注栏内注明"不得转让"字样的,应在汇票正面的"备注"栏内注明。

③填写的汇票经复核无误后,办理如下手续:

a.第一联和第二联"实际结算金额"栏的小写金额上端用总行统一制作的压数机压印出票金额。

b.第二联至第四联多余金额栏上方加编密押。

c.第二联加盖汇票专用章并由授权的经办人签章,签章必须清晰。

d.将第二联和第三联一并交给申请人,第一联上加盖经办人、复核人名章,逐笔登记汇

银行汇票出票

出汇款登记簿并注明汇票号码后,汇票第一联和第四联一并专夹保管。

e.登记重要空白凭证登记簿,填制表外付出传票,登记表外科目明细账。

表 5-6　　　　　　　　　　　中国××银行

银行汇票　　2

| 付款期限 壹个月 | | | 地名　汇票号码 |

出票日期　年 月 起（大写）	代理付款行：	行号：
收款人：	账号：	
出票金额	人民币（大写）	
实际结算金额	人民币（大写）	千 百 十 万 千 百 十 元 角 分

账号：_____

申请人：_____
出票人：_____　行号：_____
备注：_____
凭票付款
出票行签章

密押：_____
多余金额
千 百 十 万 千 百 十 元 角 分

复核　记账

此联代理付款行付款后作联行往账借方凭证附件

被背书人	被背书人
背书人签章 年　月　日	背书人签章 年　月　日

持票人向银行
提示付款签章：　　身份证件名称：　　发证机关：
号码：□□□□□□□□□□□□□□□□□□

（贴粘单处）

2.代理付款行付款的账务处理

(1)代理付款行接到持票人交来的汇票、解讫通知和三联进账单时的账务处理办法

①在本行开立账户的持票人

a.汇票和解讫通知是否齐全,汇票号码、记载的内容是否一致。

b.汇票是否是统一规定印制的凭证,汇票是否真实,是否超过提示付款期限。

c.汇票填明的持票人是否在本行开户,持票人是否为该持票人,与进账单上的名称是否相符。

d.出票行的签章是否符合规定,加盖的汇票专用章是否与印模相符。

e.汇票上有无全国联行专用章,密押是否正确。

f.压数机压印的金额是否由统一制作的压数机压印,与大写的汇票金额是否一致。

g.汇票的实际结算金额大小写是否一致,是否在出票金额以内,与进账单所填金额是否一致,多余金额结算是否正确。如果全额进账,必须在汇票和解讫通知的实际结算金额栏内填入全部金额,多余金额栏填写"—0—"。

h.汇票必须记载的事项是否齐全,出票金额、实际结算金额、出票日期、收款人名称是否更改,其他记载事项的更改是否由原记载人签章证明。

i.持票人是否在汇票背面"持票人向银行提示付款签章"处签章,背书转让的汇票是否按规定的范围转让,其背书是否连续,背书使用粘单的是否按规定在粘接处签章。

②未在本行开立账户的个人

a.认真审查上述在本行开立账户规定的内容。

b.另外,必须审查持票人的身份证件,在汇票背面"持票人向银行提示付款签章"处是否有持票人的签章和注明身份证件名称、号码及发证机关。

c.提交持票人身份证件复印件,留存备查。

d.对现金汇票持票人委托他人向代理付款行提示付款的,代理付款行必须查验持票人和委托人的身份证件,在汇票背面是否作委托收款背书,以及是否注明持票人和被委托人身份证件名称、号码及发证机关,并交持票人和被委托人身份证件复印件留存备查。

(2)根据不同情况进行账务处理

①在本行开立账户的持票人

经过认真审查无误后,银行汇票作借方凭证附件,第一联、第三联进账单加盖转讫章作收账通知交给持票人,解讫通知加盖转讫章随编制的联行借方报单寄给出票行,第二联进账单作贷方凭证,办理转账,编制会计分录如下:

借:清算资金往来——辖内往来

　(或)清算资金往来——小额支付系统往来

　贷:吸收存款——活期存款——持票人户

②未在本行开立账户的个人

a.经过认真审查无误后,以持票人姓名开立"应解汇款及临时存款"账户,并在该分户账上填明汇票号码以备查考,第二联进账单作贷方凭证,办理转账。编制会计分录如下:

借:清算资金往来——辖内往来

　(或)清算资金往来——小额支付系统往来

　贷:应解汇款及临时存款——持票人户

b.原持票人需要一次或分次办理转账支付的,由其填制支付凭证,并向银行交验本人身份证件,经审查无误后,办理转账。编制会计分录如下:

借:应解汇款及临时存款——原持票人户

　贷:吸收存款——活期存款——××户

　　(或)同城票据清算

　　(或)清算资金往来——小额支付系统往来

　　(或)开出汇票

c.原持票人需要支取现金的,符合规定的可一次办理付款手续;未填明"现金"字样,需

要支取现金的,由代理付款行按照现金管理规定审查支付,另填制一联现金付出传票,办理转账。编制会计分录如下:

　　借:应解汇款及临时存款——原持票人户

　　　贷:库存现金

3.银行汇票结清的账务处理

出票行收到代理付款行寄来的联行借方报单及解讫通知兑付时,抽出原专夹保管的汇票卡片,经核对确属本行出票,借方报单与实际结算金额相符,多余金额结计正确无误后,分别做如下处理:

(1)汇票全额解付的核算

①在汇票卡片的实际结算金额栏填入全部金额,在多余款收账通知的多余金额栏填写"—0—",汇票卡片作借方传票,解讫通知和多余款收账通知作借方传票的附件,办理转账。编制会计分录如下:

　　借:存入保证金——银行汇票款

　　　贷:清算资金往来——小额支付系统往来

②同时,销记汇出汇款账。

(2)汇票多余款的核算

①汇票有多余款的,应在汇票卡片和多余款收账通知上填写实际结算金额,汇票卡片作借方传票,解讫通知作多余款贷方传票,办理转账。编制会计分录如下:

　　借:存入保证金——银行汇票款

　　　贷:吸收存款——活期存款——申请人户

　　　　　清算资金往来——小额支付系统往来

②同时,销记汇出汇款账,在多余款收账通知多余金额栏填写多余金额,加盖转讫章后通知申请人。

(3)原申请人未在银行开立账户的核算

①多余金额应先转入"其他应付款"科目,以解讫通知代"其他应付款"科目贷方传票,办理转账。编制会计分录如下:

　　借:存入保证金——银行汇票款

　　　贷:其他应付款——申请人户

　　　　　清算资金往来

②同时销记汇出汇款账,通知申请人持申请书存根及本人身份证件来行办理取款手续。银行付款时,以多余款收账通知代"其他应付款"科目借方传票,办理转账。编制会计分录如下:

　　借:其他应付款——申请人户

　　　贷:库存现金

4.银行汇票退款、超过提示付款期限付款及挂失的账务处理

(1)银行汇票退款

申请人由于汇票超过付款期限或其他原因要求退款时,应交回汇票和解讫通知,并提交

证明或申请人身份证件。

①出票行经与原专夹保管的汇票卡片核对无误后，即在汇票和解讫通知的实际结算金额大写栏内填写"未用退回"字样，汇票卡片作为借方传票，汇票作为附件，解讫通知作为贷方凭证(如系退付现金，即作为借方凭证的附件)办理转账。编制会计分录如下：

借：存入保证金——银行汇票款
　　贷：吸收存款——活期存款——申请人户
　　　　(或)库存现金

②同时销记汇出汇款账，多余款收账通知的多余金额栏填写原出票金额并加盖转讫章作为收账通知交给申请人。

(2)银行汇票超过付款期限出票行付款

持票人超过付款期限不获付款的，在票据权利时效内请求付款的，应当向出票行说明原因，并提交汇票和解讫通知。

①持票人为个人的，还应交验本人身份证件。

②出票行经与原专夹保管的汇票卡片核对无误后，多余金额结计无误，即在汇票和解讫通知备注栏填写"逾期付款"字样，通过"应解汇款"科目核算。

(3)银行汇票挂失

①注明"现金"字样的银行汇票丧失，持票人可到原出票行或者代理付款行申请挂失，不管哪一方银行受理挂失，都要通知对方行。

②待挂失汇票在付款期届满1个月后，确实未支付的，凭有关证明到出票行办理退款手续。其会计分录比照汇票退款业务的处理。

例 5-3

甲地中国工商银行开户单位贸易公司提交银行汇票委托书，金额为 640 000 元，银行审查后，同意签发银行汇票。12 天后，乙地解放路中国工商银行开户单位机电公司向开户行提交该汇票，实际结算金额为 600 000 元，代理兑付该银行汇票的资金后，通过系统内电子汇划系统将汇票款项与甲地中国工商银行结清资金。要求：做出相关的账务处理。

根据题意，账务处理如下：

(1)甲地中国工商银行签发银行汇票，编制会计分录如下：

借：吸收存款——活期存款——贸易公司户　　　640 000.00
　　贷：存入保证金——银行汇票款　　　　　　　　　640 000.00

(2)乙地解放路中国工商银行代理付款，编制会计分录如下：

借：清算资金往来——辖内往来　　　　　　　　600 000.00
　　贷：吸收存款——活期存款——机电公司　　　　　600 000.00

(3)甲地中国工商银行结清汇票，编制会计分录如下：

借：存入保证金——银行汇票款　　　　　　　　640 000.00
　　贷：清算资金往来——辖内往来　　　　　　　　　600 000.00
　　　　吸收存款——活期存款——贸易公司　　　　　 40 000.00

四、商业汇票业务的核算

(一)商业汇票的概念、种类及基本规定

1.概念

商业汇票是出票人签发的,委托付款人在指定日期无条件支付确定的金额给收款人或者持票人的票据。

> 思考
> 伪造、变造商业汇票要承担什么法律后果?

2.种类

商业汇票按承兑人不同分为商业承兑汇票和银行承兑汇票。

(1)商业承兑汇票是由付款人或收款人签发并由银行以外的付款人承兑的票据。

(2)银行承兑汇票是由在承兑银行开立账户的存款人签发并由银行承兑的票据。

3.基本规定

凡在银行开立存款账户的法人以及其他组织之间,必须具有真实的交易关系或债权债务关系,才能使用商业汇票。

出票人不得签发无对价的商业汇票用以骗取银行或其他票据当事人的资金。

签发商业汇票必须记载的事项有:表明"商业承兑汇票"或"银行承兑汇票"的字样;无条件支付的委托;确定的金额;付款人名称;收款人名称;出票日期;出票人签章。

(1)商业承兑汇票的出票人,为在银行开立存款账户的法人以及其他组织,与付款人具有真实的委托付款关系,具有支付汇票金额的可靠资金来源。

(2)商业汇票的期限,最长不超过 6 个月。定期付款的汇票自出票日起计算,并在汇票上记载具体的到期日;出票后,定期付款的汇票,自出票日起按月计算,并在汇票上记载;见票后定期付款的汇票,自承兑或拒绝承兑日起按月计算,并在汇票上记载。

(3)商业汇票的提示付款期限,自汇票到期日起 10 日。持票人在提示付款期限内可以通过开户银行委托收款,也可以直接向付款人提示付款。对异地委托收款的,持票人可匡算邮程,提前 5 天通过开户银行委托收款。持票人超过提示付款期限提示付款的,持票人开户银行不予受理。

(4)商业承兑汇票的付款人开户行收到通过委托收款寄来的商业承兑汇票,将商业承兑汇票留存,并及时通知付款人。付款人应在收到付款通知的当日书面通知银行付款(如付款人提前收到由其承兑的商业汇票,应通知银行于汇票到期日付款)。付款人在接到通知日的次日起 3 日内(遇法定休假日顺延)未通知银行付款的,视同付款人承诺付款,银行应于付款人接到通知日的次日起第 4 日(法定休假日顺延)上午开始营业时,将票款划给持票人。

(5)商业承兑汇票可以由付款人签发并承兑,也可以由收款人签发交由付款人承兑。

(6)银行承兑汇票的出票人必须具备三个条件:一是在承兑银行开立存款账户的法人以及其他组织;二是与承兑银行具有真实的委托付款关系;三是资信状况良好,具有支付汇票金额的可靠资金来源。

银行承兑汇票应由在承兑银行开立存款账户的存款人签发,银行承兑汇票出票人在出票后向承兑银行申请承兑后使用。银行承兑汇票的出票人应于汇票到期前将票款足额交存

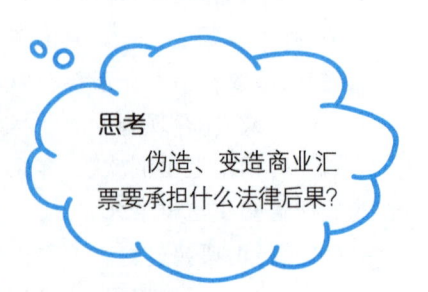

其开户银行。未能足额交付票款时,承兑银行除凭票向持票人无条件付款外,对出票人尚未支付的汇票金额按照每天万分之五计收利息。

(二)商业承兑汇票核算

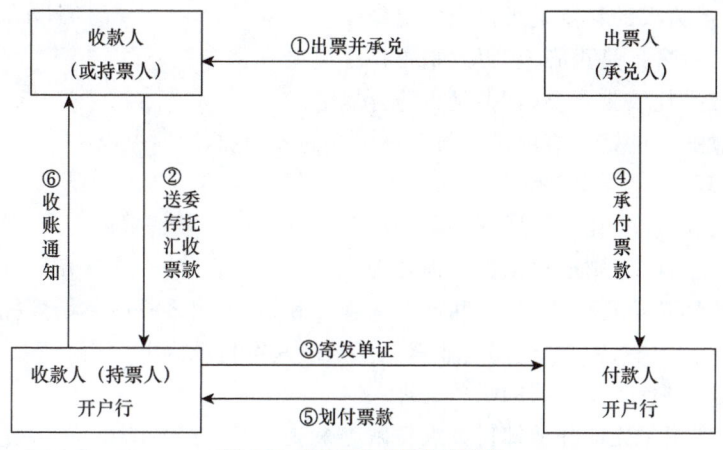

1.商业承兑汇票核算程序

商业承兑汇票核算程序如图 5-7 所示。

图 5-7 商业承兑汇票核算程序

2.商业承兑汇票核算

商业承兑汇票是交易双方按照合同规定,由收款人或付款人出票,由银行以外的付款人承兑的票据(见表 5-7)。

商业承兑汇票一式三联。第一联卡片,由承兑人留存;第二联汇票,此联持票人开户行随委托收款凭证寄付款人开户行作借方传票附件;第三联存根,出票人存查。商业承兑汇票到期,持票人以其作为付款人债务凭证委托开户银行收款。

表 5-7 　　　　　　　　　商业承兑汇票　　2

| 出票日期(大写) | 年 | 月 | 日 | | | 汇票号码 | |

付款人	全　称		收款人	全　称		此联代理付款行付款后作联行往账借方凭证附件
	账　号			账　号		
	开户银行			开户银行		
出票金额	人民币(大写)		亿 千 百 十 万 千 百 十 元 角 分			
汇票到期日(大写)			付款人开户行	行名		
				地址		
交易合同密码						
本汇票已经承兑,到期无条件支付票款。 承兑人签章 承兑日期　　年　月　日			本汇票请予以承兑,于到期日付款 出票人签章			

(1)持票人开户行受理汇票到期的账务处理

持票人凭商业承兑汇票委托开户行收款时,应填制邮划或电划委托收款凭证五联,并在"委托收款凭证名称"栏注明"商业承兑汇票"及其汇票号码,连同汇票一并送交开户行。

第一步:审查

①汇票是否是统一规定印制的凭证,是否超过提示付款期限。

②汇票上填明的持票人是否在本行开户。

③出票人、承兑人的签章是否符合规定。

④汇票记载的事项是否齐全,更改是否符合规定。

⑤是否完成委托收款背书,背书是否符合规定。

⑥委托收款凭证的记载事项是否与汇票记载的事项相符。

第二步:受理

①经审查无误,在委托收款凭证各联上加盖"商业承兑汇票"戳记。

②付款人如在同城,则通过票据交换处理。

第一联作为回单交持票人,第二联专夹保管并登记"发出委托收款结算凭证登记簿",第三联至第五联(电划缺第四联)连同商业承兑汇票一并寄付款人开户行。

(2)付款人开户行收到汇票的账务处理

第一步:处理相关凭证并通知付款人付款

付款人开户行接到持票人开户行寄来的委托收款凭证及汇票时,应按有关内容认真审查。

①付款人确在本行开户,承兑人在汇票上的签章与预留银行的签章相符时,将第五联委托收款凭证交给付款人签收。

②在第三联、第四联委托收款凭证上登记"收到委托收款凭证结算登记簿"后,专夹保管,以便考核汇票款的支付或退回情况。

第二步:针对付款人同意付款及拒绝付款的处理

①付款人未提出拒绝付款的处理

付款人开户行接到付款人的付款通知或在付款人接到开户行的付款通知的次日起3日内仍未接到付款人的付款通知的,应按《支付结算办法》规定的划款日期,分别做出不同的处理。

a.付款人银行账户有足够票款支付。第三联委托收款凭证作借方凭证,汇票加盖转讫章作附件,销记"收到委托收款凭证结算登记簿"。第四联委托收款凭证加盖业务公章随联行报单寄持票人开户行。编制会计分录如下:

借:吸收存款——单位活期存款——付款人户

    贷:清算资金往来——辖内往来

b.付款人银行账户不足支付。银行应填制三联付款人未付票款通知书(用异地结算通知书代),在委托收款凭证备注栏注明"付款人无款支付"字样,第一联通知书和第三联委托收款凭证留存备查;第二联、第三联通知书连同第四联委托收款凭证及汇票邮寄持票人开户行转交持票人。如系电报划款的,不另拍发电报。

②付款人提出拒绝付款的处理

银行在付款人接到通知的次日起3日内收到付款人的拒绝付款证明时,经核对无误后,在委托收款凭证和收到委托收款凭证登记簿备注栏注明"拒绝付款"字样,然后将第一联拒绝付款理由书加盖业务公章作为回单退还付款人,将第二联拒绝付款理由书连同第三联委托收款凭证一并留存备查,将第三联、第四联拒绝理由书和第四联、第五联委托收款凭证连同汇票一并寄持票人开户行转交持票人。

(3)持票人开户行收到划回票款或退回凭证的处理

①划回票款的处理

a.持票人开户行接到付款人开户行寄来的联行报单和委托收款凭证或拍来的电报时,应将留存的第二联委托收款凭证抽出核对无误后,在第二联委托收款凭证上注明转账日期作贷方凭证。编制会计分录如下:

借:清算资金往来——辖内往来
　　贷:吸收存款——活期存款——持票人户

b.转账后,将第四联委托收款凭证加盖转讫章作收账通知交给持票人,并销记"发出委托收款凭证结算登记簿"。

②退回凭证的处理

持票人开户行接到付款人开户行发来的付款人未付款项通知书或付款人的拒绝付款理由书和汇票以及委托收款凭证,应在原专夹保管的第二联委托收款凭证和发出委托收款凭证登记簿上做相应记载后,将委托收款凭证、未付款项通知书或拒绝付款理由书及汇票退给持票人,并由持票人签收。

(三)银行承兑汇票核算

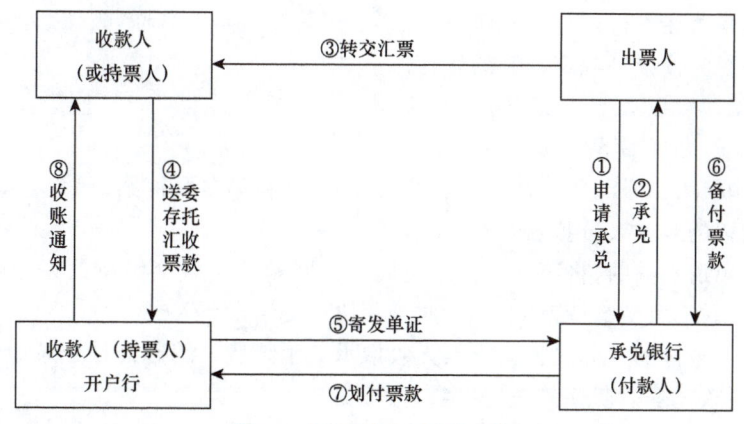

1.银行承兑汇票核算程序

银行承兑汇票核算程序如图5-8所示。

图5-8 银行承兑汇票核算程序

2.银行承兑汇票核算

银行承兑汇票是由在承兑银行开立存款账户的承兑申请人签发,由银行审查同意承兑的票据(见表5-8)。

银行承兑汇票一式三联:第一联卡片,由承兑行留存备查,待其支付票据时作借方凭证

附件；第二联汇票，由收款人开户行随委托收款凭证寄付款行作借方凭证附件；第三联存根，由出票人存查。

表5-8

银行承兑汇票　2

出票日期(大写)　　年　　月　　日　　　　　　汇票号码

出票人全称		收款人	全　称	
出票人账号			账　号	
付款行名称			开户银行	
出票金额	人民币(大写)	亿 千 百 十 万 千 百 十 元 角 分		
汇票到期日(大写)		付款行	行名	
			地址	
承兑协议编号				
本汇票请你行承兑，到期无条件付款。		本汇票已经承兑，到期日由本行付款。 承兑行签章 承兑日期　年　月　日		
出票人签章		备注	复核　　　记账	

此联代理付款行付款后作联行往账借方凭证附件

(1)承兑银行办理汇票承兑的账务处理

出票人或持票人持银行承兑汇票三联，向汇票上记载的付款银行申请承兑时，承兑银行的信贷部门按《支付结算办法》和有关规定审查同意后，与出票人签署银行承兑协议三联，第一联留存，第二联与第三联副本和第一联、第二联汇票一并交本行会计部门。

第一步：审查

会计部门接到汇票和承兑协议，要认真审核以下内容：

①汇票、承兑协议、出票人签章是否符合规定。

②出票人是否在本行开立存款账户，汇票上记载的出票人名称、账号是否相符。

③汇票是否为按统一规定印制的凭证。

第二步：受理

经审查无误，办理如下手续：

①在第一联、第二联汇票上注明承兑协议编号，并在第二联汇票"承兑签章"处加盖汇票专用章并由授权的经办人员签名盖章。

由出票人申请承兑的，将第二联汇票连同第一联承兑协议交给持票人。由持票人提示承兑的，将第二联汇票交给持票人，第一联承兑协议交给出票人。

②按照承兑金额的万分之五向出票人收取承兑手续费。编制会计分录如下：

借：吸收存款——活期存款——出票人户

　　贷：手续费及佣金收入——银行承兑汇票户

第三步：表外核算

按承兑金额登记表外科目明细账，同时，登记"银行承兑汇票登记簿"。表外科目记账如下：

收入：银行承兑汇票——出票人户

> **微知识** 承兑银行根据第一联卡片填制银行承兑汇票表外科目收入凭证,登记表外科目登记簿,并将第一联汇票卡片和承兑协议副本专夹保管,对银行承兑汇票登记簿的余额要经常与保存的第一联汇票卡进行核对,以保证金额相符。

(2) 持票人开户行受理汇票到期委托收款的账务处理

持票人凭汇票委托开户行向承兑银行收取票款时,应填制邮划或电划的委托收款凭证,并在"委托收款凭证名称"栏注明"银行承兑汇票"及其汇票号码,连同汇票一并送交开户行。银行按规定审查后,在委托收款凭证各联上加盖"银行承兑汇票"戳记,其余处理与商业承兑汇票的处理相同。

> **微知识** 委托收款凭证第一联回单加盖业务公章退给持票人;委托收款凭证第二联专夹保管,并登记"发出委托收款结算凭证登记簿";委托收款凭证第三联加盖带有联行行号的结算专用章,连同第四联、第五联和银行承兑汇票邮寄承兑银行。

(3) 承兑银行对汇票到期收取票款的账务处理

第一步:出票人有款支付

填制两联特种转账借方凭证,一联特种转账贷方凭证,在"转账原因"栏注明"根据××号汇票划转票款"。编制会计分录如下:

借:吸收存款——活期存款——出票人户
　　贷:应解汇款——出票人户

> **知识链接**
> 承兑银行应每天查看汇票的到期情况,对到期的汇票,应于到期日(法定休假日顺延)向出票人收取票款,专户存储。

第二步:出票人无款或款项不足支付

出票人账户无款支付或不足支付时,应转入该出票人的逾期贷款户,按规定(每日万分之五)计收罚息。

①账户无款支付,应填制两联特种转账借方凭证。

在"转账原因"栏注明"××号汇票无款支付转入逾期贷款户"。编制会计分录如下:

借:贷款——出票人逾期贷款户(承兑汇票垫款)
　　贷:应解汇款——出票人户

②账户不足支付,填制四联特种转账借方凭证。

编制会计分录如下:

借:吸收存款——活期存款——出票人户
　　贷款——出票人逾期贷款户(承兑汇票垫款)
　　贷:应解汇款——出票人户

(4) 承兑银行支付汇票款项的账务处理

第一步:审查

承兑银行接到持票人开户行寄来的委托收款凭证及汇票,抽出专夹保管的汇票卡片和承兑协议副本,应认真审查以下内容:

①该汇票是否为本行承兑,与汇票卡片的号码和记载事项是否相符。

②是否完成委托收款背书,背书转让的汇票,其背书是否连续,签章是否符合规定。

③委托收款凭证的记载事项是否与汇票记载事项相符。

第二步:到期日划回票款

①审查无误后,应于汇票到期日或到期日之后的见票当日,以委托收款凭证第三联作借方传票,办理转账。编制会计分录如下:

借:应解汇款——出票人户
　　贷:清算资金往来——辖内往来

②在"收到委托收款凭证结算登记簿"上注明转账日期,另填制银行承兑汇票表外科目付出传票,登记表外科目明细账,销记表外科目登记簿。表外科目记账如下:

付出:银行承兑汇票——出票人户

③委托收款凭证第四联填写支付日期后,作联行报单的附件寄交持票人开户银行。电划款时,向持票人开户行拍发电报。

(5)持票人开户行收到汇票款项的处理手续

①持票人开户行接到承兑银行寄来的联行报单和委托收款凭证第四联或拍来的电报,抽出专夹保管的委托收款凭证第二联,进行核对。

②核对相符后,销记"发出委托收款凭证结算登记簿",在委托收款凭证第四联上加盖转讫章作收账通知交给持票人。

③委托收款凭证第二联注明转账日期作贷方传票。编制会计分录如下:

借:清算资金往来——辖内往来
　　贷:吸收存款——活期存款——持票人户

五、结算方式业务的核算

除了上述三种票据结算业务之外,通常还有汇兑、托收承付、委托收款等结算方式。结算业务的基本规定如下:

(1)单位在结算凭证上的签章,应为该单位的财务专用章或公章,并加其法定代表人或其授权的代理人的签名或盖章。

(2)银行办理支付结算业务,应按规定向单位或个人签发回单。

①给单位或个人的收、付款通知和汇兑回单应加盖该银行的转讫章。

②给单位或个人的托收承付、委托收款的回单和向付款人发出的承付通知,应加盖该银行的业务公章。

(3)结算凭证上必须记载汇款人、付款人和收款人账号的,其账号与户名必须一致。

(4)银行办理结算向外发出的结算凭证,必须于当日或最迟次日寄发;收到的结算凭证,必须及时将款项支付给结算凭证上记载的收款人。

(一)汇兑业务概述

1.汇兑业务的概念、种类及基本规定

(1)概念

汇兑是汇款人委托银行将其款项支付给异地收款人的结算方式。单位和个人各种款项的异地结算,均可使用。

(2)种类

汇兑按其凭证寄送方式不同,分为信汇和电汇两种,由汇款人选择使用。

①信汇是汇款人委托银行以邮寄凭证的方式通知汇入行付款的一种结算方式。

②电汇是汇款人委托银行以拍发电报的方式通知汇入行付款的一种结算方式。

(3)基本规定

①单位和个人异地结算各种款项,均可使用汇兑结算方式。

②汇款人填制汇兑凭证必须记载下列事项:

a.表明"信汇"或"电汇"字样,无条件支付的委托。

b.收款人、汇款人名称,汇入、汇出地点,汇入行、汇出行名称。

c.确定的金额,委托日期。

d.汇款人签章。

> **知识链接**
>
> 汇兑凭证记载的汇款人、收款人在银行开立存款账户的,必须记载其账号,欠缺记载的,银行不予受理。

③汇兑凭证上欠缺记载上列事项之一的,银行不予受理。

④汇兑的委托日期必须是汇款人向汇出行提交汇兑凭证的当日。

⑤汇兑凭证上记载收款人为个人的,收款人需要到汇入银行领取汇款,汇款人应在汇兑凭证上注明"留行待取"字样。

⑥汇款人确定不得转汇的,应在汇兑凭证备注栏注明"不得转汇"字样。

⑦汇款转账支付的,款项只能转入单位或个体工商户的存款账户,严禁转入个人储蓄和信用卡存款账户。

⑧汇款人和收款人均为个人,需在汇入银行支取现金的,应在信、电汇凭证的"汇款金额"大写栏先填写"现金"字样,后填写汇款金额。

▶ 微知识 未在银行开立存款账户的收款人,凭信、电汇的取款通知或"留行待取"的,向汇入银行支取款项时,必须交验本人的身份证件,在信、电汇凭证上注明证件名称、号码及发证机关,并在"收款人签章"处签章;信汇凭签章支取的,收款人的签章须与预留信汇凭证上的签章相符。银行审核无误后,以收款人名义开立应解汇款及临时存款账户,该账户只付不收,付完清户,不计利息。

> **知识链接**
>
> 汇款回单只能作为汇出银行受理汇款的依据,不能作为该笔汇款转入收款人账户的证明。

⑨汇款人对汇出行尚未汇出的款项可以申请撤销,对汇出行已汇出的款项可以申请退汇,汇入银行对于收款人拒绝接受的汇款、向收款人发出取款通知经过两个月无法交付的汇款,应主动办理退汇。

2.汇兑业务核算程序

汇兑业务涉及汇款人、收款人、汇出行和汇入行。汇兑业务核算程序如图5-9所示。

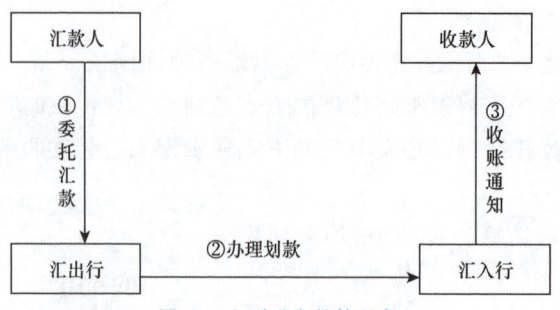

图 5-9　汇兑业务核算程序

(1)汇兑业务(汇出行)的核算

第一步:接受委托

汇款人委托银行办理汇款时,按如下程序办理:

①使用信汇的,应向银行填制一式四联信汇凭证,第一联作回单,第二联作借方凭证(见表5-9),第三联作贷方凭证,第四联作收账通知或代取款收据。

②使用电汇的,应向银行填制一式三联电汇凭证,第一联作回单,第二联作借方凭证,第三联(见表5-10)作发电依据。

③汇兑凭证内容的填写,必须按前述基本规定,汇款人为单位的,在第二联上加盖预留银行印鉴。

第二步:审查内容

汇出行受理汇兑凭证时,应认真审查以下内容:

①汇兑凭证各项内容是否齐全、正确、清晰。

②大小写金额是否相符,委托日期是否为受理当日。

③金额、委托日期、收款人名称是否更改。

④汇款人账户内是否有足够支付的金额,汇款人的签章是否与预留银行签章相符。

⑤对填明"现金"字样的汇兑凭证,还应审查汇款人和收款人是否均为个人。

⑥汇款人要求不得转汇的,是否注明"不得转汇"字样。

⑦收款人在汇入行开户的汇款,是否直接汇入其账户。

⑧凡不在汇入行开户的,是否在凭证各联注明"留行待取"字样。

第三步:账务处理

①审核无误后,汇兑凭证第一联加盖转讫章(或现金收讫章)退给汇款人。

②以转账方式交付的,汇兑凭证第二联作借方传票,编制会计分录如下:

借:吸收存款——活期存款——汇款人户

　　贷:清算资金往来——辖内往来

　　　　(或)同城票据清算

③现金交付的,填制一联特种转账贷方凭证,第二联信汇凭证或电汇凭证作借方凭证。编制会计分录如下:

借:库存现金

　　贷:应解汇款——汇款人户

借:应解汇款——汇款人户

贷:清算资金往来——辖内往来

④转账后,如为信汇凭证,第三联加盖联行专用章,与第四联随同报单寄汇入行。如为电汇凭证,根据第三联编制电划贷方报单,凭以向汇入行拍发电报。

表5-9　　　　　　　××银行信汇凭证(借方凭证)　　2

委托日期　年　月　日

汇款人	全称								收款人	全称							此联汇出行作借方凭证
	账号									账号							
	汇出地点		省　市/县							汇入地点		省　市/县					
汇出行名称									汇入行名称								
金额	人民币(大写)		亿	千	百	十	万	千	百	十	元	角	分				
此汇款支付给收款人。			支付密码														
			附加信息及用途:														
	汇款人签章										复核　　记账						

表5-10　　　　　　　××银行电汇凭证(汇款依据)　　3

委托日期　年　月　日

□普通　□加急

汇款人	全称								收款人	全称							此联汇出行凭证此汇出汇款
	账号									账号							
	汇出地点		省　市/县							汇入地点		省　市/县					
汇出行名称									汇入行名称								
金额	人民币(大写)		亿	千	百	十	万	千	百	十	元	角	分				
此汇款支付给收款人。			支付密码														
			附加信息及用途:														
	汇款人签章										复核　　记账						

(2)汇兑业务(汇入行)的核算

第一步:接受委托

汇入行接到汇出行通过清算支付系统传来的有关信息,或收到汇出行寄来的邮划贷方报单以及信汇凭证第三联和第四联,应审查信汇凭证第三联上的联行专用章与联行报单印章是否一致(转汇的由转汇行代为审查)。

第二步:审查内容

①汇兑凭证收款人是否在本行开户。

②现金汇款,收款人和汇款人是否均为个人。

③第三联信汇凭证上的联行专用章与联行报单印鉴是否一致。

第三步:账务处理

审核无误后,按照不同情况进行处理:

①汇款直接收账,第三联信汇凭证作贷方传票。编制会计分录如下:

借:清算资金往来——辖内往来

(或)同城票据清算

贷:吸收存款——活期存款——收款人户

第四联信汇凭证加盖转讫章作收账通知交给收款人。

②汇款不直接收账,第三联信汇凭证作贷方传票。编制会计分录如下:

借:清算资金往来——辖内往来

贷:应解汇款——收款人户

a.登记应解汇款登记簿,在信汇凭证上编列应解汇款顺序号,将信汇凭证第四联专夹保管,另以便条通知收款人来行办理取款手续。

b.收款人来行办理取款时,"留行待取"的向收款人问明情况,抽出第四联信汇凭证,验对取款人的有关证件,信汇凭证上是否注明其证件名称、号码及发证机关,以及收款人是否在"收款人签章"处签章。

如信汇留交凭签章付款的,收款人签章必须同预留印章相符,然后按不同情况办理付款手续。

> **微知识**　收款人需要支取现金的,信汇凭证上必须有汇出行按规定填明的"现金"字样,应一次办理现金支付手续;未注明"现金"字样,需要支取现金的,汇入行应审核是否符合现金管理条例规定。另填制一联现金借方凭证,第四联信汇凭证作借方凭证附件。

编制会计分录如下:

借:应解汇款——收款人户

贷:库存现金

同时销记应解汇款登记簿。

需要分次支付的,应凭第四联信汇凭证注销应解汇款登记簿中的该笔汇款,并不通过分录如数转入应解汇款及临时存款科目分户账内。银行审核收款人填制的支款凭证,其预留印章和收款人身份证件无误后,办理分次支付手续。待最后结清时,将信汇凭证第四联作借方传票附件。

需要转汇的,应重新办理汇款手续,其收款人与汇款用途必须是原汇款的收款人和用途,并在第三联信汇凭证上加盖"转汇"戳记。第三联信汇凭证备注栏注明不得转汇的,不予办理转汇。

③汇入行接到汇出行或转汇行发来的电报,经审核无误后,应编制三联电划贷方补充报单,第一联为清算资金往来——联行往来卡片,第二联代贷方传票,第三联加盖转讫章代收账通知交给收款人或作借方传票附件,其余各项处理均与信汇相同。

例 5-4

甲地中国工商银行开户单位贸易公司申请即时电汇货款 4 500 000 元,汇给乙地中国工商银行开户单位永久电器厂,通过大额支付系统汇出款项。要求:做出相关的账务处理。

① 甲地中国工商银行汇出款项时,编制会计分录如下:

借:吸收存款——活期存款——贸易公司　　　　　　　4 500 000.00
　　贷:清算资金往来——大额支付系统　　　　　　　　　4 500 000.00

② 乙地中国工商银行收到款项时,编制会计分录如下:

借:清算资金往来——大额支付系统　　　　　　　　　4 500 000.00
　　贷:吸收存款——活期存款——永久电器厂　　　　　　4 500 000.00

3. 汇兑业务(退汇)的核算

退汇是指对于汇出行已经汇出的款项,汇入行未经解付而退给原汇款人的做法。具体分为以下两种情况:

(1)汇款人要求退汇的核算

①汇出行受理退汇的账务处理

汇款人要求退汇时:

对收款人在汇入行开立账户且汇款已经入账的,由汇款人与收款人自行联系退汇;

对收款人未在汇入行开立账户的,应由汇款人备函或持本人身份证件连同信、电汇回单交汇出行办理退汇。

a. 汇出行接到退汇函件或身份证件以及回单,应填制四联"退汇通知书"(用异地结算通知书代),在第一联上批注"×月×日申请退汇",款项退回后再办理退款手续,交给汇款人,第二联和第三联寄交汇入行,第四联与函件和回单一起保管。

b. 当汇款人要求用电报通知退汇时,只需填制两联退回通知书,比照信汇退汇通知书第一联和第四联的手续处理,并凭退汇通知书拍发电报通知汇入行。

②汇入行退汇的账务处理

a. 汇入行接到汇出行寄来的第二联和第三联退汇通知书或通知退汇的电报,如该笔汇款已转入应解汇款科目,尚未解付的,则应向收款人联系索回便条,以第二联退汇通知书代借方传票,第四联汇款凭证作附件。编制会计分录如下:

借:应解汇款——收款人户
　　贷:清算资金往来——辖内往来

b. 第三联退汇通知书随同邮划贷方报单寄原汇出行。如电报通知退汇的,应另填一联特种转账借方传票,并填制电划贷方报单,凭以拍发电报。

c. 如该笔汇款业已解付,则应在第二联和第三联退汇通知书或电报上注明解付情况及日期,并将第二联退汇通知书或电报留存,第三联退汇通知书或拍发电报通知汇出行。

③汇出行收到的账务处理

a. 汇出行接到汇入行寄来的邮划贷方报单及第三联退汇通知书或退汇电报时,应以第三联退汇通知书或第二联电划贷方补充报单代贷方传票(第三联电划补充报单作贷方传票

附件)办理转账。编制会计分录如下:
  借:清算资金往来——辖内往来
   贷:吸收存款——活期存款——原汇款人户
 b.如汇款人未在银行开立账户,则先将退汇款转入"其他应付款"科目,待汇款人取款时再另填制一联现金付出传票。编制会计分录如下:
  借:清算资金往来——辖内往来
   贷:其他应付款——原汇款人户
  借:其他应付款——原汇款人户
   贷:库存现金
 c.在原第二联汇款凭证上注明:"此款已于×月×日退汇"字样,以备查考。在留存的第四联退汇通知书上注明"退汇款汇回已代进账"字样,加盖转讫章后作为收账通知并交给汇款人。
 d.当接到汇入行寄来的第三联退汇通知书或发来的电报注明汇款已解付时,应在留存的第四联退汇通知书上批注解付情况,通知原汇款人。
 (2)汇入行主动退汇的核算
 ①汇入行的账务处理
 汇款超过2个月,收款人尚未来行办理取款手续或在规定期限内汇入行已寄出通知,但因收款人住址迁移或其他原因,以致该笔汇款无人受领时,汇入行可以主动办理退汇。
 a.退汇时应填制一联特种转账借方传票和两联特种转账贷方传票,并在传票上注明"退汇"字样,第四联汇款凭证作借方传票附件。编制会计分录如下:
  借:应解汇款——收款人户
   贷:清算资金往来——辖内往来
 b.一联特种转账贷方凭证加盖联行专用章连同另一联特种转账贷方凭证随同邮划贷方报单寄回原汇出行。
 ②原汇出行的账务处理
 a.原汇出行接到原汇入行寄来的邮划贷方报单及所附两联特种转账贷方凭证,以加盖原汇入行联行专用章的一联特种转账贷方传票代贷方凭证。编制会计分录如下:
  借:清算资金往来——辖内往来
   贷:吸收存款——活期存款——原汇款人户
 b.另一联特种转账贷方传票加盖转讫章作为收账通知交给原汇款人。
 c.如汇款人未在银行开立账户,则通过"其他应付款"科目过渡,再通知原汇款人来行办理取款手续。

(二)委托收款业务的概述

1.委托收款的概念、种类及基本规定

(1)概念
委托收款是收款人委托银行向付款人收取款项的结算方式。

(2)种类

①根据款项划回方式分为邮寄和电报两种。

②根据付款情况不同分为全额付款、无款支付和拒绝付款三种。

> **知识链接**
> 伪造、变造金融票证罪：伪造、变造委托收款凭证。

(3)基本规定

①单位和个人凭已承兑的商业汇票、债券、货单等债务证明可以采用委托收款结算方式。

②委托收款结算款项的划回方式，分邮寄和电报两种，由收款人选用。

③签发委托收款凭证必须记载下列事项：

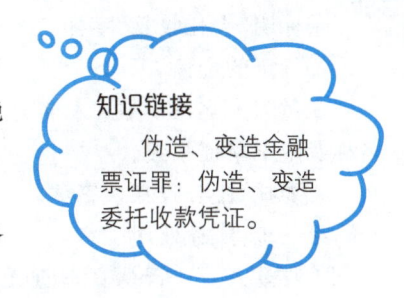

表明"委托收款"字样；确定的金额；付款人名称；收款人名称；委托收款凭据名称及附寄单证张数；委托日期；收款人签章。

④收款人为未在银行开立存款账户的个人，委托收款凭证必须记载被委托银行的名称。

⑤委托收款以银行为付款人的，银行应当在当日将款项主动支付给收款人；以单位为付款人的，银行应及时通知付款人，付款人应于接到通知的当日书面通知银行付款。

付款人在接到通知日的次日起3日内未通知银行付款的，视同付款人同意付款，银行应于付款人接到通知日的次日起第4日上午开始营业时，将款项划付给收款人。

⑥付款人审查有关债务证明后，对收款人委托收取的款项需要拒绝付款的，可以在接到付款通知日的次日起3日内办理拒绝付款。

⑦在同城范围内，收款人收取公用事业费或根据国务院的规定，可以使用同城特约委托收款。

2.委托收款业务核算程序

委托收款结算涉及收款人、收款人开户行、付款人和付款人开户行。当收款人开户行和付款人开户行为同一系统银行机构时，委托收款业务核算程序如图5-10所示。

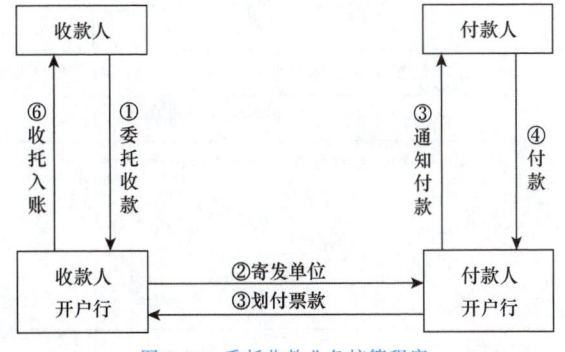

图5-10 委托收款业务核算程序

3.委托收款业务的核算

(1)收款人开户行受理委托收款的核算

第一步：接受委托

①收款人办理委托收款时，应填制邮划或电划委托收款凭证一式五联。（见表5-11）

②收款人在委托收款凭证第二联上盖章后，连同有关债务证明一并提交开户行。

第二步：审查内容

收款人开户行受理委托收款凭证时，应认真审查以下内容：

①标明"委托收款"字样。

②确定的金额。

③付款人名称、收款人名称、委托收款凭证名称及附寄单证张数。

④委托日期、收款人签章。

第三步:账务处理

①收款人开户行认真审查无误后,将第一联委托收款凭证加盖业务公章,退给收款人;第二联委托收款凭证专夹保管,并登记发出委托登记簿;第三联委托凭证加盖带有联行行号的结算专用章,连同第四联、第五联凭证及有关债务证明,一并交付付款人开户行。

> **知识链接**
>
> 委托收款凭证一式五联的用途如下:
>
> 第一联回单,第二联贷方凭证,第三联借方凭证,第四联收账通知(电划为发电依据),第五联付款通知。

②收款人开户行如不办理全国或省辖联行业务的,向付款人开户行直接发出委托收款凭证,均应在委托收款凭证的"备注"栏加盖"款项收妥划收××(行号)转划我行(社)"戳记,以便付款人开户行向指定的转划行填发报单。

表 5-11　　　　　　　　　　委托收款凭证

托收凭证(贷方凭证)

委托日期　　年　　月　　日

业务类型		委托收款(□邮寄、□电划)		托收承付(□邮寄、□电划)									
付款人	全　称			收款人	全　称								
	账　号				账　号								
	地　址	省　市/县　　开户行			地　址	省　市/县　　开户行							
金额	人民币(大写)		亿	千	百	十	万	千	百	十	元	角	分
款项内容			托收凭证名称			附寄单证张数							
商品发运情况					合同名称号码								
备注:			上列款项随附有关债务证明,请予办理。										
收款人开户行收到日期　　年　月　日					收款人签章			复核			记账		

此联收款人开户银行作贷方凭证

(2)付款人开户行的核算

付款人开户行接到收款人开户行寄来的邮划或电划的第三联、第四联、第五联委托收款凭证及有关债务证明时,应审查是否属于本行的凭证。审查无误后,在凭证上填注收到日期,根据邮划或电划第三联、第四联凭证逐笔登记"收到委托收款凭证"登记簿,将邮划或电划第三联、第四联凭证保管,根据不同情况做如下处理。

①付款人承认付款的处理

a.付款人为银行付款(债务证明为银行已承兑的银行汇票)的处理。银行接到委托收款凭证和有关债务证明,按规定付款时,第三联委托收款凭证作借方传票,有关债务证明作借方传票附件。编制会计分录如下：
　　借：应解汇款——××户
　　　贷：清算资金往来——辖内往来
　　　　（或）同城票据清算
　　b.付款人为单位付款的处理。银行接到付款人的付款通知书时，或银行未接到付款人付款通知书，在付款人签收日的次日起第4天上午开始营业时，付款人账户足够支付全部款项的，第三联委托收款凭证作借方传票，如留存债务证明的，其债务证明和付款通知书作借方传票附件。编制会计分录如下：
　　借：吸收存款——活期存款——付款人户
　　　贷：清算资金往来——辖内往来
　　　　（或）同城票据清算

> **微知识** 转账后，银行在收到委托收款凭证登记簿上填明转账日期。将第四联委托收款凭证填注支付日期后，随联行邮划贷方报单寄交收款人开户行。属于电报划款的，应根据第四联委托收款凭证填制联行电划贷方报单，凭以向收款人开户行拍发电报。

　　②付款人无款支付的处理
　　a.如果承付期满，付款人账户上没有足够的资金支付全部款项，即按无款支付处理。
　　b.付款人开户银行应在委托收款凭证和收到委托收款凭证登记簿上注明退回日期和"无款支付"字样，并填制三联付款人未付款项通知书（用异地结算通知书代），将第一联通知书和第三联委托收款凭证留存备查，将第二联、第三联通知书连同第四联委托收款凭证邮寄收款人开户行。
　　c.留存债务证明的，其债务证明一并邮寄收款人开户行。
　　d.如系电报划款的，不另拍发电报。
　　③付款人拒绝付款的处理
　　a.付款人为单位的，银行在付款人签收日的次日起3天内，收到付款人填制的四联拒绝付款理由书，以及付款人持有的债务证明和第五联委托收款凭证，经核对无误后，在委托收款凭证和收到委托收款凭证登记簿备注栏注明"拒绝付款"字样，然后将第一联拒付理由书加盖业务公章作为回单退还付款人。将第二联拒付理由书连同第二联委托收款凭证一并留存备查，将第三联、第四联拒付理由书连同付款人提交或本行留存的债务证明和第四联、第五联委托收款凭证一并寄收款人开户行。如系电报划款的，不另拍发电报。
　　b.付款人为银行提出拒绝付款的，比照单位拒绝付款处理。
　　（3）收款人开户行收到划回款项的核算
　　①款项划回的处理
　　a.收款人开户行收到付款人开户行寄来的联行邮划贷方报单和所附委托收款凭证第四联时，应将留存的委托收款凭证第二联抽出并和第四联凭证进行核对。
　　b.经核对无误后，在两联委托收款凭证上填注转账日期，以委托收款凭证第二联作转账贷方传票。编制会计分录如下：
　　借：清算资金往来——辖内往来
　　　（或）同城票据清算
　　　贷：吸收存款——活期存款——收款人户

c.转账后,将委托收款凭证第四联加盖转讫章作收账通知送交收款人,并销记发出委托收款凭证登记簿。

d.如系电报划回的,应编制电划贷方补充报单办理转账。其余处理与邮划相同。

②付款人无款支付的处理

a.收款人开户行收到无款支付而退回的委托收款凭证第四联和第二联、第三联付款人未付款项通知书以及付款人开户行留存的债务证明,应抽出委托收款凭证第二联,在备注栏注明"无款支付"字样,销记发出委托收款凭证登记簿。

b.将委托收款凭证第四联及一联未付款项通知书和债务证明退交收款人。

c.收款人在未付款项通知书上签收后,收款人开户行将一联未付款通知书连同委托收款凭证第二联一并保管备查。

③拒绝付款的处理

a.收款人开户行接到委托收款凭证第四联、第五联及有关债务证明和第三联、第四联拒绝付款理由书,经核对无误后,抽出委托收款凭证第二联,并在备注栏注明"拒绝付款"字样,销记发出委托收款凭证登记簿。

b.然后将委托收款凭证第四联、第五联及有关债务证明和第四联拒付理由书一并退给收款人。

c.收款人在第三联拒付理由书上签收后,收款人开户行将第三联拒付理由书连同第二联委托收款凭证一并保管备查。

例 5-5

甲地中国工商银行收到开户单位贸易公司提交的委托收款凭证和债务证明,系向乙地中国工商银行开户的光明机床厂收取款项 850 000 元。3 日后,收到乙地中国工商银行通过电子汇划系统划回的款项。要求:根据题意做出相关的账务处理。

①甲地中国工商银行受理开户单位胜利公司的委托收款和债务证明,经审核无误,发出委托收款凭证,并登记"发出委托收款登记簿",但不做账务处理。

②乙地中国工商银行收到委托收款凭证时,假如开户单位光明机床厂账户有足够款项支付,编制会计分录如下:

借:吸收存款——活期存款——光明机床厂　　　　　　850 000.00
　　贷:清算资金往来——辖内往来　　　　　　　　　　850 000.00

③甲地中国工商银行收到划回款项时,编制会计分录如下:

借:清算资金往来——辖内往来　　　　　　　　　　　850 000.00
　　贷:吸收存款——活期存款——贸易公司　　　　　　850 000.00

(三)托收承付结算业务的概述

1.托收承付的概念、种类及基本规定

(1)概念

托收承付是根据购销合同由收款人发货后委托银行向异地付款人收取款项,由付款人向银行承认付款的结算方式。

托收承付结算方式在我国计划经济时期曾发挥过重要作用,但随着我国经济向社会主义市场经济转型,该结算中的某些规定已不适应加速资金周转的需要,因此,目前在银行实际结算中已很少使用。

(2)种类

①根据结算款项的划回方式,分为邮寄、电报两种。

②根据付款的情况不同,分为全额付款、提前付款、多承付、逾期付款、部分付款、全部拒绝付款和部分拒绝付款七种。

(3)基本规定

①使用托收承付结算方式的单位,必须是国有企业、供销合作社以及经营管理较好并经开户银行审查同意的城乡集体所有制工业企业。

未经开户行批准使用托收的城乡集体工业企业,收款人开户行不得受理,付款人开户行对其承付的款项应按规定支付款项外,还要对该付款人按结算金额处以5‰的罚款。

②办理托收承付结算的款项,必须是商品交易以及因商品交易而产生的劳务供应的款项。代销、寄销、赊销商品的款项,不得办理托收承付结算。

③收付双方使用托收承付结算必须签有符合《经济合同法》的购销合同,并在合同上订明使用托收承付结算方式。收款人办理托收,须具有商品确已发运的证件。

收款人对同一付款人发货托收累计3次收不回货款的,收款人开户行应暂停收款人向该付款人办理托收。付款人累计3次提出无理拒付的,付款人开户银行应暂停其向外办理托收。

④托收承付结算每笔金额起点为1万元。新华书店系统每笔的金额起点为1 000元。款项划回的方式,分为邮寄和电报两种,由收款人选择使用。

⑤付款人承付货款分为验单付款和验货付款两种,由收付款双方商量后选用一种,并在合同中明确规定。

验单付款,承付期为3天,从付款人开户银行发出承付通知的次日算起(承付期内遇法定休假日顺延)。验货付款,承付期为10天,从运输部门向付款人发出提货通知的次日算起。

⑥付款人在承付期内,未向银行提出异议,银行即视作承付,并在承付期满的次日(法定休假日顺延)上午银行开始营业时,将款项主动从付款人账户内付出,按照收款人指定的划款方式,划给收款人。

⑦付款人在承付期满日银行营业终了时,如无足够资金支付货款,其不足部分,即为逾期付款。

付款人开户行对逾期支付的款项,应当根据逾期付款金额和逾期天数,按每天万分之五计算逾期付款赔偿金。赔偿金实行定期扣付,每月计算一次,于次月3日内由付款人开户行划给收款人。

⑧签发托收承付凭证必须记载规定的事项,欠缺其中之一的,银行不予受理。收款人开户行的审查时间最长不得超过次日。

⑨付款人开户行对逾期未付的托收凭证,负责进行扣款的期限为3个月(从承付期满日算起)。期满时,付款人仍无足够资金支付尚未付清的欠款,银行应于次日通知付款人将有关交易单证在2天内退回银行,付款人逾期未退回单证的,银行自发出通知的第三天起,按

照应付的结算金额对其处以每天万分之五但不低于 50 元的罚款,并暂停其向外办理结算业务,直到退回单证时止。

2.托收承付结算业务核算程序

托收承付结算业务核算程序如图 5-11 所示。

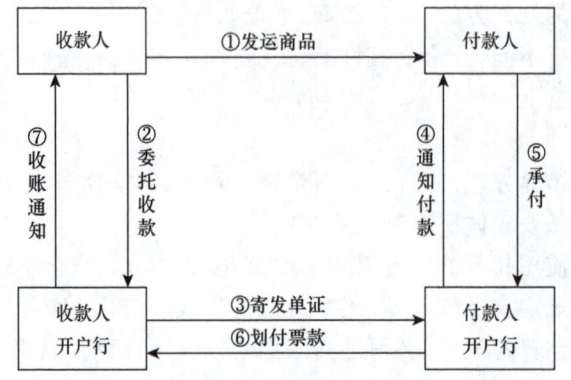

```
收款人 ──①发运商品──→ 付款人
  ↑                      │
  │⑦收账通知  ②委托收款   │④通知付款  ⑤承付
  │           ↓           ↓
收款人 ←──③寄发单证──── 付款人
开户行 ──⑥划付票款──→  开户行
```

图 5-11　托收承付结算业务核算程序

3.托收承付业务的核算

(1)按期全额承付的核算

①收款人开户行受理托收承付的核算

第一步:接受委托

a.收款人办理托收时,应填制邮划或电划一式五联托收凭证,第一联回单,第二联贷方传票,第三联借方传票,第四联收账通知(电划为发电依据),第五联承付通知。

b.收款人在第二联托收凭证签章后,将有关托收凭证附发运证件或其他符合托收承付结算的有关单证和交易单证提交开户行。

第二步:审查内容

收款人开户行收到后认真审查,内容如下:

a.办理托收承付的收款单位是否经本行审查批准。

b.托收款项是否符合托收承付结算方式规定的条件。

c.有无商品确已发运的证件。

d.托收凭证的各项内容是否齐全。

e.托收凭证与所附单据的张数是否相符。

f.托收凭证的委托日期、收款人名称、托收金额是否更改,金额大小写是否一致。

g.托收凭证第二联上的签章是否为预留银行印鉴。

h.验货付款的,收款人是否在托收凭证上加盖明显的"验货付款"字样戳记。

i.必要时,还应查验收付款人签订的购销合同,审查时间不得超过次日。

第三步:账务处理

a.审核无误后,在邮划或电划托收凭证第一联加盖业务公章退交收款人。收款人如需取回发运证件保管或自寄的,银行应在各联凭证和发运证件上加盖"已验发运证件"戳记,然后将发运证件退还收款人。

b.根据托收凭证第二联登记"发出托收结算凭证"登记簿后专夹保管,在第三联上加盖带有联行行号的结算专用章随同第三联至第五联托收凭证及交易单证,一并寄交付款人开户行。

> **微知识** 收款人开户行不办理全国或省辖联行业务,向付款人开户行直接发出托收凭证的,均应在托收凭证的"备注"栏加盖"款项收妥请划收××(行号)转划我行"戳记,以便付款人开户行向指定的转划行填发报单。

②付款人开户行的核算

第一步:接受审查

付款人开户行接到收款人开户行寄来的邮划或电划托收凭证第三联至第五联及交易单证时,认真审查,内容如下:

a.审核付款人是否在本行开户,付款人是否为经本行批准可以办理托收承付的单位。

b.所附单证的张数与凭证的记载是否相符。

c.托收凭证第三联上是否有收款人开户行加盖的结算专用章。

d.对非属本行开户的托收凭证误寄本行的应代为转寄,并将情况通知收款人开户行,如不能肯定付款人开户行时,则退回原托收行。

e.审核无误后,在凭证上填注收到日期和承付期限,及时通知付款人,然后根据邮划或电划托收凭证第三联、第四联逐笔登记定期代收结算凭证登记簿,将托收凭证第三联、第四联专夹保管,托收凭证第五联加盖业务公章后,连同交易单证一并及时送交付款人。

第二步:通知付款人

通知时可以根据具体情况与付款人签订协议,采取如下方法:

a.付款人来行自取。

b.派人送达。

c.邮寄(必须邮寄的,应另加邮寄时间)。

第三步:同意支付款项

a.付款人在承付期满日开户行营业终了前,未向银行表示拒绝付款且账户有足够资金支付全部款项的,付款人开户行应在次日上午(遇法定休假日顺延)抽出专夹保管的托收凭证,经会计主管或主管行长签字,以第三联托收凭证作借方传票,进行账务处理。编制会计分录如下:

借:吸收存款——活期存款——付款人户

贷:清算资金往来——辖内往来

b.转账后,在登记簿上填注转账日期。属于邮寄划款的,在邮划托收凭证第四联上填注支付日期后,随同联行邮划贷方报单寄交收款人开户行;属于电报划款的,则应根据第四联电划托收凭证编制联行电划贷方报单,凭以向收款人开户行拍发电报。

③收款人开户行办理托收款划回的核算

第一步:受理审查

收款人开户行接到付款人开户行或转汇行寄来的联行邮划贷方报单和所附第四联托收凭证时,将留存的第二联凭证抽出,同第四联凭证进行核对。

第二步:办理转账

a.经审查无误后,在第二联凭证上填注转账日期,即以第二联凭证作贷方传票,编制会计分录如下:

借：清算资金往来——辖内往来
　　贷：吸收存款——活期存款——收款人户
　　b.转账后，将第四联凭证加盖转讫章作收款通知交给收款人，并销记登记簿。
　　c.如系电报划回的，应根据内容译电编制电划贷方补存报单，凭此办理转账，其余处理手续与邮寄划回相同。
　　(2)逾期付款的核算
　　①付款人在承付期满日开户行营业终了前，账户无款支付的，付款人开户行应在托收凭证和登记簿备注栏分别注明"逾期付款"字样或注销登记簿另登记"到期未收登记簿"，并填制三联"托收承付结算到期未收通知书"。
　　②将第一联、第二联通知书寄收款人开户行(电划的，不另拍发电报通知)，第三联通知书留存。
　　③银行要随时掌握付款人账户余额，等到付款人账户有款可以一次或分次扣款时，另编制特种转账凭证，原托收凭证作附件，办理转账。同时，要代收款人计收赔偿金。赔偿金的计算公式为：

$$赔偿金金额＝逾期付款金额×逾期天数×万分之五$$

▶ **微知识** 逾期付款天数从承付期满日算起，承付期满日银行营业终了时，付款人如无足够资金支付，其不足部分，应当算作逾期1天，计算1天的赔偿金；在承付期满的次日(如遇法定休假日，逾期付款赔偿金的天数计算也相应顺延，但以后遇法定休假日应当照算逾期天数)银行营业终了时，仍无足够资金支付，其不足部分，应当算作逾期2天，计算2天的赔偿金，其余类推。

　　④赔偿金实行定期扣付，每月计算一次，于次月3日内单独划给收款人。赔偿金的扣付列为企业销货收入扣款顺序的首位。
　　⑤付款人对不执行合同规定，三次拖欠货款的付款人，应当通知收款人开户行转告收款人，停止对该付款人办理托收。
　　⑥收款人不听劝告，继续对该付款人办理托收，付款人开户行对发出通知的次日起1个月后收到的托收凭证，可以拒绝受理，注明理由，原件退回。

▶ **微知识** 付款人开户行对逾期未付的托收凭证，负责进行扣款的期限为3个月(从承付期满日算起)。期满时，付款人仍无足够资金支付该笔未付清的欠款，银行应于次日起通知付款人将有关单证(单证已做账务处理或已部分支付的，可以填制应付款项证明单)在2日内(到期日遇法定休假日顺延，邮寄的加邮程)退回银行，经银行核对无误后，在托收凭证和登记簿备注栏注明单证退回日期和"无款支付"的字样，并填制三联"逾期无款支付通知书"，通知书第一联和托收凭证第二联留存备查；另二联通知书连同托收凭证第四联、第五联及有关单证一并寄收款人开户行转交收款人，并将应付的赔偿金划给收款人。

　　⑦对付款人逾期不退回单证的，开户行应当自发出通知的第3天起，按照该笔尚未付清欠款的金额，每天处以万分之五但不低于50元的罚款，并暂停付款人向外办理结算业务，直到退回单证时止。
　　⑧如付款人有正当理由，则可以办理拒绝付款。

例 5-6

要求贸易公司付款的一笔托收承付款项,金额为 100 000 元,该笔款项 10 月 7 日承付期满,付款人存款账户只能支付 60 000 元,逾期于 10 月 21 日上午营业开始时支付 30 000 元,其余款项于 11 月 16 日上午营业开始时全部付清。如果不考虑节假日,则应计收的赔偿金是多少?

①10 月 21 日计算的赔偿金 = 30 000×13×5‰ = 195(元)

②10 月末计算的赔偿金 = 10 000×25×5‰ = 125(元)

③11 月 16 日计算的赔偿金 = 10 000×14×5‰ = 70(元)

等到最后一次付清时,在第三联托收凭证上注明"扣清"字样及日期,并销记"定期代收结算凭证登记簿"或"到期未收登记簿",第四联托收凭证随同贷方报单和特种转账传票寄收款人开户行。

(3)拒绝付款的核算

第一步:根据合法事项进行审查

拒绝付款是指付款人在承付期内,由于某种合法事项而向银行提出的全部或部分拒绝的付款。合法事项具体规定如下:

①没有签订购销合同或购销合同未订明托收承付结算方式的款项。

②未经双方事先达成协议,收款人提前交货或因逾期交货,付款人不再需要该项货物的款项。

③未按合同规定的到货地址而发货的款项。

④代销、寄销、赊销商品的款项。

⑤验单付款,发现所列货物的品种、规格、数量、价格与合同规定不符,或货物已到,经检验货物与合同规定或发货清单不符的款项。

⑥验货付款,经查验货物与合同规定或发货清单不符的款项。

⑦货款已经支付或计算有错误的款项。

第二步:根据不同情况进行账务处理

①全部拒绝付款的处理。付款人在承付期内提出全部拒付时,应填制四联"拒绝付款理由书"。第一联为银行给付款人的回单或付款通知,第二联为银行借方凭证或存查(在第二联上加盖预留银行印鉴),第三联为银行贷方凭证或存查,第四联为银行给收款人的收账通知或全部拒付通知书。所填拒绝付款理由书四联连同有关的拒付证明、第五联托收凭证及所附单证送交开户行。银行会计部门应严格审查拒付手续是否齐全、拒付理由是否充足。不同意拒付的,要实行强制扣款;对因无理的拒付而增加银行审查时间的,应从承付期满日起,为收款人计扣逾期付款赔偿金。对符合规定同意拒付的,经银行主管部门审批后,在拒绝付款理由书上签注意见,由经办人员和会计主管人员签章,在托收凭证和登记簿备注栏注明"全部拒付"字样;然后将拒付理由书第一联加盖业务公章,作为回单退付款人,将拒付理由书第二联连同托收凭证第三联一并留存备查,拒付理由书第三联、第四联连同托收凭证第四联、第五联及有关单证一并寄收款人开户行。

②部分拒绝付款的处理。付款人在承付期内提出部分拒绝付款,应填制四联部分拒绝付款理由书,连同有关的拒付证明、拒付部分商品清单送交银行。经银行审查同意拒付的,依照全部拒付的审查手续办理,并在托收凭证和登记簿备注栏注明"部分拒付"字样及部分拒付金额,对同意承付部分,以拒绝付款理由书第二联代借方传票(托收凭证第三联作借方凭证附件)。会计分录与全额付款相同。

转账后,将拒绝付款理由书第一联加盖转讫章作为支款通知交付款人,部分拒付理由书第三联、第四联和托收凭证第四联连同其他单证,随联行邮划报单一并寄收款人开户行。如系电报划款,部分拒付和部分承付,除拍电报外,另将部分拒付理由书第三联、第四联连同拒付部分的商品清单和有关证明邮寄收款人开户行。

(4)提前付款、多承付、部分付款的核算

①提前付款的核算

付款人在承付期满前通知银行提前付款,银行划款时可比照全额付款处理,但应在托收凭证和登记簿备注栏分别注明"提前承付"字样。

②多承付的核算

a.付款人如因商品的价格、数量或金额变动等原因,要求对本笔托收多承付款项,且一并划回时,付款人应填制四联"多承付理由书"(以托收承付拒绝付款理由书改用)提交开户行。

b.银行审查后,在托收凭证和登记簿备注栏注明多承付的金额,以多承付理由书第二联代借方传票(托收凭证第三联作附件),办理转账。会计分录与全额付款的相同。

c.转账后,将多承付理由书第一联加盖转讫章作支款通知交给付款人,多承付理由书第三联、第四联和邮划托收凭证第四联随同联行邮划报单一并寄收款人开户行。如属电报划款,除按规定格式拍发电报外,另将多承付理由书第三联、第四联邮寄收款人开户行。

③部分付款的核算

a.在承付期满次日上午银行划款时,如果付款人账户只能支付部分款项,银行应在托收凭证上注明当天可以扣收的金额。

b.邮划款项的,应填制特种转账借方、贷方传票各两联,电划款项的,填制二联特种转账借方传票,并注明原托收号码及金额。

c.以一联特种转账借方传票办理转账。会计分录与全额付款相同。

d.转账后,另一联特种转账借方传票加盖转讫章作付款通知交付款人,并在登记簿备注栏注明已承付金额和未承付金额及"部分付款"字样。

e.托收凭证第三联、第四联按付款人及先后日期单独保管,作为继续扣款的依据,并扣收逾期付款赔偿金。

f.等最后扣清时,在托收凭证上注明"扣清"字样,作传票附件,并销记登记簿。

邮划款项的,在一联特种转账贷方传票上加盖联行专用章连同另一联随联行邮划报单寄交收款人开户行。电划款项的,根据电划报单向收款人开户行拍发电报。

六、银行卡业务的核算

（一）银行卡概述

1. 概念

银行卡是指经银行业监督管理委员会批准的金融机构（含邮政储汇局）向个人和单位发行的，具有消费信用、转账结算、存取现金等全部或部分功能的信用支付工具。

2. 作用

（1）银行卡作为商业银行向客户提供的一种现代支付工具，它有利于提高商业银行的整体服务功能，加快了商业银行的现代化建设。

（2）银行卡作为一种筹资工具，它进一步增加了商业银行的筹资功能。

（3）银行卡作为商业银行向客户提供的金融产品，它能为商业银行带来可观的经营效益。

3. 功能

（1）持卡人可持卡在发卡机构特约商户办理购物消费。

（2）持卡人可在发卡机构的指定受理网点或自动柜员机上存取现金。

（3）持卡人确因临时消费急需，经发卡机构批准，可在规定额度和期限内，进行透支性支付消费。

4. 种类

（1）银行卡按银行是否授信分为信用卡和借记卡

①信用卡按是否向发卡银行交存备用金分为贷记卡和准贷记卡两类。

贷记卡是指发卡银行给予持卡人一定的信用额度，持卡人可在信用额度内先消费、后还款的信用卡；准贷记卡是指持卡人须先按发卡银行要求交存一定金额的备用金，当备用金账户余额不足支付时，可在发卡银行规定的信用额度内透支的信用卡。

②借记卡是不能透支的银行卡，按功能不同分为转账卡（含储蓄卡）、专用卡和储值卡。

转账卡是实时扣账的借记卡；专用卡是具有专门用途、在特定区域使用的借记卡；储值卡是发卡银行根据持卡人要求将其现金转至卡内储存，交易时直接从卡内扣款的预付钱包式借记卡。

（2）按发卡机构性质，信用卡可分为非银行信用卡和银行信用卡

非银行信用卡是指零售百货公司、石油公司等发行的商业用购物卡或由航空公司、旅游公司等发行的旅游信用卡等；银行信用卡是依据银行信用由银行机构发行的具有较强流通性和支付功能的信用卡。我们在本项目中所称的银行卡即属此类。

（3）按载体材料，信用卡可分为磁性卡和智能卡

磁性卡是在表面镶有磁条纹码或磁带记载持卡人信息的信用卡；智能卡是采用高科技

IC芯片记载持卡人信息的信用卡,又称 IC 卡。

(4)按使用对象,信用卡可分为单位卡和个人卡

单位卡的发行对象是企业、机关、团体、部队、学校等单位组织;个人卡的发行对象是个人。

(5)按信誉等级,信用卡可分为金卡和普遍卡

金卡发给经济实力强、社会地位高、信誉良好的持卡人使用;普遍卡则发给一般资信的持卡人使用。

(6)按清偿方式,信用卡可分为贷记卡和借记卡

贷记卡是受领信用卡时,无须先存款,可以"先消费、后还款",发卡机构可向持卡人提供一个信贷限额使用;借记卡受领信用卡时,则须先交存一定备用金,按"先存款、后消费"原则使用信用卡。

(7)按流通范围,信用卡可分为国际卡和地区卡

国际卡在国际上通用;地区卡只能在发行国国内或一定区域内使用。

(8)按结算币种不同,信用卡可分为本币卡和外币卡

本币卡以发行国本国货币为结算币种;外币卡以外币为结算币种。

5.规定

信用卡的使用有如下规定:

(1)商业银行(含邮政金融机构)未经中国人民银行批准不得发行信用卡,外资金融机构经营信用卡收单业务需报银行总行批准。

(2)单位卡账户的资金一律从其基本存款账户转入,不得交存现金,不得将销货收入的款项存入其账户。个人卡账户的资金以其持有的现金存入或以其工资性款项及属于个人的劳务报酬收入转账存入。严禁将单位的款项存入个人卡账户。

(3)发卡银行对准贷记卡账户内的存款,按中国人民银行规定的同期同档次利率及计息办法计息。

(4)贷记卡持卡人非现金交易可享受免息还款期待遇(免息还款期最长为 60 天)和最低还款额待遇。

(5)贷记卡持卡人支取现金、准贷记卡透支、不享受免息还款期和最低还款额待遇,应当支付现金交易额或透支额以及自银行记账日起按规定利率计算的透支利息。

(6)信用卡透支利息,自签单日或银行记账日起 15 日内按日息万分之五计算;超过 15 日按日息万分之十计算;超过 30 日或透支金额超过规定限额的,按日息万分之十五计算。透支计息不分段,按最后期限或者最高利率档次计算。

(7)信用卡仅限于合法持卡人本人使用,不得出租或转借。如信用卡丢失,持卡人应立即持有关证件向发卡银行或代理银行申请挂失。

(二)银行卡的核算

我国商业银行发行的信用卡,其核算业务包括发卡行发卡、持卡人支取现金和信用卡购物消费的核算。

1.发卡行发卡的核算

(1)单位和个人申请使用信用卡,应向发卡行填写申请表。

(2)发卡行审查同意后方可办理领卡手续,并按规定向其收取备用金和手续费,登记开销户登记簿和发卡登记簿,办理转账会计分录如下:

借:库存现金

（或)吸收存款——活期存款——持卡人户

贷:吸收存款——信用卡存款——持卡人户

手续费收入

(3)将信用卡交持卡人,持卡人可到银行取现金或购物消费。

2.持卡人支取现金的核算

(1)发卡行的核算

①银行接到持卡人交来的信用卡及有效身份证件后,应审核如下内容:

a.信用卡是否有防伪标志。

b.是否超过有效期限。

c.是否为单位卡。

d.是否为本人等。

②审核无误后,打印一式四联"取现单",在取现单上填写持卡人身份证件号码、金额及授权号码,并将其交持卡人,让持卡人在取现单上签名,核实无误后,将现金和第一联取现凭证、信用卡和身份证件交给持卡人。编制会计分录如下:

借:吸收存款——信用卡存款——持卡人户

贷:库存现金

(2)代理行受理信用卡取现的核算

①对异地卡的账务处理

代理行收到持卡人交来的异地卡和身份证件要求取现时,应认真审核无误后,支付现金。编制会计分录如下:

借:清算资金往来——辖内往来

贷:库存现金

手续费收入

异地发卡行收到报单或清算行发来的电子汇划凭证,复核无误后办理转账。编制会计分录如下:

借:吸收存款——信用卡存款——持卡人户

贷:清算资金往来——辖内往来

②对联网信用卡的账务处理

受理持卡人交来的信用卡和身份证件后,经过审核无误,打印一式两联的取现单,交给持卡人签字并进行核对无误后,支付现金。编制会计分录如下:

借:其他应收款

贷:库存现金

发卡行收到交易信息,实时进行账务处理。编制会计分录如下:

借:吸收存款——信用卡存款——持卡人户

 贷:其他应付款

3.信用卡购物消费的核算

(1)持卡人到信用卡特约商店刷卡购物时,特约单位打印签购单,并由持卡人签字。

(2)特约商户汇总签购单,填制三联进账单交给开户银行。

(3)特约商户开户银行经过审核无误后,区分不同发卡行信用卡的签购单,并按各发卡行分别汇总签购单的金额,将签购单寄给有关发卡行,收取持卡人应付的款项。

①特约商户开户行的账务处理

a.发卡行为本行的账务处理。持卡人与特约商户在同一银行开户,特约商户开户银行根据签购单办理转账。编制会计分录如下:

借:吸收存款——信用卡存款——持卡人户

 贷:吸收存款——活期存款——特约商户

b.发卡行为异地同系统银行的账务处理。持卡人与特约商户在异地同系统银行开户,编制会计分录如下:

借:清算资金往来——辖内往来

 贷:吸收存款——活期存款——特约商户

c.发卡行为同城跨系统的账务处理。持卡人与特约商户在不同银行开户,编制会计分录如下:

借:存放中央银行款项

 贷:吸收存款——活期存款——特约商户

②发卡行的账务处理

a.发卡行收到异地同系统银行发来的信用卡签购单的账务处理。发卡行审核报单及签购单无误后,或收到清算行的电子汇划凭证后,办理转账。编制会计分录如下:

借:吸收存款——信用卡存款——持卡人户

 贷:清算资金往来——辖内往来

b.发卡行从票据交换所提回信用卡签购单的账务处理。发卡行审核签购单无误,办理转账。编制会计分录如下:

借:吸收存款——信用卡存款——持卡人户

 贷:存放中央银行款项

活动练习

一、名词解释

1.支票 2.银行汇票 3.汇兑 4.委托收款 5.支付结算 6.银行承兑汇票

7.银行本票 8.银行卡

二、单选题

1.支票出票人的签章应为( )。
A.持票人的财务专用章　　　　　　B.公章
C.法定代表人或者授权的代理人的签章　D.预留银行印章

2.支票的提示付款期限为( )。
A.3 天　　　　　　　　　　　　　B.10 天
C.1 个月　　　　　　　　　　　　D.2 个月

3.银行签发的承诺自己在见票时无条件支付确定的金额给收款人或持票人的票据为( )。
A.银行本票　　　　　　　　　　　B.支票
C.银行承兑汇票　　　　　　　　　D.商业承兑汇票

4.由银行以外的单位承兑的商业汇票是( )。
A.银行汇票　　　　　　　　　　　B.商业承兑汇票
C.银行承兑汇票　　　　　　　　　D.银行本票

5.银行汇票的提示付款期限为( )。
A.1 个月　　　　　　　　　　　　B.2 个月
C.6 个月　　　　　　　　　　　　D.30 天

6.下列关于委托收款结算金额起点的说法中正确的是( )。
A.1 000 元　　　　　　　　　　　B.1 万元
C.10 万元　　　　　　　　　　　　D.无结算金额起点

7.甲公司向外省的乙公司预付货款 7 000 元,可采用的结算方式是( )。
A.银行本票　　　　　　　　　　　B.支票
C.汇兑　　　　　　　　　　　　　D.委托收款

8.以下说法正确的是( )。
A.支票的出票人是支票的付款人　　　B.银行本票的出票人与付款人是同一人
C.商业汇票的出票人就是汇票的付款人　D.商业汇票的出票人不是商业汇票的付款人

9.承付期满日,托收货款金额 200 000 元,付款单位账户上只有 150 000 元,付款单位没有提出异议,这种情况付款单位开户行作( )。
A.部分支付　　　　　　　　　　　B.无款支付
C.部分拒付　　　　　　　　　　　D.延期支付

10.银行承兑汇票,经收款人或付款人出票后,须经( )。
A.付款人承兑　　　　　　　　　　B.收款人承兑
C.付款人开户行承兑　　　　　　　D.收款人开户行承兑

11.托收承付结算的验单付款的承付期是( )。
A.3 天　　　　　　　　　　　　　B.6 天
C.10 天　　　　　　　　　　　　　D.5 天

12.既可用于支取现金,又可用于转账的支票是( )。
A.现金支票　　　　　　　　　　　B.普通支票
C.转账支票　　　　　　　　　　　D.划线支票

13.不得填写代理付款人名称的票据是( )。

A.用于转账的银行汇票　　　　　　　B.填明"现金"字样的银行汇票

C.商业承兑汇票　　　　　　　　　　D.银行承兑汇票

14.在银行开立存款账户的法人以及其他组织之间,必须具有真实的交易关系或债权债务关系,才能使用(　　)办理结算。

A.支票　　　　　　　　　　　　　　B.银行汇票

C.银行本票　　　　　　　　　　　　D.商业汇票

三、多选题

1.支付结算的原则有(　　)。

A.谁的钱进谁的账,由谁支配　　　　B.银行不垫款

C.遵守结算纪律　　　　　　　　　　D.恪守信用、履约付款

E.不得拖欠货款

2.支付结算中规定的除票据以外的结算工具有(　　)。

A.托收承付　　　　　　　　　　　　B.委托收款

C.汇兑　　　　　　　　　　　　　　D.信用卡

E.缴款单

3.我国的票据包括(　　)。

A.支票　　　　　　　　　　　　　　B.银行汇票

C.银行本票　　　　　　　　　　　　D.商业汇票

E.商业承兑汇票

4.同城异地均可采用的结算方式有(　　)。

A.委托收款　　　　　　　　　　　　B.托收承付

C.银行本票　　　　　　　　　　　　D.汇兑

E.商业汇票

5.只适用于异地结算的方式有(　　)。

A.汇兑　　　　　　　　　　　　　　B.委托收款

C.托收承付　　　　　　　　　　　　D.商业汇票

E.银行汇票

6.属于收款人委托银行收款的结算方式有(　　)。

A.委托收款　　　　　　　　　　　　B.托收承付

C.银行汇票　　　　　　　　　　　　D.汇兑

E.银行本票

7.支付结算办法规定的支票种类有(　　)。

A.划线支票　　　　　　　　　　　　B.普通支票

C.通用支票　　　　　　　　　　　　D.转账支票

E.现金支票

8.汇入行主动办理退汇的原因有(　　)。

A.收款人不在本行开户的单位　　　　B.收款人不在本行开户的个人

C.汇款人申请退汇　　　　　　　　　D.收款人拒收汇款

E.经过两个月无法交付的汇款

9.办理托收结算的款项,必须是( )。
A.商品交易的款项　　　　　　B.到期商业汇票的款项
C.代销商品的款项　　　　　　D.赊销商品的款项
E.公用事业费

10.委托收款的基本规定有( )。
A.按款项的划回方式,分为邮寄和电报两种,由收款人选用
B.在同城异地均可使用
C.金额起点1 000元
D.应向银行提交有关的债务证明
E.银行有分次扣款的责任

四、判断题

1.用于支取现金的银行本票可挂失,用于转账的银行本票不能挂失。　　( )
2.可以用于支取现金,也可以用于转账的是普通支票。　　( )
3.支票的提示付款期限为5天,到期日遇到法定休假日顺延。　　( )
4.单位和个人在同城异地结算款项均可使用支票。　　( )
5.商业汇票的付款期限,最长不得超过6个月。　　( )
6.托收承付结算方式同城异地均可使用。　　( )
7.我国票据中,银行本票和银行汇票的出票人同时又是票据的付款人。　　( )
8.商业汇票贴现时,贴现额的大小受贴现期长短的影响。　　( )
9.单位的销货款收入可存入单位卡账户,但不得从单位卡账户支取现金。　　( )
10.商业汇票贴现既是一种票据转让行为,又是银行的一种授信方式。　　( )

五、简答题

1.支付结算的种类有哪些?哪些适用于同城?哪些适用于异地?
2.支票签发应当遵守哪些规定?
3.简述支付结算的原则。
4.简述银行卡的概念及种类。

六、实务题

资料:中国工商银行某地支行2019年5月7日发生下列业务,根据资料编制当日会计分录。

(1)银行接到开户单位胜利公司交来的信汇凭证,金额8 000元,收款人为省外同系统开户的集团公司,审核无误,办理转账。

(2)银行收到王亮交来的现金60 000元及电汇凭证,汇入行为省外同系统的解放路支行,审核凭证无误后,收取现金,办理转账。

(3)银行收到省外临江支行的报单及信汇凭证第三联、第四联,报单金额为6 000元,收款人是在本行开户的甲公司,审核无误后,办理转账。

(4)银行收到省外同系统邻县支行的报单,金额为6 000元,收款人是李健,审核无误后,办理转账,并以便条通知李健取款,李健持便条来行支取现金。

(5)银行收到省外同系统领先支行的报单及退汇通知书,报单金额为5 000元,是在本行开户的汇款人甲公司要求退回的款项,办理转账。

(6)前进支行贴现的汇票到期,未收到票据款,贴现人为本行开户的胜利公司,票据金额为 250 000 元,向胜利公司收取票款 200 000 元,其余未收到。

(7)银行收到开户单位永久公司的承付通知,划往外省同系统激励银行的托收承付款项 500 000 元。

(8)银行收到外省同系统银行寄发的委托收款凭证及储户的定期存款凭证,存款金额为 70 000 元,已到期,利息为 1 800 元,审核无误,向省外银行划付款项。

(9)银行收到省外同系统银行划回的委托收款 15 000 元,收款人为本行开户的光明公司,经审核无误,办理转账。

(10)银行在银行承兑汇票到期日向承兑申请人借力公司收取票款 250 000 元,借力公司存款账户只能支付款项 150 000 元。

(11)银行收到外省同系统银行寄来的委托收款凭证和到期的银行承兑汇票,金额为 170 000 元,承兑申请人为本行开户的佳佳公司,经审核无误,办理转账。(假设佳佳公司账户有足够款项)

(12)银行收到开户单位华语商店提交的签购单、进账单,金额为 70 000 元,信用卡持卡人在同城的他行开户,按 1‰收取手续费,办理转账。

(13)银行开户收到轻快公司交来的支票和进账单,金额为 57 000 元,出票人为在本行开户的永久公司,经审核无误,办理转账。

(14)银行收到开户单位江南酒家交来的银行汇票申请书,金额为 100 000 元,经审核无误,办理转账。

(15)银行收到开户单位甲单位交来的支票及进账单,金额为 76 000 元,出票人为其他系统开户的乙单位,经审核无误,办理转账。

(16)银行收到本行开户单位贸易公司交来的"银行本票申请书",金额为 80 000 元,经审核无误,办理转账。

(17)银行收到一公司交来的填明"现金"字样的银行本票申请书及现金 9 600 元,收款人为个人,经审核无误,办理转账。

(18)银行收到开户单位九江公司交来的银行本票和进账单,银行本票为其他系统银行签发的,金额为 98 000 元,经审核无误,办理转账。

(19)银行提入银行本票,经过审核,确定为该行签发的本票,金额为 70 000 元,代理付款行为中国农业银行新建路支行,办理转账。

(20)银行收到外省同系统乙行的报单及解讫通知,银行汇票的出票金额为 250 000 元,实际结算金额为 210 000 元,申请人为本行开户的甲公司。审核无误后,办理转账。

项目六

资金清算与金融机构往来业务

活动目标	中国金融业发展始终与国家经济社会发展密切相关,建党百年看金融,在中国共产党的领导下,中国正从金融大国向金融强国大步前行。学生通过本项目的学习,在了解和掌握金融业务的同时,坚定四个自信,懂得热爱祖国,为国家繁荣昌盛贡献力量。
活动重点	现代化支付系统、同城票据清算等业务的组织机构及账务处理。
活动难点	大额实时支付业务、小额批量支付业务的账务处理。
活动方法	本项目融入课程思政元素,教师利用先进的教学工具、教学软件,将课堂讲授、实训教学、综合练习等活动方法相结合。
活动内容	本项目首先介绍资金清算与金融机构往来的概念、层次和体系模式,然后讲授商业银行内部往来业务的核算及具体规定,最后讲授我国现代化支付系统及商业银行与中央银行往来业务的具体核算。

资金清算

任务一　认识资金清算与金融机构往来业务

随着社会经济的发展,银行机构在社会中的地位越显重要。它是国民经济活动的枢纽,承担着为社会各部门、各单位之间商品交易、劳务供应的货币结算,以及财政预算资金上缴下拨的划拨清算交易。

▶ **微知识**　中国人民银行作为中央银行,还为银行系统内上下级行之间和跨系统银行间的资金划拨提供清算服务。办理这些业务要通过支付结算方式进行资金划拨。

一、资金清算与金融机构往来业务的概念、层次与体系模式

(一)概念

资金清算是指社会各单位之间由于商品交易、劳务供应,财政预算款项的上缴下拨,同一银行系统内资金的调拨与清算,以及银行间横向的资金融通等业务引起两个银行之间清算发生的代收、代付的资金活动。

金融机构往来是指商业银行与商业银行之间、商业银行与中国人民银行之间、商业银行与非银行金融机构之间,由于办理资金划拨、结算等业务而引起的资金账务往来。

(二)层次

我国银行业的清算体系从低级到高级、由简单到复杂发生了很大的变化。为了规范清算资金的运行体系,确定支付结算的安全、稳定、高效,银行业于2005年建立了现代化支付系统。具体包括以下几个层次:

(1)商业银行与中央银行之间的业务往来。如向中央银行借款、向中央银行缴存准备金、再贴现业务、再贷款业务等。

(2)同系统商业银行之间的业务划拨、融通及代理货币结算的业务往来。

(3)商业银行跨系统之间的业务往来。如商业银行之间的资金划拨、融通或相互代理业务等。

(三)体系模式

中国人民银行通过建设现代化支付系统,将逐步形成一个以中国现代化支付系统为核

心、商业银行行内系统为基础、各地同城票据交换所并存、支撑多种支付工具的应用和满足社会各种经济活动支付需要的中国支付清算体系。

资金清算与金融机构往来业务的体系模式具体如下：

(1)联行往来系统，主要适用于各商业银行本系统内各银行之间异地资金的汇划。

(2)中国人民银行的电子联行系统，主要适用于各商业银行跨系统之间的贷记资金汇划业务，它是通过中国人民银行进行转汇的。

(3)中国人民银行的手工联行系统，主要适用于尚未开通电子联行地区或银行的跨行贷记资金汇划业务和少量的借记资金划拨业务。

(4)票据交换系统，主要适用于同一城市或地区的各银行之间的票据往来业务。

(5)现代化支付系统，由大额实时支付系统(HVPS)和小额批量支付系统(HEPS)两个应用系统组成。

大额实时支付系统采取逐笔实时方式处理支付业务，全额清算资金。建设大额实时支付系统是为了给各银行和广大企业以及金融市场提供快速、高效、安全、可靠的支付清算服务，防范支付风险，它对中央银行灵活、有效地实施货币政策和实施货币市场交易的及时清算具有重要作用。该系统处理同城和异地、商业银行跨行之间和行内的各种大额贷记及紧急的小额贷记支付业务，处理中国人民银行系统的各种贷记支付业务，处理债券交易的即时转账业务。

小额批量支付系统在一定时间内对多笔支付业务进行轧差处理，净额清算资金。建设小额批量支付系统的目的是为社会提供低成本、大业务量的支付清算服务，支撑各种支付业务的使用，满足社会各种经济活动的需要。该系统处理同城和异地纸凭证截留的商业银行跨行之间的定期借记和定期贷记支付业务，中央银行会计和国库部门办理的借记支付业务，以及每笔金额在规定起点以下的小额贷记支付业务。小额批量支付系统采取批量发送支付指令，轧差净额清算资金。

> **微知识** 现代化支付系统与其他清算系统的关系如下：
>
> (1)支付系统与电子联行的关系。目前，由于电子联行系统在处理业务时存在大量的问题，例如，业务种类单一，仅仅能处理贷记业务；未与金融市场有机结合，不能有效支持货币政策的实施；设备老化，运行不稳，时有故障出现等。支付系统将逐步取代电子联行系统，实行电子联行向支付系统的平滑过渡。
>
> (2)支付系统与全国联行的关系。在支付系统的建设过程中，全国联行业务仍然保留，直到全国采用支付系统。
>
> (3)支付系统与同城清算系统的关系。由于同城清算业务在处理时存在大量的问题，如模式多样，业务处理不规范；存在支付风险隐患；开发建设分散，造成资源浪费等。支付系统将逐步取代同城清算系统，支付系统城市处理中心将覆盖同城业务，但个别比较规范的同城清算系统，经过批准可以和支付系统城市处理中心连接。

我国现在还处于多种清算模式并存的阶段，因此，本项目把资金清算和金融机构往来清算合并一起进行编写。

二、资金清算与金融机构往来业务的种类

资金清算和金融机构往来业务涵盖了资金支付调拨的所有环节,其根据不同的分类标准具体划分如下种类:

1. 根据参与资金清算的商业银行机构范围是否跨行分为系统内资金清算和跨系统资金清算

(1)系统内资金清算。在支付结算过程中,收款人与付款人在同一银行系统,但不在同一银行开户,结算款项需要在系统内银行与银行间划拨,并对由此引起的资金存欠进行清偿,属于系统内资金清算。系统内银行在银行内部一般称为联行,系统内资金的清算主要是通过商业银行联行往来系统来实现的。

(2)跨系统资金清算。在支付清算过程中,收款人和付款人不在同一系统银行开户,则结算款项需要在跨系统银行之间进行划拨,由此引起的资金存欠的清偿,属于跨系统资金清算。跨系统资金清算需要通过中国人民银行构建的现代化支付清算系统来办理。

2. 根据清算区域不同分为同城资金清算和异地资金清算

(1)同城资金清算,又称"同城结算""本埠结算",是指在同一城市范围内不同商业银行之间的资金往来。同城清算一般通过中国人民银行设置的同城票据交换所进行。

(2)异地资金清算,是指不同地区之间的银行资金往来,如甲地中国工商银行向乙地中国建设银行调拨资金款项,向国外银行汇划资金等,异地结算一般通过中国人民银行来办理。

3. 根据清算工具不同分为电子资金清算和手工资金清算

(1)电子资金清算,是指以电子计算机网络或者卫星传输系统作为银行之间的通信和连接工具,通过电子计算机网络和卫星通信技术进行异地资金划拨的账务往来。当前我国的资金汇划基本上全部纳入电子清算的各个支付清算体系。电子清算系统简化了资金清算的手续,缩短了资金的在途时间,加速了资金的周转。

(2)手工资金清算,是指在电子资金清算之前,银行的资金清算主要通过邮寄和电报方式进行划拨,账务处理主要以手工记账为主,因此称为手工清算。

4. 根据办理资金清算业务的顺序不同分为往账业务清算和来账业务清算

(1)往账业务清算,是指银行在办理资金清算业务时,填制联行业务报单的银行为发报行,所进行的业务清算为往账业务清算。

(2)来账业务清算,是指接收联行业务报单的银行为收报行,所进行的业务清算为来账业务清算。

> **微知识** 一个银行既是发报行,也是收报行,既处理来账,也处理往账。这就要求银行在办理来账和往账时必须严格划分清楚,准确进行资金清算。

5. 根据资金划拨方式的不同分为全额实时清算和差额定时清算

(1)全额实时清算,是指参加资金清算的各商业银行,采用实时处理方式,对每一笔付款(借记)或收款(贷记)业务实时转发,并对其清算户实时清算。

(2)差额定时清算。差额是指同一币种同一交易日的交易金额的净差额,即各商业银行将各自应付、应收款项的金额进行轧差,得到应贷差额或应借差额,然后在固定时间通过中国人民银行的存款账户进行资金划拨。

三、我国资金清算与金融机构往来业务体系

目前,我国已初步形成了以商业银行行内电子汇划系统为基础,以中国现代化支付系统为核心,同城票据交换系统和票据影像系统、通存通兑系统以及银行卡支付系统并存的支付清算体系。

(一)商业银行行内支付系统

商业银行行内支付系统即商业银行联行往来中的电子汇划系统。它在整个支付清算体系中处于基础性地位,主要用于商业银行系统内的资金汇划清算。

> **知识链接**
> 近年来,我国互联网技术飞速发展,这使我国支付清算系统有了很大改进,从而支撑多样化支付工具的使用,满足各种社会经济活动的需要。

> **微知识** 随着支付系统的不断改革、创新及计算机网络技术在银行的应用,各商业银行建设计算机网络技术行内综合业务处理系统,这是集商业银行之间汇划业务、清算业务、结算业务等功能为一体的综合性应用系统,实现了行内各项业务与支付清算业务的整合。

(二)票据交换系统

票据交换系统是我国支付清算体系的重要组成部分。我国目前没有统一的票据清算系统,各地根据实际情况自行组织票据清算。

中国人民银行各分支行在当地票据交换所的建设和管理中起主导作用,票据的资金清算也通过中国人民银行完成。

票据交换系统是指在制定区域内遵循"先付后收、收妥抵用、差额清算、银行不垫款"的原则,定时定点集中交换、清分中国人民银行和银行业金融机构提出的结算票据的跨行支付清算系统。该系统主要处理纸票据不能截留的支票、本票、跨行银行汇票,以及跨行代收、代付纸质凭证。运行机构主要为各地的票据交换所。

在经济快速发展的今天,为满足日益增长的票据跨地域使用的需要,支持区域经济快速健康发展,北京、天津、河北、上海、南京、广州、深圳等地建立了区域性的票据交换中心,使同一票据交换中心扩大到周边地区,促进地方与区域经济的发展。

为满足支票跨区域使用和全国流通的迫切要求,中国人民银行于2007年6月25日建成全国支票影像交换系统。支票影像交换系统,是基于影像技术的支票清算系统,可以将实物支票转换为支票影像信息,通过计算机网络将支票影像传递至付款人开户行的业务处理

系统,由付款人开户行审核付款,资金清算通过中国人民银行覆盖全国的小额支付系统完成。支票影像交换系统的建成,实现了支票在全国范围内的互通使用,企事业单位和个人持任何一家银行的支票均可在境内所有地区办理支付。

建设支票影像交换系统对于支撑支票全国通用具有十分重要的意义:

(1)建设影像交换系统,使我国以中国人民银行大、小额支付系统为核心,银行业金融机构行内支付系统为基础,票据支付系统、银行卡支付系统为重要组成部分的支付清算网络体系更趋完善,能够为社会和银行业金融机构提供高效、安全的支付清算公共平台,不断提高金融服务水平。

(2)随着系统建成,支票作为新的异地结算工具,将在经济活动中得到更广泛的运用,这有助于减少现金交易,推广使用非现金支付工具,方便经济活动,满足企业和个人日益多样化的支付需求。

(3)银行间的支票资金清算原来由同城票据交换完成,在系统建成后,通过小额支付系统完成,这有效控制了流动性风险和信用风险,极大提高了支票清算的安全和效率。

> **微知识** 根据中国人民银行的规定,支票全国通用后出票人签发的支票凭证不变,支票的提示付款期限仍为10天;异地使用支票款项最快可在2~3小时到账,一般在银行受理支票之日起3个工作日内均可到账。为防范支付风险,异地使用支票的单笔金额上限为50万元。对于超过规定限额的支付,收、付款人可约定采用其他支付方式。办理支票业务,银行向客户的收费暂按现行标准执行。

(三)银行卡支付系统

银行卡支付系统由银行卡跨行支付系统和发卡银行行内银行卡支付系统组成。

(1)银行卡跨行支付系统是专门处理银行卡跨行数据的信息交换系统,由中国银联股份有限公司统一运营,是我国零售支付系统的重要组成部分。

(2)发卡银行行内银行卡支付系统是处理行内数据的信息系统,由行内系统统一运营,是我国支付系统重要组成部分。

> **微知识** 2004年11月,银行卡支付系统实现了与中国现代化支付系统的连接,通过在中国人民银行开设的特许清算账户实现资金实时划拨,进一步提高了资金清算效率。

(四)现代化支付系统

现代化支付系统(CNAPS)是中国人民银行根据我国支付清算体系建设需要,利用现代计算机技术和网络通信技术开发建设的能够高效、安全地处理各银行办理的异地、同城各种支付业务及其资金清算和货币市场交易资金清算的应用系统。它是各银行和货币市场的公共支付清算平台,是中国人民银行发挥金融服务职能的重要核心支付系统。

现代化支付系统主要是由大额实时支付系统(HVPS)和小额批量支付系统(BEPS)两个业务应用系统构成的。

(1)大额实时支付系统是中国现代化支付系统的重要应用系统和组成部分,处理跨行同城和异地的金额在规定起点以上的大额贷记支付业务和紧急的小额贷记支付业务,其采取逐笔发送支付指令,全额实时清算资金。系统结构包括两极处理中心,分别是国家处理中心及省会(直辖市、首府)城市和深圳市在内的 32 个城市处理中心。目前,大额实时支付系统连接着境内办理人民币结算业务的中外资银行业金融机构,香港、澳门人民币清算行等,拥有 1 600 多个直接参与机构,7 万多个间接参与机构,日均处理业务 80 多万笔,资金超过 2.5 万亿元。每笔业务实时到账,其功能和效率达到国际先进水平。大额实时支付系统的开发顺利完成及其在全国的推广应用,取代了全国电子联行系统(EIS),是我国现代化支付系统建设上的重要进展。大额实时支付系统运行时间为每天 8:30 至 17:00。

在建设大额实时支付系统的同时,中国人民银行同步启动小额批量支付系统的建设,并于 2006 年 6 月完成了在全国的推广应用。

(2)小额批量支付系统(以下简称"小额支付系统")主要处理跨行同城、异地借记支付业务以及金额在规定金额以下的贷记支付业务。小额支付系统定时批量发送支付指令,轧差净额方式清算资金,支撑各种支付工具的应用。

小额支付系统的特点是处理的金额有上限、业务笔数多。小额支付系统的建成,将为社会提供低成本的支付清算服务,特别是与老百姓关系密切的支付服务,例如为企事业单位发放工资、公用事业收费、税款缴纳、通存通兑等业务提供清算服务,基本适应当前和今后一定时期社会公众日常生活各种支付活动的需要,从而进一步提高整个社会的金融服务水平。

小额支付系统实行 7×24 小时不间断运行,每日 16:00 进行日切处理,即前一日 16:00 至当日 16:00 为小额支付系统的一个工作日。小额支付系统在大额实时支付系统工作日日间可进行资金清算。小额支付系统日切后仍可正常接收小额业务,但此部分小额业务不再纳入当日清算,而自动纳入次日清算(遇节假日顺延至节假日后的第一个工作日)。

任务二 核算商业银行内部联行往来业务

一、商业银行内部联行往来业务的概述

(一)基本原理

社会资金往来最终体现在银行间的划拨上,当资金结算业务发生时,必然要通过两个或

两个以上的银行机构往来才能完成,如果往来双方同属一个银行系统,即同属一个总行的各个分支机构间的资金账务往来,则称其为联行往来。

联行是指同一银行系统异地各行处之间对彼此的称呼。

联行往来是指联行之间因发生国内外支付结算业务或内部资金调拨而引起的资金账务往来。

在账务处理上,两个银行是相对的两个主体,你借我贷,我贷你借,金额相等,方向相反。

> **知识链接**
> 《反洗钱和反恐怖融资管理办法》与征求意见稿对比及其工作要求。

(二) 分类

1. 联行往来按是否通过电子通信专用网,分为系统内电子汇划系统和手工联行系统

(1) 系统内电子汇划系统是指以电子计算机网络或者卫星传输系统作为通信和连接工具,是商业银行行内支付系统的主要组成部分。

(2) 手工联行系统是指通过邮局的信件和电报来实现往来,以手工记账为主。现在,虽然手工联行系统已经逐渐被电子汇划系统所取代,但是由于手工联行系统能够对清算的基本原理进行清楚地阐述,以及其还可作为电子汇划系统的应急补救措施,所以,我们还要对手工联行系统有所了解。

2. 联行往来按参加清算行所处的区域范围不同,分为境内联行往来和港澳及国外联行往来

境内联行往来又分为全国联行往来、分行辖内往来和支行辖内往来。

(1) 全国联行往来。全国联行往来适用于总行与所属各级分支之间以及不同省、自治区、直辖市各机构之间的资金账务往来。全国联行往来账务由总行负责监督管理。

(2) 分行辖内往来。分行辖内往来适用于省、自治区、直辖市分行与所辖各分支机构之间以及同一省、自治区、直辖市辖内各银行机构之间的资金账务往来。分行辖内联行往来账务由分行负责监督管理。

(3) 支行辖内往来。支行辖内往来适用于县(市)支行与所属各机构之间以及同一县(市)支行内各机构之间的资金账务往来。其所涉及的账务由县(市)支行管理监督。

3. 联行往来按核算形式不同,分为集中制和分散制

(1) 集中制是指联行的各行处在上级清算行集中开立账户,由上级行集中记账,集中对账和销账,对联行资金实行统一管理的核算形式。

(2) 分散制是指各关系行之间,互相应对方行的名义开立账户,直接往来,直接对账和销账。

> **知识链接**
> 集中制一般适用于规模较大、网点较多的银行机构。

(三) 特点

商业银行内部联行往来业务有如下特点:

(1) 既执行会计基本制度,又执行联行往来制度。

(2)与国内、国际支付结算及内部资金调拨结合进行。

(3)有一套完善的安全控制措施和工具。

(4)有独特的联行往来处理基本原理,联行往来的实质是一种代理收付业务。

> **知识链接**
> 分散制一般适用于规模较小的商业银行以及信用社。

二、手工联行往来业务的核算

(一)手工联行往来的基本做法及会计科目的设置

1.基本做法

(1)直接往来,分别核算

联行往来是在两个银行之间进行的,当联行往来业务发生时,直接由发生资金划拨的行处(发报行)填发联行往来借(贷)记报单,寄接受联行报单的行处(收报行),同时发报行和收报行及时通知总行对账中心。发报行处理联行往账,记载发出报单的内容,收报行处理联行来账,记载收到报单的内容。按往账、来账划分联行账务,对于每笔资金划拨,双方银行都要依据相同的金额、相反的方向分别在往账、来账中进行记载,因而就构成了联行账务的对应关系。

联行报单把发报行、收报行和监督行三方贯串起来,形成一个有机的整体,使他们都能根据同一内容的报单进行核算和监督。但具体对某一行处来说,由于每天的联行业务是川流不息的,因此它既是发报行,又是收报行,既要处理往账业务,又要处理来账业务,这就要求往账和来账必须严格划分清楚,分别进行核算。

(2)往来双报告

分行录磁联行往来账务的分散进行,决定了必须设立一个联行往来的监督部门,以监督发报行的往账与收报行的来账,因此,各发报行和收报行应于营业终了,根据当天的全国联行往账和来账业务分别填制联行往账报告表和联行来账报告表,并附报告卡报告自己的管辖分行(有的行处由联行业务经办行直接把报告表寄总行);管辖分行收到所辖行处的报告表及报告卡后,应及时通过计算机录磁并传送总行对账中心。

(3)集中对账,分年查清

总行对账中心收到各管辖分行传输的全国联行往账。来账数据信息,按月设户,将往账与来账报告卡进行逐笔配对核销,并通知各管辖分行该月度联行未达查清。联行往来账务以年度为界,分年度查清未达和结平往、来账务。新年度开始后,各行应将上年联行账务与本年联行账务分开并分别处理。当上年全国联行账务全部查清后,各行则将上年度联行账务余额逐级上划,由总行汇总结平上年度联行账务。

分、支行辖内往来与全国联行往来相比,具体处理上大同小异,下面仅对全国联行往来集中监督、集中对账的基本做法进行介绍,其处理程序如图6-1所示。

```
                    总行对账中心
                     逐笔对账
      管辖分行                    管辖分行
      录制磁盘                    录制磁盘

      发报行                      收报行
      编制报单                    收受报单
      处理往账                    处理来账
      编制往账报告表              编制来账报告表
```

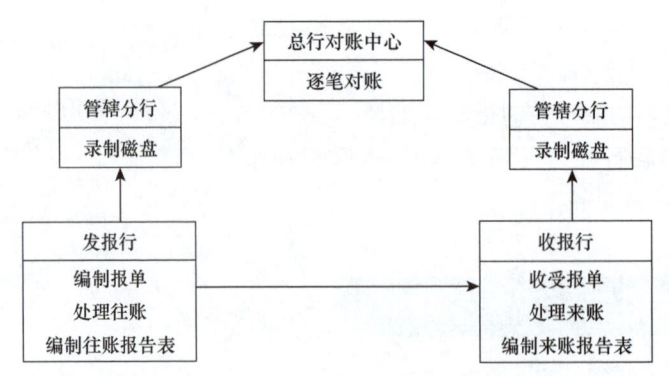

图 6-1 联行往来集中监督、集中对账方式下全国联行往来的基本处理程序

2.会计科目的设置

（1）联行往账。有全国联行行号的行处办理外地款项划拨业务。本科目是发报行发生全国联行往来业务时专用的科目。填发借方报单，借记本科目；填发贷方报单，贷记本科目。本科目属资产负债共同类科目，余额通常借、贷双方轧差反映。

（2）联行来账。有全国联行行号的行处接受外地款项划拨业务。本科目是收报行处理全国联行往来业务时的专用科目。收到借方报单，贷记本科目；收到贷方报单，借记本科目。本科目属资产负债共同类科目，余额通常借、贷双方轧差反映。

（3）"上年联行往账"和"上年联行来账"。这两个科目是上年全国联行在未达查清前使用的科目。

> **微知识** 新年度开始，将上年度"联行往账""联行来账"科目余额，不通过分录，分别转入"上年联行往账""上年联行来账"科目。收报行收到发报行寄来上年度填发的报单，应通过"上年联行来账"科目办理转账。待联行未达查清后，办理余额上划时，通过本年度的"联行往账"科目分别转销上述两个科目的余额。其属资产负债共同类科目，余额通常借、贷双方轧差反映。

3.报单种类及用途

（1）邮划借、贷方报单，均为一式四联。第一联来账卡片，由发报行寄给收报行，收报行转账后，代联行来账卡片账。第二联联行来账报告卡，随联行来账报告表寄收报行管辖分行。第三联往账报告卡，由发报行随联行往账报告表寄发报行管辖分行。第四联发报行留存代联行往账卡片账。

（2）电划借、贷方报单，均由四联组成，实质上只有两联。第一联、第二联由于传递方式不同，所以空缺，第三联、第四联报单与邮划报单的联次相同。

（3）电划借、贷方补充报单，均为一式三联。其用于补充两个部分，第一是补充缺少的报单，第二是补充缺少的结算凭证。第一联来账卡片，收报行转账后，代联行来账卡片账。第二联代转账传票，代结算方式所缺少的转账传票。第三联通知联，作收报行给单位的收款或付款通知。

> **知识链接**
> 联行业务各岗位人员要严格按制度、按程序办理业务，树牢责任意识，提高业务水平，把好联行业务关口，确保联行业务无误。

(二)手工联行往来的核算

1.发报行的处理

(1)编制和寄发报单

①发报行根据客户的要求,确定使用邮划或电划报单,并根据业务内容确定使用借方或贷方报单。报单上的各要素必须填写清晰、正确,报单上要加盖联行专用章。

如编制邮划贷方报单,会计分录如下:

借:吸收存款——活期存款——付款人户

　　贷:资金清算往来——联行往账

②发报行应将邮划报单的第一联和第二联报单连同附件寄给收报行(如为电划报单,要填写电稿,经过复核无误后到邮局拍发电报),第三联报单于营业终了分类整理,作为编制往账报告表的依据,并附报告表报管辖行,第四联留存,处理联行往账。

例 6-1

甲地中国工商银行迎泽支行2019年5月10日受理开户单位光明商场邮划到期承付机电公司托收款项一笔,金额为150 000元,收报行是异地同系统的解放路支行。根据业务,甲地中国工商银行编制邮划贷方报单(见表6-1)。编制会计分录如下:

借:吸收存款——活期存款——光明商场存款户　　150 000.00

　　贷:清算资金往来——联行往账　　　　　　　　　150 000.00

表6-1　　　　　　　　　中国××银行邮划贷方报单　　　　　　　　(来账卡片)1

发报行	行号	2×××	2019年5月10日		收报行	行号	2××××								
	行名	××中国工商银行迎泽支行				行名	××解放路支行								
付款单位账号或名称	收款单位账号或名称	千	百	十	万	千	百	十	元	角	分	合计金额	千 百 十 万 千 百 十 元 角 分		
光明商场	机电公司			1	5	0	0	0	0	0	0		1 5 0 0 0 0 0 0		
												事由			
												附件			
备注:				发报行		核对印鉴　复核　　记账									
						(发报行联行专用章)				转账日期　年　月　日					

(2)编制联行往账报告表

联行往账报告表一式两联(见表6-2),是电子计算中心用以监督银行往账笔数和金额的重要工具。

发报行每日营业终了,应当将当日全部往账报单进行整理,加计借、贷方报单的笔数和金额,填入"本日发生额"栏内,然后加计本日余额。

第一联寄发报管辖行,第二联留存。

表 6-2   **联行往账报告表**

(行号)(行名)

全国联行往账报告表

摘要	借方			贷方		
	笔数		金额	笔数		金额
	电划	邮划	千 百 十 万 千 百 十 元 角 分	电划	邮划	千 百 十 万 千 百 十 元 角 分
上期余额			1 5 0 0 0 0 0 0			1 5 0 0 0 0 0 0
本日发生额						
本日余额						
备注						
分行	输入		联行专用章:	经办行	会计主管　复核　制表	

年　　月　　日　　　　　编号( )

2.收报行的处理

(1)完整报单的处理。完整报单是指内容真实、手续完备的报单。

①收报行负责接受报单,处理来账。

收报行收到发报行寄来的联行报单或电报时,应认真审查(电报经审查无误后要填制电划补存报单),及时办理转账并向管辖行报"联行来账报告表"。

②报单和附件经收报行审核无误后,根据报单第一联及附件办理转账。如报单为邮划贷方报单,编制会计分录如下:

借:清算资金往来——联行来账
　贷:吸收存款——活期存款——收款人户

(2)能转账的错误报单的处理

错误报单是指收报行收到联行报单,经审核发现内容不完整和出现差错的报单。错误报单根据其错误内容的不同情况可分为能转账的错误报单和不能转账的错误报单。

①能转账的错误报单包括:

a.报单上收报行行名、行号是本行的,但附件内容是他行的。

应贯彻以行号为准的原则,把报单留下来进行转账,另编一份与原报单方向相同的报单,连同附件一起寄往附件上所列的收报行。同时通知原发报行。

b.报单上行号是他行,但附件内容是本行。

应留下附件办理转账,同时编制一份与原报单方向相反的报单,并把原报单作为附件一并寄原报单所填的收报行。

c.报单上收报行行名非本行,但行号及附件均为本行的,收报行应填发查询书,通知发报行,更正后办理转账。

d.收到的报单内容清楚具体,仅缺附件,则收报行可以代为补制附件,办理转账。

②不能转账的错误报单包括：

a.收、付款单位账号或户名不清楚，无法肯定应记账户。

b.金额大小写不一致，报单与附件金额不符。

c.漏编密押或密押不符，漏盖联行专用章或与印模不符，或与发报行行号不符。

d.报单印刷及纸张质量有疑等。

> **微知识** 对暂时不能转账的错误报单，收报行应登记"未转账错误报单登记簿"，并填制查询书及时向发报行查询，待查复后再分别按正常情况进行处理。

3.对账的处理

对账是对联行往来业务进行核对，保证联行资金划拨及时、准确、安全。联行往来对账按照管理级次进行。具体如下：

(1)支行辖内往来由县(区)支行监督对账。

(2)分行辖内往来由省(市)分行监督对账。

(3)全国联行往来由总行监督对账。

全国联行往来的对账方式如下：

(1)各营业机构每日营业终了，分别编制往、来账报告表寄管辖行对账中心。

(2)管辖行对账中心审查无误后录磁，将数据信息传递到总行对账中心。

(3)总行对账中心根据各行传递来的信息，对联行业务逐笔核对。

(4)如果发现有错误，应发报查询，直到全国的联行往来账全部核对相符。

(三)联行汇差的清算

联行汇差就是在办理联行业务中汇入资金和汇出资金的差额，反映了联行间相互占用资金的关系。

管辖行统一负责联行汇差资金的清算，由应付汇差行向管辖行汇缴汇差资金，再由管辖行将汇差资金拨付给应收汇差行。

每日营业终了前，各联行机构根据当天联行往来有关科目借、贷方发生额(如果借方合计数大于贷方合计数，为应收汇差；如果贷方合计数大于借方合计数，则为应付汇差)，填制汇差资金划拨凭证并轧算汇差，将汇差资金划拨凭证加盖联行专用章后寄管辖分行。

管辖行逐级上报到总行。所有的行都上报后，总行的所有行的应收汇差之和应该等于所有行的应付汇差之和。

在汇差账务结平的情况下，采用逐级清算的方式清算联行汇差资金。全国联行汇差由省分行统一向总行清算，汇差资金清算根据规定的时间或规定的额度，一律通过中央银行进行。

(四)联行账务的年度查清结平

在一定时期内，联行往来的往账和来账在总体上应该是平衡的。因为有一笔往账，必然有一笔来账，往账总额必定等于来账总额。

由于联行间的往账和来账发生的时间和地点不同，造成发、收报行一方已入账而另一方尚未入账，从而产生未达账项，也有一部分未达账项是由于工作差错造成的。为了保证联行业务的顺利进行,按规定每年以12月31日为划分年度界线,彻底清理联行间账务。

1.划清年度

新年度开始,各行应将"联行往账""联行来账"不通过会计分录,直接转入"上年联行往账""上年联行来账"两个明细账进行核算,与新年度联行账务分别核算,不得混淆。

来账和往账报告表要注意其顺序的编排,新年度的往账报告表的编号不能顺接上年,应该从头开始,重新编号;新年度的来账报告表,如报单是上年的,承接上年编号,否则需重新编号。

2.查清未达账项

各行应加强查询查复工作,对于未转账的错误报单及时查明回复处理。

3.结平上年账务

(1)年终日,各发报行如果未发生联行往账和未编制联行往账报告表,应将当年最后一份往账报告表的日期、号数及最后余额通知分行以便核对账务,及时汇总编制最后余额通知单。

(2)年终未达账项查清后,总行应将各经办行的"往账和来账余额核对通知单"传递给各管辖行,由分行寄给所辖经办行核对。

(3)待上年度账务全部上划总行后,由总行结平上年的联行往账和来账。

三、商业银行系统内电子汇划业务的核算

(一)商业银行系统内电子汇划业务概述

为了适应经济金融体制改革,进一步提高资金汇划速度和优质服务水平,加强资金管理,提高节约化经营水平和资金使用效益,各系统商业银行相继开通了电子资金汇划清算系统,实现系统内结算款项和资金调拨。

以电子资金汇划清算系统取代联行往来制度,是联行体制的一次重大改革。对于电子资金汇划清算系统的具体操作,各行略有不同,现以中国工商银行为例进行介绍。

1.基本概念

电子资金汇划清算系统是办理结算资金和内部资金汇划与清算,通过电子计算机网络采用逐级传输方式来完成的划拨过程。

2.业务种类

商业银行电子汇划系统承担着汇兑、托收承付、委托收款、商业汇票、银行汇票、信用卡、内部资金划拨及其他经总行批准的汇划业务,同时办理有关的查询、查复。电子汇划业务可以划分为贷方汇划业务和借方汇划业务。

(1)贷方汇划业务主要包括汇兑、异地委托收款、托收承付、银行承兑汇票等款项的划汇、系统内资金划拨等。

(2)借方汇划业务主要包括解付本系统银行汇票、系统内按规定扣划款项、贷款账户转移以及按规定允许扣收的款项和特定的直接借记业务等。

3.基本结构

由汇划业务经办行(以下简称经办行)、清算行、省区分行和总行清算中心通过计算机网

络组成。

(1)经办行是具体办理结算资金和内部资金汇划业务的行处。汇划业务的发生行是发报经办行;汇划业务的接收行是收报经办行。

(2)清算行是在总行清算中心开立备付金存款账户,办理其辖属行处汇划款项清算的分行,包括直辖市分行、总行直属分行及二级分行(含省分行营业部)。

(3)省区分行在总行开立备付金户,只办理系统内资金调拨和内部资金利息汇划。

(4)总行清算中心是办理系统内各经办行之间的资金汇划、各清算行之间的资金清算及资金拆借、账户对账等账务的核算和管理。

4.会计凭证

(1)资金汇划补充凭证

资金汇划补充凭证是收报行接收来账数据后打印的凭证,是账务记载的依据和款项已入账的通知。该凭证分为"资金汇划(借方)补充凭证"和"资金汇划(贷方)补充凭证"。

(2)辖内往来汇总记账凭证

辖内往来汇总记账凭证是各经办行与清算行处理往来款项及清算使用的凭证。

5.科目设置

(1)系统内上存款项。本科目反映各清算行存放在总行的清算备付金、省区分行存放在总行的备付金和二级分行存放在省区分行的调拨资金。该科目为省区分行、直辖市分行、总行直属分行、二级分行使用,属资产类科目,余额反映在借方。

(2)系统内款项存放。本科目反映在总行收到的各清算行上存的清算备付金存款。总行使用该科目按清算行和省区分行设"备付金存款户",省区分行以该科目核算反映二级分行的调拨资金存款的增减变动;在该科目下按二级分行设置"调拨资金存款户"。该科目属负债类科目,余额反映在贷方。

(3)清算资金往来——辖内往来。本科目反映各经办行与清算行往来款项与清算情况,属共同类科目,余额轧差反映。

6.基本程序

资金汇划清算的基本做法是:实存资金,同步清算,头寸控制,集中监督。

实存资金是指以清算行为单位在总行清算中心开立备付金存款账户,用于汇划款项时资金清算。

同步清算是指发报经办行通过其清算行经总行清算中心将款项汇划至收报经办行,同时,总行清算中心办理清算行之间的资金清算。

头寸控制是指各清算行在总行清算中心开立的备付金存款账户,保证足额存款,总行清算中心对各行汇划资金实行集中清算。清算行备付金存款不足,二级分行可向管辖省区分行借款,省区分行和直辖市分行、直属分行头寸不足可向总行借款。

集中监督是指总行清算中心对汇划往来数据发送、资金清算、备付金存款账户资信情况和行际间查询查复情况进行管理和监督。

系统内电子汇划业务的操作程序如下:各发报经办行根据发生的结算等资金汇划业务录入数据,全部及时发送到发报清算行;发报清算行将辖属各发报经办行的资金汇划信息传输给总行清算中心;总行清算中心对发报清算行传输来的汇划数据及时传输给收报清算行;收报清算行当天或次日将汇划信息传输给收报经办行,从而实现资金汇划业务。

在这里,清算行处在中转的地位,既要向总行清算中心传输发报经办行的汇划信息,又要向收报经办行传输总行清算中心发来的汇划业务信息。资金汇划的出口、入口均反映在清算行,使其可以控制辖属经办行的资金汇划与清算。

具体程序如图 6-2 所示。

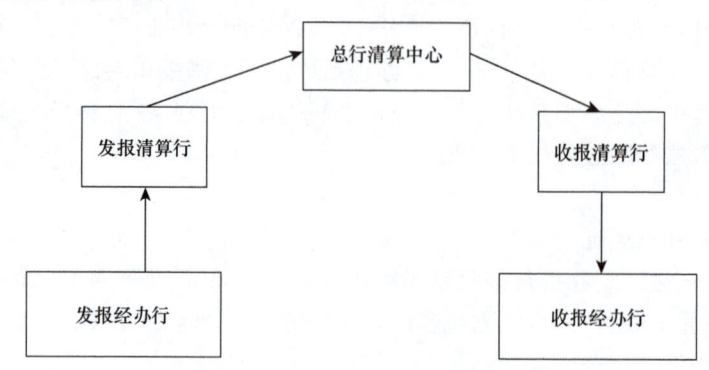

图 6-2　系统内电子汇划业务的操作程序

(二)商业银行系统内电子汇划业务核算

1.发报经办行的处理

(1)发报经办行根据汇划业务种类,由经办人员根据汇划凭证录入有关内容。

如为汇兑、异地托收承付等贷方汇划业务,业务数据经过复核、按规定权限内授权无误后,产生有效汇划数据,发送至清算行。

编制会计分录如下:

借:吸收存款——活期存款——付款人户
　　贷:清算资金往来——辖内往来

如为银行汇票等借方业务,则编制相反的会计分录:

借:清算资金往来——辖内往来
　　贷:存入保证金——××银行汇票款

(2)日终处理

①打印"辖内往来汇总记账凭证""资金汇划业务清单"作为"辖内往来汇总记账凭证"附件。

②核对数据。手工核对当天原始汇划凭证的笔数、金额合计与"资金汇划业务清单"发送借、贷报笔数、合计数以及"待清算辖内往来"发报汇总借、贷方凭证笔数、发生额一致。

(3)各种汇划凭证处理

①电子汇兑凭证、邮划异地托收承付、委托收款凭证、银行卡凭证、银行汇票、银行承兑汇票凭证、储蓄旅行支票等相关凭证作"辖内往来"科目凭证的附件。

②对"信汇付款指令"处理的信汇业务,应在信汇凭证第三联上加盖用于全国结算业务的结算专用章后连同第四联邮寄收报经办行。"信汇付款指令"即在客户委托银行办理信汇业务时,发报行将款项仍通过资金汇划清算系统划拨,有关凭证通过邮局寄发。

例 6-2

甲地中国工商银行迎泽支行开户单位贸易公司向乙地中国建设银行五一路支行汇出款项 75 000 元,收款单位为华夏企业。经核对无误后,甲地中国工商银行迎泽支行向甲地分行发送汇划款项信息。编制会计分录如下:

借:吸收存款——活期存款——贸易公司户　　　　75 000.00
　贷:清算资金往来——辖内往来　　　　　　　　　75 000.00

2.发报清算行的处理

(1)清算行收到发报经办行传输来的跨清算行汇划业务后,计算机自动记载"系统内上存款项"科目和"清算资金往来——辖内往来"科目有关账户。

如收到发报经办行发来的贷方汇划业务,编制会计分录如下:

借:清算资金往来——辖内往来
　贷:存放同业——系统内上存款项——上存总行备付金户

如为借方汇划业务,则编制相反的会计分录。

(2)按规定权限授权、编押及账务处理后由计算机自动传输至总行。

如遇清算行在总行清算中心备付存款不足,则"上存总行备付金"账户余额可暂时在贷方反映,但清算行要迅速筹措资金补充备付金头寸。

(3)清算行日终处理。使用"系统内上存款项"科目数据向总行传输,并与总行的"系统内款项存放"科目数据进行核对,其余与发报经办行相同。

例 6-3

接【例 6-2】,甲地分行营业部收到甲地中国工商银行迎泽支行发来的汇划信息,经审核无误,计算机自动记载有关账户。编制会计分录如下:

借:清算资金往来——辖内往来　　　　　　　　　　75 000.00
　贷:存放同业——系统内上存款项——上存总行备付金户　75 000.00

3.总行清算中心的处理

(1)总行清算中心收到各发报清算行汇划款项,由计算机自动登记后,将款项传送至收报清算行。每日营业终了更新各清算行在总行开立的备付金存款账户。如为贷方汇划款项,则编制会计分录如下:

借:同业存放——系统内款项存放——发报清算分行营业部备付金户
　贷:同业存放——系统内款项存放——收报清算分行营业部备付金户

(2)如为借方汇划业务,则编制相反的会计分录。

例 6-4

接【例 6-3】,总行清算中心收到甲地分行营业部发来的汇划信息,经审核无误后,计算机自动记载有关账户。编制会计分录如下:

借:同业存放——系统内款项存放——甲地分行营业部备付金户 75 000.00
　贷:同业存放——系统内款项存放——乙地分行营业部备付金户　75 000.00

4.收报清算行的处理

收报清算行收到总行清算中心传来的汇划业务数据,计算机自动检测收报经办行是否为辖属行处,并经核押无误后自动进行账务处理。处理方式分为分散管理模式和集中管理模式两种(只能选择其一)。

(1)分散管理模式是各项业务账务核算均在各经办行处理。清算行负责转划,并统一清算。

第一,实时汇划业务的处理。收报清算行收到总行清算中心传来的实时汇划数据后,即时代辖属经办行记账。

如为贷方汇划业务,则编制会计分录如下:

借:存放同业——系统内上存款项——上存总行备付金户
　　贷:清算资金往来——辖内往来

如为借方汇划业务,则编制相反的会计分录。

第二,批量汇划业务的处理。收报清算行收到总行清算中心传来的批量汇划数据后,日终进行挂账处理。

当日编制会计分录如下:

借:存放同业——系统内上存款项——上存总行备付金户
　　贷:其他应付款

次日确定后,将汇划数据传输给收报经办行,编制会计分录如下:

借:其他应付款——待处理汇划款项户
　　贷:清算资金往来——辖内往来

如为借报业务,可用"其他应收款"科目。

(2)集中管理模式是指清算行作为业务处理中心,一并处理本身及收报经办行的账务。编制会计分录如下:

借:存放同业——系统内上存款项——上存总行备付金户
　　贷:清算资金往来——辖内往来
借:清算资金往来——辖内往来
　　贷:吸收存款等科目——××户

例 6-5

接【例 6-4】,乙地清算中心收到总行清算中心发来的汇划信息,经审核无误,计算机自动记载有关账户。编制会计分录如下:

借:存放同业——系统内上存款项——上存总行备付金户　　　75 000.00
　　贷:清算资金往来——辖内往来　　　　　　　　　　　　　　　75 000.00
借:清算资金往来——辖内往来　　　　　　　　　　　　　75 000.00
　　贷:吸收存款——××户　　　　　　　　　　　　　　　　　　　75 000.00

5.收报经办行的处理

(1)收报经办行收到清算行传来的批量、实时汇划业务,经检查无误后,打印"资金汇划(借方)补充凭证"或"资金汇划(贷方)补充凭证"一式两份,并自动进行账务处理。如为贷方汇划业务,则编制会计分录如下:

借:清算资金往来——辖内往来
　　贷:吸收存款——收款人户

如为借方汇划业务,则编制相反的会计分录。

(2)日终处理和发报经办行的日终处理相同。

例 6-6

接【例 6-5】,乙地中国建设银行五一路支行收到乙地分行清算中心发来的汇划信息,经核对无误,计算机自动记载有关账户。编制会计分录如下:

借:清算资金往来——辖内往来　　　　　　　　　　　　75 000.00
　　贷:吸收存款——活期存款——华夏企业户　　　　　　　　75 000.00

(三)系统内实存资金和拆借资金的核算

1.备付金存款账户的开立与实存资金的核算

系统内备付金存款系指清算行和省区分行因办理客户结算业务和内部资金汇划以及正常资金调拨的需要可通过中国人民银行将款项直接存入总行清算中心。

(1)上存时填制特种转账传票进行账务处理,编制会计分录如下:

借:存放同业——系统内上存款项——上存总行备付金户
　　贷:存放中央银行款项——准备金户

(2)总行清算中心收到各清算行和省区分行上存的备付金后,当日进行账务处理。编制会计分录如下:

借:存放中央银行款项——准备金户
　　贷:同业存放——系统内款项存放——××分行存放备付金户

> **微知识**　各清算行或省区分行通过中国人民银行汇款补足备付金存款、二级分行通过中国人民银行向管辖行的省区分行上存用于调拨的资金时,会计处理与上述相同。

例 6-7

甲地中国工商银行分行填制中国人民银行汇款凭证,向总行清算中心划款3 000万元,甲地中国工商银行分行编制会计分录如下(以万元为单位):

借:存放同业——系统内上存款项——上存总行备付金户　　　3 000.00
　　贷:存放中央银行款项——准备金户　　　　　　　　　　　　3 000.00

例 6-8

接【例 6-7】,中国工商银行总行清算中心收到款项后进行账务处理,编制会计分录如下(以万元为单位):

借:存放中央银行款项——准备金户　　　　　　　　　　　　3 000.00
　　贷:同业存放——系统内款项存放——甲地中国工商银行分行户　3 000.00

2.系统内拆借资金的核算

系统内拆借资金的核算有如下规定:

(1)清算行如不能通过中国人民银行汇款补足在总行清算中心的备付金存款,经有权人批准,可以向管辖分行申请借入资金。设置"系统内借出"和"系统内借入"科目。

(2)省区分行接到二级分行(清算行)资金借款申请书后,经批准,向总行清算中心办理资金借出手续。省区分行编制会计分录如下:

借:拆出资金——系统内借出

　　贷:存放同业——系统内上存款项——上存总行备付金户

(3)总行清算中心收到省区分行借出资金的信息,当日自动进行账务处理。编制会计分录如下:

借:同业存放——系统内款项存放——××省区分行存放备付金户

　　贷:同业存放——系统内款项存放——××清算行存放备付金户

(4)清算行收到借款信息后,自动进行账务处理。编制会计分录如下:

借:存放同业——系统内上存款项——上存总行备付金户

　　贷:拆入资金——系统内借入

例 6-9

2019年12月5日甲地二级清算行不足以清算3日汇划资金。甲地二级清算行向甲地分行发出借款申请书,借入资金8 000万元。甲地分行批准后,通知总行。要求:各级行按规定进行账务处理。(以万元为单位)

(1)甲地分行接到甲地二级清算行的资金借款申请书后,经有权人批准,向总行清算中心办理资金借出手续。编制会计分录如下:

借:拆出资金——系统内借出　　　　　　　　　　　　　　　8 000.00

　　贷:存放同业——系统内上存款项——上存总行备付金户　　　8 000.00

(2)总行清算中心收到甲地分行借出资金信息后,当日自动进行账务处理。编制会计分录如下:

借:同业存放——系统内款项存放——甲地省区分行存放备付金户　8 000.00

　　贷:同业存放——系统内款项存放——甲地清算行存放备付金户　　8 000.00

(3)甲地二级清算行收到借款信息后,自动进行账务处理。编制会计分录如下:

借:存放同业——系统内上存款项——上存总行备付金户　　　8 000.00

　　贷:拆入资金——系统内借入　　　　　　　　　　　　　　　8 000.00

(四)对账

对账是保证总行、清算行、经办行之间资金汇划及时、准确、安全的主要手段,是会计监督体系的重要组成部分。

(1)各清算行每日营业终了自动将汇划业务及资金清算明细数据逐级上传进行明细对账。

(2)省区分行收到上传的明细数据后与辖属各清算行汇划业务明细数据及清算信息配对对账。

(3)总行收到传来的明细数据后,与各行在总行的"系统内款项存放"科目有关账户汇划业务明细数据及清算信息配对对账,并将对账结果逐级下传,发现疑问要发出对账差错信息,同时登记"对账差错登记簿"。

(4)各行每日接收总行发出的对账差错信息后,打印差错清单,在5个工作日内必须查清原因,并按规定处理完毕,保证满足上日明细账务在5个工作日内查清的要求。

(5)如发出对账差错信息5个工作日后尚未查清,总行重新发出第二次对账差错信息。

任务三 核算我国现代化支付系统业务

一、我国现代化支付系统的概述

(一)概念

具体介绍已在"资金清算与金融机构往来业务概述"介绍过,这里不再赘述。

(二)组成部分

我国现代化支付系统由大额实时支付系统和小额批量支付系统组成。

(三)结构框架

中国现代化支付系统建有两级处理中心,即国家处理中心(NPC)和城市处理中心(CCPC)。

(1)国家处理中心设在中国人民银行总行,分别与各城市处理中心连接,其通信网络采用专用网络,以地面通信为主,卫星通信备份。

> **知识链接**
>
> 近年来,我国互联网技术飞速发展,支付方式也发生了深刻的变革,为了更好地满足各种社会经济活动的需要和发挥支付服务经济金融的作用,中国人民银行逐渐改进现代化支付系统,为支付服务创新、支付产品创新和支付市场创新提供了有效保障。

(2)城市处理中心设在各中心城市中国人民银行。商业银行分支机构在中国人民银行分支行合并开设两个账户,即同一城市一家商业银行只在当地中国人民银行分支行开设一个统一的清算账户。

我国现代化支付系统处理支付业务,历经发起行、发起清算行、发报城市处理中心,经国家处理中心清算资金后,实时转发收报城市处理中心、接受清算行、接收行、全过程自动处理。处理程序如图6-3所示。

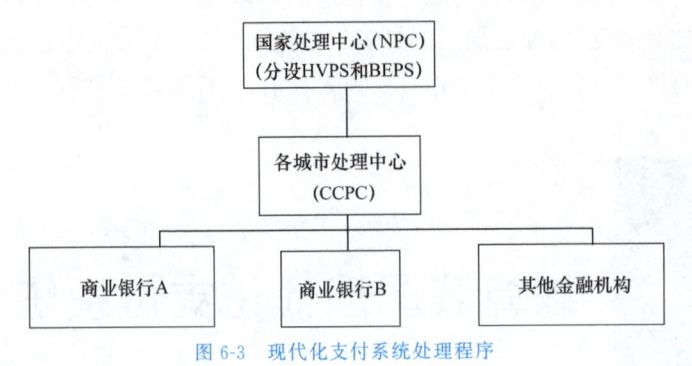

图6-3 现代化支付系统处理程序

(四)参与者

我国现代化支付系统业务的参与者如下:

(1)发起人:支付业务的最初发起单位或个人(法人或自然人)。

(2)发起行:向支付系统提交支付业务并进行账务处理的银行和城市信用社、农村信用社。

(3)发起清算行:在国家处理中心开设账户的直接参与者,其账户用于发起人、发起行和自身发起支付业务的资金清算和账务处理。

(4)发报中心:接收并向国家处理中心发送支付指令的城市处理中心。

(5)收报中心:接收国家处理中心发来的支付指令并向接收行转发的城市处理中心。

(6)接收清算行:在国家处理中心开设账户的直接参与者,其账户用于接收行、接收人和自身接收支付业务的资金清算和账务处理。

(7)接收行:接收收报中心或清算行发来的支付指令,并进行账务处理的银行和城市信用社、农村信用社。

(8)接收人:支付业务的最后接收单位或个人。

二、大额实时支付业务的核算

(一)大额实时支付业务概述

1.具体规定

大额实时支付系统(现代化支付系统业务的一种)是指中国人民银行为信用社、商业银行与中国人民银行之间的支付业务提供最终资金清算的系统,为各银行跨行汇兑提供快速、高效、安全的支付清算服务,即以实时、全额的方式处理每笔金额在规定起点以上的贷记支付和紧急的、金额在规定起点以下的贷记支付业务的应用系统。

中国人民银行2000年10月启动大额支付系统的建设，2005年6月完成了实时支付系统在全国的推广应用，取代了全国电子联行系统。

大额实时支付系统是中国现代化支付系统的重要应用系统和组成部分，系统结构包括两极处理中心，分别是国家处理中心及32个城市处理中心。

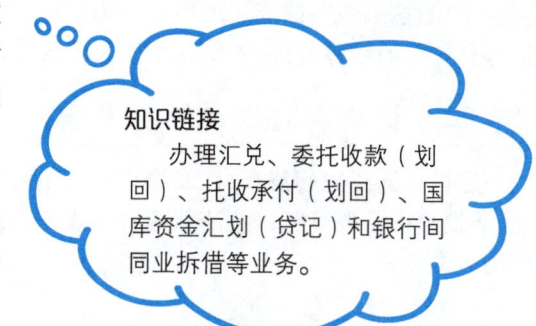

> **知识链接**
> 办理汇兑、委托收款（划回）、托收承付（划回）、国库资金汇划（贷记）和银行间同业拆借等业务。

微知识 商业银行省级分行作为支付系统直接参与者通过前置机系统与支付系统城市处理中心连接，商业银行营业网点作为支付系统间接参与者通过各自行内系统经前置机系统连接大额实时支付系统处理支付业务。

中国人民银行地市以上中心支行（中央银行会计集中核算系统ABS）、库（国家金库会计核算系统TBS）、直接参与者与城市处理中心直接连接，其通过城市处理中心处理其支付清算业务；中国人民银行县（市）支行间接参与者通过各自系统经中心支行（库）连接大额实时支付系统处理支付业务。

中央结算公司等特许参与者与大额实时支付系统国家处理中心连接，办理支付交易的即时转账业务。

大额实时支付业务的功能特点如下：

（1）支付速度快，资金在途时间短。申请人委托银行手续处理完毕，在60秒内收款人开户行就能收到该笔资金，大大提高了企业的资金使用效率。

（2）金额无上限。

（3）可以跨行办理业务。大额实时支付系统在60秒内可跨行将款项汇到对方收款人开户银行。

（4）法定工作日8:30～17:00运行。

大额实时支付系统的使用对象及范围如下：

（1）单位、个人均可使用。

（2）同城、异地均可使用。

2.科目设置

（1）商业银行的科目设置

商业银行分支机构在同城当地中国人民银行分支行合并开设一个统一的清算账户，即"存放中央银行款项——备付金"账户，用于实时清算大额支付往来资金。

（2）中国人民银行处理中心的科目设置

①"大额支付往来"科目。该科目核算支付系统发起清算行和接收清算行通过大额支付系统办理的支付结算往来款项，余额轧差反映。年度终了，本科目余额全部转入"支付清算资金往来"科目，结转后，该科目余额为零。

②"支付清算资金往来"科目。该科目核算支付系统发起清算行和接收清算行通过大额支付系统办理的支付结算汇差款项。年度终了，"大额支付往来"科目余额对清后，结转至本科目，余额轧差反映。

③"汇总平衡"(国家处理中心专用)科目。该科目用于平衡国家处理中心代理中国人民银行分支行的账务处理,不纳入中国人民银行的核算。

(二)大额实时支付业务核算

这里只介绍发起清算行、发报中心、国家处理中心、接收清算行、接收行的基本处理方法,而发起行与清算行以及清算行与接收行之间的支付信息传输后的处理,按各行系统内往来的规定处理。

1. 发起大额支付业务

(1)发起清算行的处理

发起清算行可以是商业银行(如由支付结算业务引起的),也可以是中国人民银行(如由系统内划拨款项引起或划拨国库款项引起的)。

①发起行业务发生后将支付信息传输给发起清算行。

②发起清算行为商业银行的,编制会计分录如下:

借:吸收存款等
　　贷:存放中央银行款项——备付金

例 6-10

甲地中国工商银行营业部接到开户单位贸易公司提交的一笔金额为 150 000 元的跨行电汇委托凭证,汇往乙地中国建设银行开户单位激励公司。经审核无误,发起清算行根据开户单位提交的汇款凭证,通过大额支付系统发送汇款信息,编制会计分录如下:

借:吸收存款——活期存款——贸易公司户　　　　　150 000.00
　　贷:存放中央银行款项——备付金　　　　　　　　150 000.00

(2)发报中心的处理

发报中心收到发起清算行发来的支付信息,审核无误后,不做会计分录,逐笔加编全国密押,实时发送国家处理中心。

(3)国家处理中心的处理

发起清算行为商业银行的,其清算账户头寸不足时,国家处理中心将该笔业务进行排队处理。国家处理中心处理完成后,将支付信息发往收报中心。

例 6-11

接【例 6-10】,国家处理中心收到发报中心发来的支付报文,逐笔确认无误后,分别进行账务处理。

(1)发起清算行、接收清算行均为商业银行时,编制会计分录如下:

借:××银行准备金存款
　　贷:大额支付往来——中国人民银行××行户
借:大额支付往来——中国人民银行××行户
　　贷:××银行准备金存款

(2)发起清算行为商业银行,接收清算行为中国人民银行时,编制会计分录如下:
借:××银行准备金存款
　　贷:大额支付往来——中国人民银行××行户
借:大额支付往来——中国人民银行××行户
　　贷:汇总平衡——中国人民银行××行户

(3)发起清算行为中国人民银行,接收清算行为商业银行时,编制会计分录如下:
借:汇总平衡——中国人民银行××行户
　　贷:大额支付往来——中国人民银行××行户
借:大额支付往来——中国人民银行××行户
　　贷:××银行准备金存款

(4)发起清算行、接收清算行均为中国人民银行时,编制会计分录如下:
借:汇总平衡——中国人民银行××行户
　　贷:大额支付往来——中国人民银行××行户
借:大额支付往来——中国人民银行××行户
　　贷:汇总平衡——中国人民银行××行户

【例 6-12】

接【例 6-11】,国家处理中心接到甲地中国人民银行发报中心发来的信息,经审核无误,进行账务处理。编制会计分录如下:

借:中国工商银行准备金存款　　　　　　　　　　　　150 000.00
　　贷:大额支付往来——甲地中国人民银行行户　　　　　　150 000.00
借:大额支付往来——乙地中国人民银行行户　　　　　150 000.00
　　贷:中国建设银行准备金存款　　　　　　　　　　　　150 000.00

2.接收大额支付业务

(1)收报中心

收报中心接收到国家处理中心发来的支付信息核对无误后,不做会计分录,逐笔加编密押,实时发送收报清算行。

(2)接收清算行

接收清算行可以是商业银行,也可以是中国人民银行。接收清算行收到支付信息后,传输给接收行或对本行业务进行处理。

【例 6-13】

接【例 6-12】,乙地中国建设银行接到乙地中国人民银行收报中心发来的信息,确认无误后,收入收款人激励公司账户。编制会计分录如下:

借:存放中央银行款项——备付金户　　150 000.00
　　贷:吸收存款——活期存款——激励公司户　　150 000.00

三、小额批量支付业务的核算

(一)小额批量支付业务概述

1.具体规定

小额批量支付系统(BEPS)(现代化支付业务的一种)是以电子方式批量处理同城和异地纸凭证截留的商业银行跨行之间的定期借记支付业务、中国人民银行会计和国库部门办理的借记支付业务以及每笔金额在规定起点以下的小额贷记支付业务的应用系统。具体业务范围包括:办理汇兑、委托收款(划回)、托收承付(划回)、国库资金汇划(贷记)、借记、代收、代付、个人跨行储蓄通存通兑等业务。

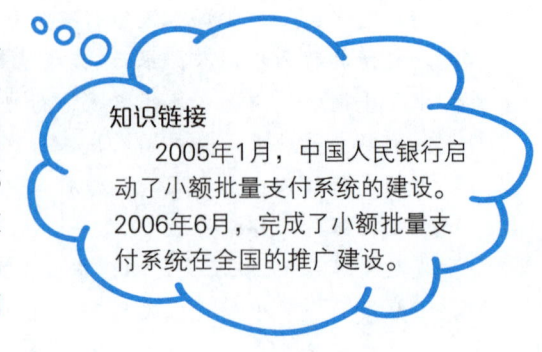

知识链接
2005年1月,中国人民银行启动了小额批量支付系统的建设。2006年6月,完成了小额批量支付系统在全国的推广建设。

小额批量支付系统在物理上分为三层架构:国家处理中心(NPC)、城市处理中心(CCPC)和商业银行前置系统(MBFE)。流程图如图6-4所示。

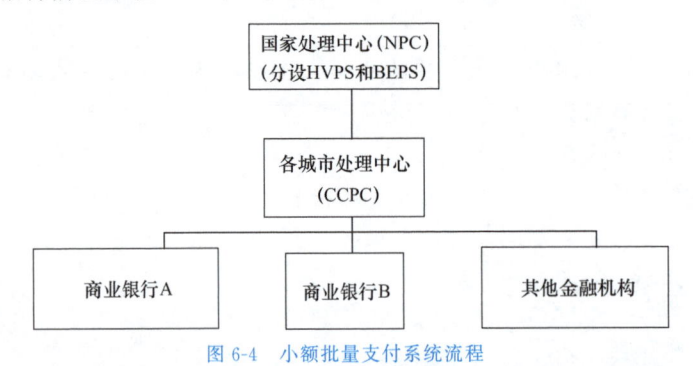

图6-4 小额批量支付系统流程

NPC作为小额支付系统的最上层节点,负责接收、转发各城市处理中心的支付指令,并对集中开设的清算账户进行资金清算和处理,是整个系统的核心。NPC设在中国人民银行清算总中心北京主站,分别与各CCPC相连。

CCPC作为支付系统的中国节点,分布在各省省会中国人民银行,向上连接NPC、向下挂接MBFE。中国人民银行会计集中核算系统(ABS)、国库会计核算系统(TBS)和其他外系统主要负责支付指令的转发和接收。

MBFE分布在各商业银行端,与商业银行行内汇兑系统和综合业务系统连接,和其他外系统作为支付系统参与者发起或接收支付指令。

NPC和CCPC提供了标准的接口规范和接口软件,支持相关业务系统的接入。

小额批量支付业务的功能特点如下:

(1)业务种类多,可批量发送,24小时内入账,实行不间断运行。客户如一次往同一家收款银行办理多笔电汇,无论笔数多少,只收取一笔的费用。

(2)收费便捷、缴费轻松。收费单位可以仅在一家银行开立账户办理所有收费业务,资金到账时间明显加快;缴费人也可仅在一家银行开立账户办理各种费用的缴纳。

(3)跨行发工资,转账更灵活。企事业单位可以委托开户银行及时向在不同地区、不同银行开户的员工发放工资和养老金等。

(4)通存又通兑,跨行可存取。居民个人可在任何银行机构的营业网点针对自己的存款账户办理存、取、转账业务,实现"一卡(折)在手,走遍神州"。

小额批量支付系统的使用对象及范围如下:

(1)单位、个人消费金额在系统上限以下的款项结算并且时间要求不高的业务。

(2)同城、异地均可使用。

2. 科目设置

"清算资金往来——小额支付系统往来"科目,用于核算商业银行通过小额批量支付系统为网络途径汇划的清算资金往来结算。

(二)商业银行小额批量支付业务核算

由于小额批量支付系统的运行顺序和处理中心核算科目与大额实时支付系统相同,所以下面只介绍不同部分的账务处理。

1. 贷记业务汇出的账务处理

贷记业务汇出时,编制会计分录如下:

借:吸收存款——付款人户

　　贷:清算资金往来——小额支付系统往来

2. 借记业务汇出的账务处理

借记业务汇出时,不编制会计分录,等接到付款清算行反馈的付款确认回执,再办理转账。编制会计分录如下:

借:清算资金往来——小额支付系统往来

　　贷:吸收存款——付款人户

3. 贷记业务汇入的账务处理

贷记业务汇入时,编制会计分录如下:

借:清算资金往来——小额支付系统往来

　　贷:吸收存款——收款人户

4. 借记业务汇入的账务处理

借记业务汇入时,编制会计分录如下:

借:吸收存款——付款人户

　　贷:清算资金往来——小额支付系统往来

5. 中国人民银行资金清算后,以清算资金轧差记账

(1)如为应付差额,则编制会计分录如下:

借:清算资金往来——小额支付系统往来

　　贷:存放中央银行款项——小额批量

(2)如为应收汇差,则编制相反的会计分录。

任务四 核算商业银行与中央银行往来业务

一、商业银行与中央银行往来的概述

我国的金融机构是以中央银行为核心、商业银行为主体、其他金融机构并存的金融机构体系。各银行之间在业务上、资金上必然存在一定的联系，并发生往来关系。

广义上讲，金融企业往来包括：各商业银行与中央银行的往来，各商业银行之间的往来，商业银行与非银行金融机构的往来，中央银行与非银行金融机构的往来，非银行金融机构之间的往来以及银行系统内部的往来等。

这里主要叙述商业银行与中央银行的往来核算。

（一）含义

中国人民银行是我国的中央银行，是管理全国金融工作的国家机关，是商业银行的银行，各商业银行要接受中国人民银行的领导和管理。

根据制度规定，各商业银行实行独立核算的行处均在中国人民银行开立备付金存款账户（基本账户），以便通过中国人民银行办理有关业务。

（二）业务内容

商业银行与中央银行往来的业务内容如下：

(1)各商业银行经收的国家金库款以及财政性存款全部缴存中国人民银行。

(2)各商业银行吸收的一般性存款须按规定比例缴存中国人民银行。

(3)各商业银行通过中国人民银行办理银行间的资金往来清算。

(4)商业银行通过中国人民银行清算本系统联行汇差。

(5)商业银行通过中国人民银行调拨业务资金。

(6)商业银行在核定的额度内向中国人民银行借入信贷资金。

(7)商业银行向中国人民银行发行库领存现金等。

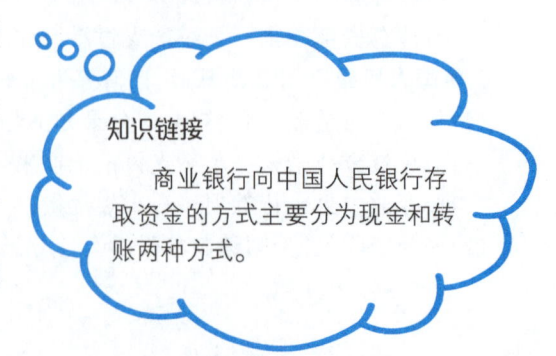

> **知识链接**
> 商业银行向中国人民银行存取资金的方式主要分为现金和转账两种方式。

二、向中央银行存取现金业务的核算

(一)概述

中国人民银行为各商业银行设置"××银行准备金存款"科目,属于负债类科目。其核算各商业银行存放中国人民银行的准备金以及用于领取现金、资金调拨、资金清算和日常支付的款项。科目下设"准备金存款"账户(总行专用),核算各商业银行全系统的法定准备金及系统内资金调拨、资金清算和日常支付的款项;设立"金融机构存款"账户(分支机构专用),核算各商业银行分支机构领缴现金、资金调拨、资金清算和日常收付的款项。

根据中国人民银行规定,商业银行必须在中国人民银行开立存款账户,其各级行处的经营资金要全部存入当地中国人民银行,并以"先存后用,不得透支"的原则进行管理和运用。商业银行设置"存放中央银行款项"科目,可按属性分设"准备金户"和"财政性存款户"等明细科目,其属于资产类科目,核算本行存放中央银行款项增减变化。

(二)账务处理

1. 存入现金

(1)向中国人民银行发行库交存现金时,商业银行应填制"现金交款单"。编制会计分录如下:

借:存放中央银行款项——准备金户
　　贷:库存现金

(2)中国人民银行收到商业银行存入款项时,根据有关凭证处理账务,编制会计分录如下:

借:库存现金
　　贷:××银行准备金存款——金融机构存款

2. 支取现金

(1)向中国人民银行发行库提取现金时,商业银行填制"现金支票"。编制会计分录如下:

借:库存现金
　　贷:存放中央银行款项——准备金户

(2)中国人民银行受理商业银行有关凭证进行处理账务,编制会计分录如下:

借:××银行准备金存款——金融机构存款
　　贷:库存现金

三、缴存存款业务的核算

缴存存款是指商业银行将吸收的各种存款按规定的比例划缴中国人民银行。它是中国人民银行行使中央银行职能,实施货币政策的具体体现。

缴存存款包括财政性存款和一般存款两大类,它们性质不同,应严格区分。

(一)缴存一般存款准备金的核算

1.有关规定

缴存一般存款准备金的核算有关规定如下:

(1)一般存款存放的范围。按照现行规定,一般存款包括:企业存款、储蓄存款、农村存款、部队存款、基建单位存款、机关团体存款、财政预算外存款、委托存款轧减委托贷款、委托投资后的差额、其他一般存款等。

(2)一般存款存放的比例。中央银行可根据紧缩或放松银根的需要适当提高或降低。

(3)一般存款存放的时间。各商业银行除了第一次按规定时间向中国人民银行存放外,以后每旬调整一次,于旬后5日内办理。如遇存放期最后一天为法定节假日,可顺延。

(4)一般存款存放的计算方法。划缴或调整一般存款时,应按每旬增加(减少)的实际数额,计算应存放的金额。具体说,应根据一般存款有关科目的合计数,分别按规定的比例计算出应存放金额。

2.账务处理

根据现行规定,各商业银行缴存的一般存款,按法人统一存放,即由各商业银行总部存入总部所在地的中国人民银行。

(1)商业银行的处理

①中国人民银行的"××银行准备金存款——准备金户"账户既核算各商业银行总行存放的一般存款,又核算各商业银行总行的备付金存款。因此,各商业银行总行的一般存款和备付金存款是合二为一,并存放在中国人民银行的。

②各商业银行的基层行每旬末编制"一般存款科目余额表"(见表6-3,格式与"缴存财政性存款科目余额表"相同)并报上级行,按规定的比例计算出应存放的金额,然后与上旬存放的金额进行比较,得出本旬增加(减少)数。

各商业银行总行将汇总全行旬末"一般存款科目余额表"报所在地中国人民银行,根据汇总的"一般存款科目余额表"的合计数,按规定的比例计算出应存放的金额,即为全行应存放在中国人民银行的一般存款和备付金存款的余额。

③根据现行规定,各商业银行内部汇划一般存款和备付金存款的会计处理由各自总行决定,因此,各商业银行的处理方法不完全一样,但最终一般存款与备付金存款都必须按中国人民银行规定的比例和时间汇总到各商业银行总行所在地中国人民银行的"××银行准备金存款——准备金存款"账户上。各行的具体做法不再详述。

> **微知识** 各商业银行由于未按中国人民银行规定的比例、时间存放一般存款及报送有关一般存款科目余额表的,中国人民银行将对其不足部分进行处罚。

(2)中国人民银行的处理

各商业银行一般存款按法人统一存放,中国人民银行按旬统一考核,即当旬第5日至下旬第4日每日营业终了时,各商业银行统一法人存入的一般存款余额与上旬末该行全行的一般性存款余额之比,不得低于具体规定。

各商业银行法人统一存入中国人民银行的一般存款低于上旬末一般存款余额的规定,中国人民银行对其不足部分处以罚息。

各商业银行不按时报送旬末一般存款余额表等有关报表的,依据《中华人民共和国商业银行法》第七十八条予以处罚,即由中国人民银行责令改正,逾期不改的,可以处以1万元以上10万元以下罚款。处罚时,由中国人民银行会计部门填制特种转账传票,办理账务处理。

例 6-14

表6-3为某商业银行一般存款余额情况,假设法定存款准备金率为17%,当日营业终了,该商业银行法人在中国人民银行开立的"存款准备金账户"余额不得低于5 661 000元。

表 6-3 　　　　　　　　　一般存款余额表

20××年×月×日　　　　　　　　　　　　　　　　　　单位:元

科目代号	余额	科目代号	余额
2011	21 000 000		
2012	7 800 000		
2021	4 500 000		
合计	33 300 000		

法定存款准备金=一般存款余额×缴存比率=33 300 000×17%=5 661 000(元)

如果商业银行在中国人民银行准备金存款未达到法定准备金的最低限额时,中国人民银行将按照有关规定进行处罚。

编制会计分录如下:

① 中国人民银行

借:××银行准备金存款
　　贷:利息收入

② 商业银行

借:营业外支出
　　贷:存放中央银行款项——准备金

(二)缴存财政性存款的核算

1.有关规定

(1)财政性存款缴存的范围

根据中国人民银行规定,财政性存款包括:国家金库款轧减中央经费限额支出数;待结算财政款项轧减借方数;财政发行期票轧减应收期票款项;财政发行的国库券及各项债券款项,轧减已兑付国库券及各项债券项数。

(2)财政性存款缴存的比例

财政性存款应全额即100%划缴中国人民银行。

(3)财政性存款缴存的时间

各商业银行向中国人民银行缴存的财政性存款,每旬调整一次,于旬后5日内办理。如遇调整期最后一天为法定休假日,可顺延。

(4)财政性存款缴存的计算方法和幅度

划缴或调整财政性存款时,应按本旬增加(减少)的实际数额,计算应缴存的金额。计算

公式如下：

本次应调整数＝本次应缴存数－已缴存数（正数为补缴数，负数为退回数）

2. 账务处理

缴存财政性存款，在账务处理方法上根据初次缴存、定期调整和欠缴补缴的不同情况而有所不同。具体如下：

(1)初次缴存的处理

①商业银行的处理

a.商业银行开业后第一次缴存财政性存款时，应根据财政性存款所属的有关存款科目余额，分别填制"缴存财政性存款科目余额表"一式两份，并按规定的比例计算出应缴存金额，填制"缴存财政性存款划拨凭证"（见表6-4）一式四联。第一联，由缴存行代贷方传票；第二联，由缴存行代借方传票；第三联，由中国人民银行代贷方传票；第四联，由中国人民银行代借方传票。

b.填制凭证并审查无误后，商业银行应根据"划拨凭证"第一联、第二联分别代转账贷、借方传票办理转账。

c.转账后，商业银行将"划拨凭证"第三联、第四联和"缴存财政性存款科目余额表"一份送开户的中国人民银行，另一份"缴存财政性存款科目余额表"留存。

②中国人民银行的处理

a.中国人民银行收到商业银行交来的"划拨凭证"第三联、第四联和"缴存财政性存款科目余额表"，经审查无误，以"划拨凭证"第三联、第四联分别代转账贷、借方传票办理转账。

b.商业银行交来的"缴存财政性存款科目余额表"作附件。

表6-4　　　　缴存（或调整）财政性存款划拨凭证（贷方凭证）总字第　　号

收受银行	名称	中国人民银行　　　行	缴存银行	名　称	
	账号			账　号	
存款类别		年　　月　　日余额	缴存比例		应缴存款余额
财政性存款			100%		
1.合计					
2.已缴存金额					
3.本次应补缴金额(1-2)					
4.本次应退回金额(2-1)					

(2)定期调整缴存的处理

初次缴存以后，商业银行再向中国人民银行缴存的存款均要进行调整，将上次已缴金额（"缴存中央银行财政性存款"科目余额）和本次应缴金额相比较，如上次已缴金额大于本次应缴金额，则为应退回金额，应调减，即从缴存中国人民银行财政性存款科目余额中退回其差额；反之，应调增，即商业银行应补缴其差额。

①商业银行的处理

a.商业银行调整缴存款时，应填制"缴存财政性存款科目余额表"一式两份，并填制"调整财政性存款划拨凭证"一式四联，各联用途与初次缴存时相同。同时应根据上次已缴存金额，计算本次应补缴或应退回金额，分别填入划拨凭证内，并据"划拨凭证"第一联、第二联办理转账。

b.如为应补缴金额,则补缴时的会计分录与初次缴存相同;如为应退回金额,则退回时的会计分录与初次缴存相反。

②中国人民银行的处理

a.中国人民银行收到商业银行交来的"划拨凭证"第三联、第四联和"缴存财政性存款科目余额表",经审查无误,应据"划拨凭证"第三联、第四联办理转账,"缴存财政性存款科目余额表"作附件。

b.收到商业银行补缴存款的会计分录,与商业银行初次缴存时中国人民银行的处理相同;退回缴存款的会计分录,与初次缴存时中国人民银行的处理相反。

(3)欠缴补缴存款的处理

欠缴存款是指商业银行在规定的缴存款期限内,存放中央银行款项余额不能按时或足额上缴本次调整应补缴的存款金额。

如发生欠缴,则商业银行应将本次能实缴的金额和欠缴的款项分开填列凭证;欠缴金额待商业银行筹足资金时,中国人民银行应一次全额收回,不予分次扣收;对欠缴的金额,从旬后第5天起至欠缴收回日止(算头不算尾),按规定比例扣收罚款,中国人民银行随同扣缴的存款一并扣收。

①商业银行发生欠缴存款的处理

a.商业银行发生欠缴时,也要填制"缴存财政性存款科目余额表",并根据本次能实缴的金额,填制"划拨凭证",将划拨凭证内的"本次应补缴金额"栏改为"本次能实缴金额"栏,并在凭证备注栏内注明本次应补缴金额和欠缴金额。经审核无误,据"划拨凭证"第一联、第二联办理转账,会计分录与正常调增缴存相同。

b.另根据欠缴金额填制"欠缴凭证"一式四联,各联用途与划拨凭证相同,同时应填制"待清算凭证"表外科目收入传票,凭以记载登记簿。

c.然后将"欠缴凭证"第三联、第四联与"划拨凭证"第三联、第四联及"缴存财政性存款科目余额表"一并送交开户的中国人民银行,"欠缴凭证"的第一联、第二联留存。

②中国人民银行的处理

a.中国人民银行收到商业银行本次实缴存款的"划拨凭证"和"缴存财政性存款科目余额表"时,应按其正常缴存处理;对收到的"欠缴凭证"第三联、第四联,应妥善保管,并据以编制"待清算凭证"表外科目收入传票,登记登记簿。

b.待商业银行在中国人民银行存款账户存入的资金足以支付欠缴存款时,中国人民银行应以留存的"欠缴凭证"第三联、第四联办理欠缴存款全额收回。

中国人民银行对超过期限的欠缴存款,应按规定计收罚款。计收罚款时,应分别填制特种转账借、贷方传票各两联,据其中一联办理转账。将另外两联特种转账借、贷方传票盖章后送商业银行。

③商业银行缴存欠缴款的处理

商业银行收到中国人民银行转来的特种转账借、贷方传票,应与原留存的欠缴凭证第一联、第二联一起办理转账手续,转账后,填制"待清算凭证"表外科目付出传票,销记登记簿。

中国人民银行对商业银行的欠缴存款,如果到本旬调整日,仍无款可扣,则对欠缴凭证的欠缴金额予以罚款,编制四联特种转账传票,从上旬后第五天起至本调整日止,算头不算尾,按规定比例计算罚款,同时销记"待清算凭证"表外科目登记簿,将欠缴凭证注销作特种转账传票附件,退回商业银行,并将欠缴款并入下次一起办理缴存。

例 6-15

某市商业银行6月30日财政性存款余额为270万元,按现行缴存比例计算,本次应缴存财政性存款270万元。如上次已缴存财政性存款150万元,则本次应补缴(调增)财政性存款120(270—150)万元。编制会计分录如下:

借:存放中央银行款项——财政性存款户　　　　　　1 200 000.00
　　贷:存放中央银行款项——准备金户　　　　　　　　　1 200 000.00

如果调减(退缴)财政性存款准备金,则会计分录与调增时相反。

四、再贷款业务的核算

(一)再贷款的概述

1.概念

再贷款是中央银行向商业银行发放的贷款。它是解决商业银行临时资金不足,发挥中央银行宏观调控作用的工具。

2.种类

各商业银行根据业务发展和不同时期贷款的需要,向中国人民银行申请借款。

中国人民银行发放贷款的种类,按期限划分主要有以下几种:

(1)年度性贷款,是中国人民银行用于解决商业银行因经济合理增长引起的年度性信贷资金不足,而向商业银行发放的贷款,年度性贷款期限为1年或1年以上。

(2)季节性贷款,是中国人民银行用于解决商业银行因信贷资金先支后收或存款季节性下降或贷款季节性上升等引起的资金不足,而向商业银行发放的贷款,季节性贷款期限一般为2个月,最长不超过4个月。

(3)日拆性贷款,是中国人民银行用于解决商业银行由于汇划款项未达和清算资金不足等发生临时性资金短缺,而向商业银行发放的贷款,日拆性贷款最长不超过20天。

(二)再贷款的核算

商业银行各级行处在经营过程中,遇资金不足,可根据计划和需要向开户中国人民银行申请借款。中国人民银行通过"××银行贷款"科目核算,商业银行通过"向中央银行借款"科目核算。

中国人民银行对商业银行的贷款实行期限管理,因此,中国人民银行应按贷款种类为商业银行开立贷款账户。

1.发放

(1)商业银行的处理

①商业银行向中国人民银行申请借款时,应向中国人民银行提交"中国人民银行再贷款申请书",经中国人民银行审查同意后,填写一式五联的借贷凭证,并在第一联上加盖预留中

国人民银行存款户的印鉴,送交中国人民银行办理借款手续。

②待收到中国人民银行退交的第三联借款凭证(收账通知联)后,凭以编制转账借、贷方传票,办理转账。编制会计分录如下:

借:存放中央银行款项
　　贷:向中央银行借款

(2)中国人民银行的处理

中国人民银行收到商业银行提交的一式五联借款凭证,经审查无误,以第一联借款凭证代转账借方传票,以第二联借款凭证代转账贷方传票,凭以办理转账。编制会计分录如下:

借:再贷款——××银行贷款户
　　贷:××银行准备金存款

2.收回

(1)商业银行的处理

商业银行向中国人民银行归还借款时,应填写一式四联的还款凭证,并在第二联上加盖预留中国人民银行存款账户的印鉴,送交开户的中国人民银行办理还款手续。

待收到中国人民银行退回的还款凭证第四联(支款通知)和借据后,以还款凭证代转账传票,借据作附件,办理转账。

(2)中国人民银行的处理

中国人民银行收到借款的商业银行提交的还款凭证,经审查无误,以还款凭证第一联、第二联办理转账。再贷款利息的计算,基本上与商业银行向单位贷款的计息方法相同。

3.计息

(1)中国人民银行的处理

中国人民银行对商业银行再贷款的利息计算亦可采用余额表按季结息的办法,由中国人民银行每季末月20日结计利息后转账收取。编制会计分录如下:

借:××银行准备金存款
　　贷:利息收入

(2)商业银行的处理

借:利息支出(应付利息)——金融企业往来支出
　　贷:存放中央银行款项

五、再贴现业务的核算

(一)再贴现的概述

1.概念及分类

再贴现是中央银行向商业银行提供资金的一种方式,是以转让有效票据(一般是银行承兑汇票)为前提的,是中央银行的三大货币政策工具(公开市场业务、再贴现、存款准备金)之一,是中央银行调节货币供应与加强宏观控制的有力措施。

再贴现按照是否转移票据权利划分为买断式再贴现和回购式再贴现。转移票据权利的再贴现是买断式再贴现;不转移票据权利的再贴现是回购式再贴现。实践中以回购式再贴现为主。

2. 科目设置

"贴现负债"科目为负债类科目,本科目核算企业(银行)办理商业票据的转贴现等业务所融入的资金。"贴现负债"科目可按贴现类别和贴现金融机构,分别"面值""利息调整"进行明细核算。

企业持贴现票据向其他金融机构转贴现时,应按实际收到的金额,借记"存放中央银行款项"等科目,按贴现票据的票面金额,贷记本科目(面值),按其差额,借记本科目(利息调整)。

资产负债表日,按计算确定的利息费用,借记"利息支出"科目,贷记本科目(利息调整)。

贴现票据到期,应按贴现票据的票面金额,借记本科目(面值),按实际支付的金额,贷记"存放中央银行款项"等科目,按其差额,借记"利息支出"科目。存在利息调整的,也应同时结转。

"贴现负债"科目期末贷方余额,反映企业办理的转贴现等业务融入的资金。

(二)再贴现的账务

1. 买断式再贴现的账务处理

(1)步骤

①商业银行持已贴现未到期的商业汇票向中国人民银行申请再贴现时,应填制一式五联再贴现凭证(以贴现凭证代),连同商业汇票一起交中国人民银行。

②中国人民银行收到商业银行的再贴现凭证及商业汇票,经审核无误,根据汇票金额再贴现天数及再贴现率,计算中国人民银行应扣除的再贴现利息和实付再贴现金额。计算公式如下:

$$再贴现利息 = 再贴现票据面额 \times 再贴现天数 \times 再贴现率$$

$$实付贴现金额 = 再贴现票据面额 - 再贴现利息$$

③中国人民银行填制再贴现凭证,以再贴现凭证第一联至第三联为记账传票办理转账。然后,将再贴现凭证第四联退交申请再贴现的商业银行,将再贴现凭证第五联与加盖"再贴现"字样的汇票专夹保管。票据到期时,中国人民银行从申请再贴现的商业银行账户收取,并将相关凭证交给申请再贴现的商业银行。

④商业银行待收到中国人民银行退回的第四联再贴现凭证(收账通知),据以编制转账借、贷方传票,办理转账。

(2)账务处理

①商业银行办理再贴现时,编制会计分录如下:

借:存放中央银行款项
　　贴现负债——利息调整
　贷:贴现资产——面值

②资产负债表日计算确定的利息费用,编制会计分录如下:

借:利息支出
　贷:贴现负债——利息调整

③再贴现到期,中国人民银行直接从付款人账户收取资金时,编制会计分录如下:

借：贴现负债——面值
　　利息支出
　　贷：贴现资产——面值
　　　　贴现负债——利息调整
④到期付款人拒付，中国人民银行从贴现商业银行收回资金时，编制会计分录如下：
借：贴现负债——面值
　　利息支出
　　贷：存放中央银行款项
　　　　贴现负债——利息调整

2.回购式再贴现的账务处理

(1)步骤
①票据到期时，商业银行将票据购回并向付款人收款。
②付款人拒付或无款退回凭证时，商业银行向贴现申请人扣收款项。
(2)账务处理
商业银行办理再贴现和资产负债表日的会计处理与买断式再贴现的处理相同。
①再贴现到期时，商业银行向中国人民银行回购票据，编制会计分录如下：
借：贴现负债——面值
　　利息支出
　　贷：存放中央银行款项
　　　　贴现负债——利息调整
②商业银行向付款人收回贴现款的处理详见贷款业务的处理。

例 6-16

中国工商银行迎泽支行 2019 年 3 月 3 日持已贴现尚未到期的银行承兑汇票向中国人民银行申请再贴现，汇票的面额为 200 000 元，2019 年 6 月 10 日到期，再贴现率为 5.64%。要求：中国工商银行迎泽支行分别以买断式和回购式两种方法进行会计核算。

再贴现利息 = 200 000 × 99 × 5.64% ÷ 360 = 3 102(元)

实付贴现金额 = 200 000 - 3 102 = 196 898(元)

(1)买断式再贴现
①办理再贴现时，编制会计分录如下：

借：存放中央银行款项　　　　　　　　　　　　　　　196 898.00
　　贴现负债——利息调整　　　　　　　　　　　　　　3 102.00
　　贷：贴现资产——面值　　　　　　　　　　　　　　200 000.00

②再贴现到期，中国人民银行直接从付款人收回资金时，编制会计分录如下：

借：贴现负债——面值　　　　　　　　　　　　　　　200 000.00
　　利息支出　　　　　　　　　　　　　　　　　　　3102.00
　　贷：贴现资产——面值　　　　　　　　　　　　　　200 000.00
　　　　贴现负债——利息调整　　　　　　　　　　　　3102.00

③到期时付款人拒付,中国人民银行从贴现商业银行收回资金时,编制会计分录如下:

借:贴现负债——面值　　　　　　　　　　　　　　200 000.00
　　利息支出　　　　　　　　　　　　　　　　　　　3 102.00
　　贷:存放中央银行款项　　　　　　　　　　　　　200 000.00
　　　　贴现负债——利息调整　　　　　　　　　　　　3 102.00

(2)回购式再贴现
①办理再贴现会计分录与买断式再贴现会计分录相同。
②再贴现到期时,商业银行向中国人民银行回购票据,编制会计分录如下:

借:贴现负债——面值　　　　　　　　　　　　　　200 000.00
　　利息支出　　　　　　　　　　　　　　　　　　　3 102.00
　　贷:存放中央银行款项　　　　　　　　　　　　　200 000.00
　　　　贴现负债——利息调整　　　　　　　　　　　　3 102.00

③商业银行向付款人收回贴现款详见贷款业务的处理。

任务五　核算同业往来业务

一、同业往来的概述

同业往来是银行之间在进行各项业务时建立的往来关系。银行在办理业务时,会发生债权债务关系,由于这种业务具有相互性质,所以债权债务可以相互抵消。但抵消后总会有一定的差额。

二、同业存款业务的核算

(一)同业存款的概述

1.基本概念

同业存款是指各金融企业之间,由于资金调拨、款项划拨以及为办理货币结算而相互代收、代付款项所发生的资金往来。应当按银行和非银行金融机构、境内和境外不同机构分别核算。这里主要以银行间的同业存款为主讲述。

2.基本类型

(1)银行同业存款业务

①在同城中国人民银行未设立票据交换场所,未参加票据交换的行处,相互间需要提出、提入票据进行结算资金。

②地域性银行委托全国性银行代办全国业务,或国内银行委托国外银行代办国外业务。

(2)同业存款的类型

①单项存放款项形式,是指同业往来双方由一方将资金存入另一方,结算资金时只从一个账户结算,即本行存入他行或他行存入本行。

②双方存放款项形式,是指同业往来双方互相将资金存入对方,即每一方对另一方要开设两个账户,一个是资产类账户,核算本行存入他行的款项,一个是负债类账户,核算他行存入本行的款项。

3.科目设置

(1)"存放同业"科目属于资产类科目。当本行通过中央银行向他行划款时或者结算属于本行应收资金时,记入本科目的借方,反之记入贷方。本科目核算商业银行存放于境内、境外银行和非银行金融机构的款项。本科目可按存放款项的性质和存放的金融机构进行明细核算。

(2)"同业存放"科目属于负债类科目,其核算他行存入本行的款项,当他行通过中央银行向本行划款时或结算属于本行的应付资金款项时,记入本科目的贷方,反之记入借方。

(二)同业存款的核算

1.单项存放款项的核算

(1)当本行存入他行,本行应单设"存放同业"科目。在提出提入票据结算中如果本行属于应付款项,则编制会计分录如下:

借:吸收存款——付款人户
　　贷:存放同业

本行收款时,则编制相反的会计分录。

(2)当他行存入本行,本行应单设"同业存放"科目。在提出提入票据结算中如果本行属于应付款项,则编制会计分录如下:

借:吸收存款——付款人户
　　贷:同业存放

本行收款时,则编制相反的会计分录。

2.双方存放款项的核算

由于双方设户,所以在结算中只能共同约定使用一组,一般是根据本行提出提入票据的方向来决定。

(1)本行提出票据时,通过"存放同业"科目核算。如果本行属于应付款项,则编制会计分录如下:

借:吸收存款——付款人户
　　贷:存放同业

本行收款时,则编制相反的会计分录。

(2)本行提入票据时,通过"同业存放"科目核算。如果本行属于应收款项,则编制会计分录如下:

借:同业存放
　　贷:吸收存款——收款人户

本行付款时,则编制相反的会计分录。

3.同业往来差额的核算

(1)各银行之间经常性往来的存欠资金必须及时办理,及时清算。一般按规定10天清算一次,于每旬结束后的3天内办理。

资金清算时,一般指定其中的一方为主动清偿银行,负责清算资金和利息计算。承担主动清偿责任的银行,在规定时间计算出相互存欠的款项,并通过中国人民银行结清资金。

(2)计算存欠时,根据"存放同业"和"同业存放"两科目的差额确认占用或被占用资金数额,如果本期"同业存放"科目余额大于"存放同业"科目余额,则其差额为占用的同业资金,清算时应付出资金;如果本期"同业存放"科目余额小于"存放同业"科目余额,则其差额表明本银行的资金被同业占用,清算时应收回资金。

(3)如果主动清算银行应付资金,则该银行应向中国人民银行提交付款凭证并付出存款户的存款。编制会计分录如下:

借:同业存放
　　贷:存放同业
　　　　存放中央银行款款项

三、同业拆借业务的核算

(一)同业拆借的概述

1.概念

同业拆借是商业银行解决临时性、短期资金不足的一种融资方式。相互拆借解决了同业间的临时资金困难,对加强银行间的横向融通、搞活资金、提高资金使用效益有重要意义。

2.特点

由拆出与拆入资金的商业银行,双方商定拆借条件,签订协议,共同履行,并通过中国人民银行划拨资金。同业拆借具有临时性和短期性的特点,有利于搞活商业银行的资金,提高资金使用效益。

3.规定

同业拆借业务有如下规定:

(1)同业拆借的参加对象是经中央银行批准,并在工商行政管理机构登记注册的具有法人资格的银行和非银行金融机构。中央银行、从事保险业务的金融企业、非金融机构和个人不得参加同业拆借活动。

(2)同业拆借由中国人民银行统一负责管理、组织、监督和稽核,及时上报有关业务报表。《中华人民共和国银行管理暂行条例》规定:"专业银行之间互相拆借的利率,由借款双方在中国人民银行规定的限度范围内协商议定。"

(3)同业拆借分同业头寸拆借和同业短期拆借。

参加同城票据交换的各金融企业可通过同业头寸拆借调剂头寸余缺,头寸拆借以无形市场为主,拆借期限不得超过7天。同业短期拆借应通过融资中介机构办理,只限于没有向中央银行借款的金融企业之间的资金融通,向中央银行借款的金融企业,在同业短期拆借金融市场上只能拆入资金而不得拆出资金,同业短期拆借的期限为7天以上4个月以内。

(4)禁止利用拆入资金发放固定资产贷款或者用于投资。

拆出资金限于充足存款准备金、留足备付金和归还中国人民银行到期贷款之后的闲置资金。拆入资金用于弥补票据结算、联行汇差头寸的不足和解决临时性周转资金的需要。拆入资金只可以作为调节头寸的手段,不可以成为贷款的资金来源。

(5)拆借资金时不能用现金方式进行直接拆借。同业拆借可以在同城金融企业间进行,也可以在异地金融企业间进行,但异地金融企业间的拆借必须通过中央银行的融资中介办理,双方企业在商定了拆借条件并签订拆借协议后,通过中国人民银行划拨资金。

4.科目设置

(1)"拆出资金"科目,属于资产类科目,由拆出行使用,核算银行拆借给其他银行和非银行金融性公司的款项。拆借资金给他行时,借记本科目;他行归还拆借资金时,贷记本科目。余额应该在借方,表明该行拆出尚未收回的款项。本科目应按拆借的银行或公司进行明细核算。

(2)"拆入资金"科目,属于负债类科目,由拆入行使用,核算银行和非银行金融公司向其他银行借入的款项。借入资金时,贷记本科目;归还资金时,借记本科目。余额在贷方,表明该行拆入尚未归还的款项。本科目应按拆入银行设明细账。

(3)"利息收入——金融企业往来收入"科目,属于损益类科目,由拆出行使用,核算拆出行向银行同业和非银行金融性公司拆出资金时所赚取的利息。收到利息时,记本科目贷方;期末,结转本年利润时,记本科目借方。

(4)"利息支出——金融企业往来支出"科目,属于损益类科目,由拆入行使用,核算拆入行向银行同业和非银行金融性公司拆入资金时所支付的利息。支付利息时,记本科目借方;期末,结转本年利润时,记本科目贷方。

(二)同业拆借的核算

1.拆借资金的核算

例 6-17

中国工商银行通过中国人民银行向同城中国建设银行融入资金4 000万元,期限为15天,利率为4.35%,要求编制中国工商银行和同城中国建设银行的会计分录(以万元为单位)。

(1)同城的中国建设银行拆出资金的会计分录如下:

借:拆出资金——中国工商银行拆出资金户　　　4 000.00
　　贷:存放中央银行款项　　　　　　　　　　　　　　　4 000.00

(2)中国工商银行拆入资金的会计分录如下:

借:存放中央银行款项　　　　　　　　　　　　4 000.00
　　贷:拆入资金——中国建设银行拆入户　　　　　　　　4 000.00

2.到期归还的核算

例 6-18

接【例 6-17】,拆借到期,要求编制中国工商银行和中国建设银行的会计分录(以万元为单位)。

拆借利息=4 000×15×4.35%÷360=7.25(万元)

(1)中国工商银行归还拆入资金的会计分录如下:

借:拆入资金——中国建设银行拆入资金户　　　　　　　　　　4 000.00
　　利息支出——金融企业往来支出　　　　　　　　　　　　　　7.25
　　贷:存放中央银行款项　　　　　　　　　　　　　　　　　　4 007.25

(2)中国建设银行收到拆出资金的会计分录如下:

借:存放中央银行款项　　　　　　　　　　　　　　　　　　　4 007.25
　　贷:拆出资金——中国工商银行拆出资金户　　　　　　　　　4 000.00
　　　　利息收入——金融企业往来收入　　　　　　　　　　　　7.25

四、跨系统汇划款项业务的核算

通过跨系统商业银行转汇时,应视商业银行机构设置情况,分别采用不同的方式通过中国人民银行现代化支付系统清算资金和转汇进行处理。在实际工作中,存在未建立现代化支付系统的商业银行,其跨系统的异地结算,可以通过相互转汇来实现。

1.汇出地为双设机构的转汇,可采用"先横后直"的划款方式(如图 6-5 所示)

汇出行所在地如为商业银行双设机构地区,即在同一城镇既有汇入行系统内的银行机构,又有中国人民银行机构,汇出行先将汇划款项通过同城票据交换,划转同城汇入行系统的银行机构。然后由其通过本系统联行划给汇入行,记入收款人账户。

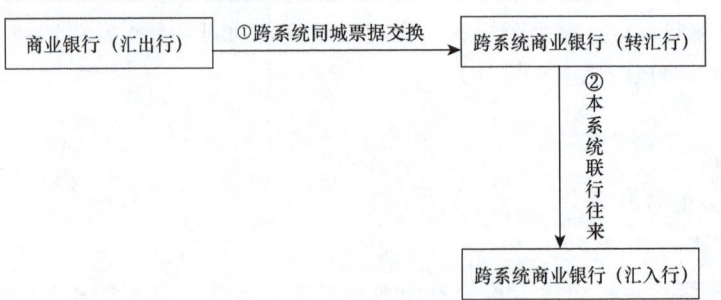

图 6-5 "先横后直"的异地跨系统划款方式

(1)汇出行的处理

汇出行根据客户提交的汇款凭证,分别不同系统的汇入行逐笔填制转汇清单,通过同城票据交换,划转同城跨系统转汇行办理转汇。以划收款业务为例,编制会计分录如下:

借:吸收存款——付款人户
　　贷:同城票据清算
　　　　(或)同业存放——××转汇行户
　　　　(或)存放同业——××转汇行户

(2)转汇行的处理

转汇行收到汇出行划转凭证和清单,审查无误后,应一方面视同本身联行汇划业务,将款项划往异地汇入行,另一方面通过同城票据交换。编制会计分录如下:

借:同城票据清算
　　(或)同业存放——××转汇行户
　　(或)存放同业——××转汇行户
　贷:清算资金往来——辖内往来

(3)汇入行的处理

汇入行收到同系统转汇行寄来的联行报单及有关结算凭证,经审查无误后,办理转账。编制会计分录如下:

借:清算资金往来——辖内往来
　贷:吸收存款——收款人户

2.汇出地为单设机构的转汇,可采用"先直后横"的划款方式(如图6-6所示)

汇出行所在地如为商业银行单设机构地区,即在同一城镇,未设有汇入行系统的银行机构,汇出行先将汇划款项通过联行往来划给汇入地系统内的银行机构,然后通过同城票据交换,划转至汇入行,记入收款人账户。

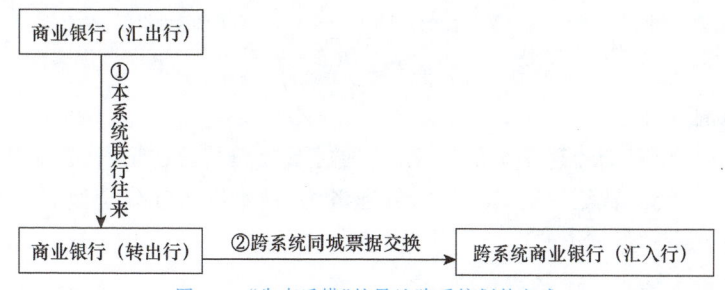

图6-6 "先直后横"的异地跨系统划款方式

(1)汇出行的处理

汇出行通过跨系统向异地其他商业银行汇划款项时,根据客户提交的汇款凭证,通过系统内的联行往来将有关的凭证或信息发往汇入行所在地的本系统转汇行。以划收款业务为例。编制会计分录如下:

借:吸收存款——付款人户
　贷:清算资金往来——辖内往来

(2)转汇行的处理

转汇行收到同系统的汇出行发来的有关结算凭证和电子信息,经审核无误后,填制转汇清单,通过同城交换或往来,将有关的凭证转给汇入行。编制会计分录如下:

借:清算资金往来——辖内往来
　贷:同城票据清算
　　(或)同业存放——××转汇行户
　　(或)存放同业——××转汇行户

(3)汇入行的处理

汇入行收到从同城交换或往来提入的转汇凭证,应根据有关凭证办理转账。编制会计分录如下：

借：同城票据清算

（或）同业存放——××转汇行户

（或）存放同业——××转汇行户

贷：吸收存款——收款人户

3.汇出地、汇入地均为单设机构的转汇，采用"先直后横再直"的划款方式(如图6-7所示)

汇出行与汇入行所在地均为商业银行单设机构地区，汇出行先将汇划款项通过联行往来划给附近双设机构地区代转行，由其通过同城票据交换，划转至汇入行本系统的银行机构，再通过联行往来划给汇入行，记入收款人账户。

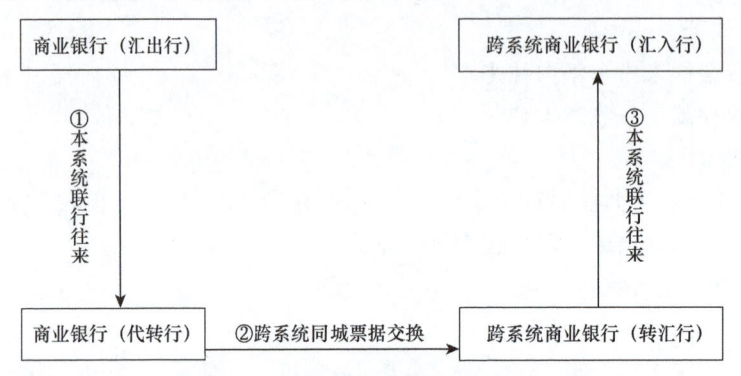

图6-7 "先直后横再直"的异地跨系统划款方式

(1)汇出行的处理

汇出行收到单位提交的跨系统汇款凭证，通过系统内联行往来，将有关凭证或信息发往双设机构地区的系统内转汇银行。以划收款业务为例，编制会计分录如下：

借：吸收存款——付款人户

贷：清算资金往来——辖内往来

(2)代转行的处理

代转行收到汇出行发来的有关结算凭证和电子信息，经审核无误后，通过同城票据交换或直接将转汇清单及有关凭证交汇入行的同系统转汇银行办理转账。编制会计分录如下：

借：清算资金往来——辖内往来

贷：同城票据清算

（或）同业存放——××转汇行户

（或）存放同业——××转汇行户

(3)转汇行的处理

转汇行收到从同城交换或直接往来提入的转汇清单及有关汇划凭证，应通过系统内的联行往来将有关凭证或信息发往汇入行。编制会计分录如下：

借：同城票据清算

（或）同业存放——××转汇行户

（或）存放同业——××转汇行户

贷：清算资金往来——辖内往来

(4)汇入行的处理

汇入行收到同系统转汇行发来的有关结算凭证和电子信息,经审核无误后,根据有关凭证办理转账。编制会计分录如下：

借：清算资金往来——辖内往来

　　贷：吸收存款——收款人户

五、票据交换系统业务的核算

票据交换系统是指中国人民银行建设运营的同城票据清算系统(含同城票据交换所)、全国支票影像交换系统的统称。

我国现代化支付系统建成后,传统的同城票据交换系统仍然在经济领域起着很重要的作用,具有一定的市场空间。现阶段,两个系统的存在都发挥着各自的优势,因而,在一定时期内,他们互相依存,互相补存,共同形成了资金清算系统体系中的重要组成部分。

(一)同城票据交换概述

1.概念

同城票据交换是指在同一城市(区域),各商业银行之间,按规定的时间,集中到指定的地点(票据交换所),相互交换代收、代付的票据,然后轧计差额,并清算应收或应付资金的办法。

由于同城结算中,大量业务的收、付款单位都不在同一行处开户,构成同城各银行之间的资金账务往来。同城票据交换使各银行之间不必逐笔划转款项和分头传递结算凭证,既能简化结算手续,方便单位之间的资金往来,又能加快凭证传递,加速企业资金周转,提高资金使用效益。

> **知识链接**
>
> 同城票据交换一般由中国人民银行负责清算,进行集中监督。

2.规定

同城票据交换有如下规定：

(1)同城票据交换一般由当地中国人民银行主持,即由中国人民银行规定票据交换的时间(一般为上、下午各一次)和场所(票据交换所),统一清算差额。

(2)参加票据交换的行处,需向当地中国人民银行申请,经批准并发给同城票据交换行号方能参加票据交换。

(3)票据交换的核算分提出行和提入行两个系统。

向他行提出票据的行处为提出行；在票据交换所从他行提回票据的行处为提入行。一般参加交换的行处既是提出行,又是提入行,但对提出和提入的票据应分别进行核算。

(4)提出交换的票据分为代收(贷方)票据和代付(借方)票据。对他行付款的票据,应遵循"他行票据,收妥抵用"的原则,即付款单位付款项后才能为收款单位入账。

若提出行提出的是在本行开户的付款人委托银行从其账户中付出款项,划往在他行开户的收款人账上的各种凭证,称为代收票据,如由签发人提交的支票等；若提出的是在本行开户的收款单位交存的,应由在他行开户的单位付款的凭证,称为代付票据,如收款人送存的支票、银行本票等。

(5)提入行的票据交换员对提入的票据,即他行提出的本行收款凭证和付款凭证,审查无误后,根据提出与提入票据的张数和金额,轧计出本次交换应收应付款项。计算方法如下:

$$本行应付款=提出贷方票据+提入借方票据$$

$$本行应收款=提出借方票据+提入贷方票据$$

两项相抵后计算出本行应收差额或应付差额,据此编制"交换差额报告单"(见表6-5),送中国人民银行营业部门办理转账。

表 6-5　　　　　　　　　交换差额报告单

××市20××年××月××日同城票据交换差额报告单

摘要	借方	贷方
提出票据	借方票据	贷方票据
提入票据	贷方票据	借方票据
总金额		
差　额		

3.科目设置

参加同城票据交换的银行间,提出提入的票据结算资金,都通过"清算资金往来——同城票据清算"科目进行核算。本科目属于资产负债共同类科目。

(二)同城票据交换的核算

1.提出行的核算

(1)步骤

①对于准备提出的代收、代付票据,提出行应首先审核内容是否齐全、正确。

②审核无误后,根据代收、代付票据逐笔登记"代收(代付)票据交换登记簿",并结出金额合计数。

③登记后,将结算凭证中属于本行记账的凭证留下,交专柜记账,将提出清算的票据,按对方行、处清分,并分别加计各对方行、处的代收、代付票据的笔数和金额,填制"代理收款(付款)计数通知单"一式两联,一联留底,另一联连同代收、代付票据提出交换。

④根据"代理收款(付款)计数通知单",分别加计代收、代付的总笔数、总金额,填入"清算总数表"的"提出代收款"和"提出代付款"栏。

⑤将票据送交换所之前,为保证票据清算的顺利进行,提出行必须对提出的代收、代付票据进行全面核对,保证票据、登记簿、计数通知单、总数表四相符,方可将一式三份"清算总数表"连同"代理收款(付款)计数通知单"和提出代收、代付的票据,一并交由交换员带往票据交换所进行交换和清算。

(2)处理

①提出贷方票据的处理

a.按提出票据汇总金额填制一联贷方记账凭证,以客户提交的票据或结算凭证作借方记账凭证。编制会计分录如下:

借:吸收存款——付款人户

　　贷:清算资金往来——同城票据清算

b.如果提出的票据被他行退票,在中国人民银行规定的退票时间内接到对方银行"退票理由书"时,将一联退票理由书和有关贷方票据一并退收款人,填制借、贷方记账凭证各一联,以退票理由书作贷方记账凭证附件。编制的会计分录与前面提出贷方票据的会计分录相反。

②提出借方票据的处理

a.按提出票据汇总金额填制借、贷方记账凭证各一联。编制会计分录如下:

借:清算资金往来——同城票据清算

　　贷:其他应付款

b.在规定时间内无退票时,填制一联借方记账凭证,以客户提交的结算凭证作贷方记账凭证。编制会计分录如下:

借:其他应付款

　　贷:吸收存款——收款人户

c.在中国人民银行规定的退票时间内接到对方银行的"退票理由书"时,填制借、贷方记账凭证各一联,以退票理由书作借方记账凭证附件。编制会计分录如下:

借:其他应付款

　　贷:清算资金往来——同城票据清算

2.提入行的核算

(1)步骤

①提入行在交换所收回本行票据时,将票据和计数通知单分开,分别代收、代付汇总加计票据笔数和金额,相互核对。如有不符则说明提出行工作有误,应及时查找。

②待将提入的票据同计数通知单核对一致后,将代收、代付票据的笔数和金额分别登记在"清算总数表"的"提入代收款"和"提入代付款"栏。

(2)处理

①提入贷方票据的处理

a.按提入票据汇总金额填制一联借方记账凭证,以提入票据或结算凭证作贷方记账凭证。编制会计分录如下:

借:清算资金往来——同城票据清算

　　贷:吸收存款——收款人户

b.因误提他行票据等原因不能入账的,先贷记"其他应付款"科目。退票或再提出时,编制相反的会计分录冲销。

②提入借方票据的处理

a.按提入票据汇总金额填制一联贷方记账凭证,以提入的票据或结算凭证作借方记账凭证。编制会计分录如下:

借:吸收存款——付款人户

　　贷:清算资金往来——同城票据清算

b.因误提他行票据等原因不能入账的,先借记"其他应收款"科目,再提出时,编制相反的会计分录冲销。

(三)票据清算差额的处理

1.各商业银行的处理方法

(1)参加交换的各行处,根据"清算总数表"收入和付出合计,轧出应收或应付差额并与中国人民银行清算部门核对相符,以结清收款和付款单位开户行代收、代付的结算业务。

(2)如应付金额大于应收金额,其差额为应付差额,应向交换所提交中央银行存款账户支款凭证。编制会计分录如下:

借:清算资金往来——同城票据清算
　　贷:存放中央银行款项——准备金户

(3)应收金额大于应付金额,其差额为应收差额,应向交换所提交中央银行存款账户送款单。编制相反的会计分录。

2.中国人民银行的处理方法

中国人民银行清算部门收齐各参加交换行处送来的计数通知单后,进行总轧平衡,即提出代收票据总计等于提入代收票据总计;提出代付票据总计等于提入代付票据总计;应收差额总计等于应付差额总计。然后,将应收或应付差额与各行处核对相符后,根据各行处送交的凭证办理转账。

同城票据交换的办法由各地中国人民银行自行制定,因此,各地的具体核算手续不尽相同,但基本原理是一样的。编制会计分录如下:

借:××银行准备金存款——应付差额行
　　贷:××银行准备金存款——应收差额行

例 6-19

2020年7月9日甲地中国工商银行参加第一场票据交换,相关信息见表6-6。

表6-6　　××市20××年××月××日同城票据交换差额报告单　　单位:元

摘要	借方	贷方
提出票据	借方票据 2 670 000	贷方票据 1 231 000
提入票据	贷方票据 7 858 000	借方票据 1 332 000
总金额	10 528 000	2 563 000
差　额		

根据上述同城票据交换差额报告单编制相关的会计分录:

提出票据:借方票据2 670 000元,贷方票据1 231 000元;

提入票据:借方票据1 332 000元,贷方票据7 858 000元。

假设,上述票据未发生退票和提交错误,该行在中国人民银行的准备金充足,做出该银行的账务处理。

(1)提出票据的会计分录如下:

借:同城票据清算　　　　　　　　　　　　　　　　　　　　2 670 000.00
　　贷:吸收存款——收款人户　　　　　　　　　　　　　　　2 670 000.00

借:吸收存款——付款人户　　　　　　　　　　　　　　　1 231 000.00
　　贷:同城票据清算　　　　　　　　　　　　　　　　　　1 231 000.00
(2)提入票据的会计分录如下:
借:吸收存款——付款人户　　　　　　　　　　　　　　　1 332 000.00
　　贷:同城票据清算　　　　　　　　　　　　　　　　　　1 332 000.00
借:同城票据清算　　　　　　　　　　　　　　　　　　　7 858 000.00
　　贷:吸收存款——收款人户　　　　　　　　　　　　　　7 858 000.00
(3)清算差额
本行应收款＝2 670 000＋7 858 000＝10 528 000(元)
本行应付款＝1 231 000＋1 332 000＝2 563 000(元)
应收差额＝10 528 000－2 563 000＝7 965 000(元)
(4)编制会计分录如下:
借:存放中央银行款项——准备金　　　　　　　　　　　　7 965 000.00
　　贷:同城票据清算　　　　　　　　　　　　　　　　　　7 965 000.00

(四)同城票据交换退票的账务处理

1.同城票据交换退票概述

(1)概念

同城票据交换的退票是指付款人银行依据法规审核通过当次交换提入的借方票据,按照合规事由出具书面证明,连同该票据在下一次交换时,退给收款银行的拒绝付款行为。同时银行之间的票据纠纷也多以同城票据交换的退票引起。

(2)规定

中国人民银行为了维护同城票据交换秩序及付款人的权益,根据《中华人民共和国票据法》和《票据管理实施办法》等法规,制定出退票理由的规定。最常见退票理由如下:

①支票付款人存款不足。
②票据金额大小写不符。
③更改票据金额、日期、收款人名称,按规定,在更改处,原记载人未签章证明。
④出票人或付款人的签章不清楚及与预留银行印鉴不符。
⑤票据背书不连续,票面污损、无法辨认。
⑥票据已被失票人挂失止付。
⑦票款已由人民法院通知止付、冻结或提存。
⑧票款已由人民检察院或公安机关冻结。
⑨持票人未给付对价,而以欺诈、盗窃、胁迫等手段取得的票据。
⑩持票人因重大过失,取得不符合票据法规的票据。

2.同城票据交换退票的账务处理

各行在办理退票时,应在规定的退票时间内通知原提出行,并将待退票据视同提出的票据列入下次清算。

由于待退票款已列入本次清算差额,为了保持本次"清算资金往来——同城票据清算"

科目余额与清算差额一致,便于账务平衡,对待退票款项应列入"其他应收款"或"其他应付款"科目核算。

退票时,填制"退票理由书"一式三联,一联留存本行作为应收或应付科目的转账传证,另两联附退票票据于下次票据交换时退回原提出行。

原提出行接到退回的票据后,核对票据交换登记簿确认属于本行提出的票据后,在登记簿上注明退票理由和时间,等收到退票行"退票理由书"时,据以填制特种转账传证。

活动练习

一、名词解释

1.金融机构往来　2.大额实时支付系统　3.小额批量支付系统　4.再贴现　5.再贷款　6.系统内电子汇划系统　7.资金清算　8.票据交换系统　9.联行汇差

二、单选题

1.根据银行吸收存款的增减变化,按照法定比例计算保留在中国人民银行的准备金的是(　　)。

A.备付金　　　　　　　　　　B.支付准备金

C.法定准备金　　　　　　　　D.风险准备金

2.金融企业总行或总部开立的准备金存款账户属于(　　)。

A.备付金存款账户　　　　　　B.法定准备金存款账户

C.支付准备金存款账户　　　　D.备付金和法定存款准备金合一的账户

3.中国人民银行向商业银行发放的再贷款和再贴现,是(　　)。

A.中国人民银行的资产,商业银行的负债　B.中国人民银行的负债

C.商业银行的资产　　　　　　D.中国人民银行的所有者权益

4."同业存放"科目按其资金性质和余额方向应属于(　　)科目。

A.资产类　　　　　　　　　　B.负债类

C.资产负债共同类　　　　　　D.所有者权益类

5."存放中央银行款项"科目按其性质和余额方向应属于(　　)科目。

A.资产类　　　　　　　　　　B.负债类

C.所有者权益类　　　　　　　D.损益类

6.下列各项属于银行资产的是(　　)。

A.同业存放　　　　　　　　　B.存放同业

C.吸收存款　　　　　　　　　D.支票

7.下列各项属于银行负债的是(　　)。

A.向中央银行借款　　　　　　B.存放中央银行准备金

C.实收资本　　　　　　　　　D.投资

8.下列会计科目中应该借贷双方反映余额的是(　　)。

A.联行往账　　　　　　　　　B.联行来账

C.已核对联行来账　　　　　　　　D.未核销报单款项

9.中国人民银行对金融企业的法定存款准备金按（　　）考核。
A.分行　　　　　　　　　　　　　B.支行
C.法人　　　　　　　　　　　　　D.分支机构

10.处于单设机构地区的商业银行跨系统之间的资金往来,汇出行使用（　　）科目核算。
A."清算资金往来"　　　　　　　　B."存放中央银行款项"
C."同业存放款项"　　　　　　　　D."存放同业款项"

11.处于双设机构地区的商业银行跨系统之间的资金往来,汇出行使用（　　）科目核算。
A."清算资金往来"　　　　　　　　B."存放中央银行款项"
C."同业存放款项"　　　　　　　　D."存放同业款项"

三、多选题

1.跨系统转汇有以下（　　）三种方式办理。
A.先横后直　　　　　　　　　　　B.先直后横
C.先直后横再直　　　　　　　　　D.先横后直再直

2.资金汇划清算系统的结构包括（　　）。
A.经办行　　　　　　　　　　　　B.清算行
C.总行清算中心　　　　　　　　　D.电子计算中心
E.国家处理中心

3.商业银行向中央银行借款的种类包括（　　）。
A.年度性贷款　　　　　　　　　　B.季节性贷款
C.同业拆借　　　　　　　　　　　D.贴现
E.日拆性贷款

4.异地跨系统的结算方式有（　　）。
A.通过中国人民银行转汇　　　　　B.通过建有联行系统的商业银行代理结算
C.同城票据交换　　　　　　　　　D.使用本票
E.使用支票

5.联行往来中错误报单包括（　　）。
A.收付款单位号账户名不清　　　　B.大小写金额不一致
C.漏编密押或密码不符　　　　　　D.报单与附件金额不符
E.漏编联行专用章

6.联行往来的组织体系包括（　　）。
A.全国联行往来　　　　　　　　　B.分行辖内往来
C.支行辖内往来　　　　　　　　　D.同城行处往来
E.金融机构往来

7.当联行往来发生时,如果发报行应付出款项,需编制（　　）。
A.邮划贷方报单　　　　　　　　　B.电划贷方报单
C.邮划借方报单　　　　　　　　　D.电划借方报单

E.电划贷方补充报单

8.鉴别假币的主要方法有（　　）。

A.对比法　　　　　　　　　　B.工具法

C.触摸法　　　　　　　　　　D.光线透视法

9.属于收报行核算的主要业务有（　　）。

A.审查联行报单　　　　　　　B.办理转账

C.编制联行往账报告表　　　　D.联行往账的结束工作

10.商业银行向中国人民银行缴存一般性存款的范围包括（　　）。

A.企业存款　　　　　　　　　B.储蓄存款

C.机关团体存款　　　　　　　D.财政性存款

四、判断题

1.发报行对于划拨信汇、电汇、委托收款款项，应填发借方报单；对于划拨银行汇票款，应填发贷方报单。（　　）

2.资金汇划清算采用同步清算资金的办法，对资金的清算通过各清算行在总中心开立的备付金账户办理，该账户清算行用"系统内款项存放"科目核算，总中心用"上存系统内款项"科目核算。（　　）

3.对于报单金额与附件金额不符的报单，应以附件金额为准办理转账。（　　）

4."××银行准备金存款"科目属于资产类科目，增加记借方，减少记贷方，其余额在借方。（　　）

5.具体到某一行处来说，由于银行每天发生的联行业务很多，所以说它既是发报行，也是收报行；既办理往账业务，又办理来账业务。（　　）

6.联行往来的电划贷方补充报单是由发报行填写并使用的。（　　）

7.联行往来中填写并寄送报单的行处称为发报行。（　　）

8.应付联行汇差是指联行往来各科目借方发生额合计大于贷方发生额合计。（　　）

9.跨系统商业银行之间的转汇一律通过中国人民银行转汇。（　　）

10.各商业银行相互拆借资金，应通过中国人民银行存款账户，不可以相互直接拆借资金。（　　）

五、简答题

1.联行往来核算的特点。

2.商业银行系统内电子汇划业务资金汇划清算的基本做法。

3.简述我国支付清算体系。

4.大额支付系统和小额支付系统各自的优点。

六、实务题

根据资料做1~2题：甲行开户单位百货公司提交信汇凭证，委托甲行汇往省外系统内乙行开户单位服装厂10 000元。

1.甲行的账务处理：

借：

　　贷：

2.乙行的账务处理：
借：
　　贷：

根据资料做3～5题：甲行开户单位星星公司提交银行汇票申请书，申请签发银行汇票一张，金额50 000元。收款人为外地乙行开户的服装厂，实际结算金额38 000元。

3.甲行出票的账务处理：
借：
　　贷：

4.乙行付款的账务处理：
借：
　　贷：

5.甲行结清汇票的账务处理：
借：
　　贷：
　　贷：

6.某商业银行2020年5月2日发生业务：东方纺织厂开出一张转账支票，从其存款账户中支付1 000元，转入华北商场存款账户，编制会计分录。
借：
　　贷：

7.收到异地同系统他行划回的银行承兑汇票贴现票款80 000元，办理转账手续，编制会计分录。
借：
　　贷：

8.胜利百货商厂提交银行汇票委托书一份，金额4 000元。系支付异省某市东方大厦的货款，审核无误，予以办理，编制会计分录。
借：
　　贷：

9.2020年5月17日各商业银行提出、提回同城票据交换的票据情况见表6-7：

表6-7　　　　　××市2020年5月17日同城票据交换差额报告单　　　　单位：元

摘要	借方	贷方
提出票据	借方票据2 770 000	贷方票据1 211 000
提入票据	贷方票据7 558 000	借方票据1 312 000
总金额		
差　额		

要求：根据上述同城票据交换差额报告单编制提出、提入票据的会计分录。（假设无发生退票和提交错误，该行在中国人民银行拥有足够的准备金）

项目七 外汇业务

活动目标　本项目通过介绍我国近期出台的外汇新政策，引导学生正确认识中国宏观经济的发展大势，把做人做事的基本道理、社会主义核心价值观的要求、实现民族复兴的理想和责任融入教学中，使学生在掌握业务的同时，成为具有家国情怀、创新精神、国际视野，担当民族复兴大任的卓越财经英才。

活动重点　汇率的种类、外汇买卖业务。

活动难点　套汇的核算；外汇贷款中，浮动利率利息的计算；进口信用证即期付款和远期付款的核算；买方信贷业务中偿还贷款本息的核算。

活动方法　本项目融入课程思政元素，采用先进的教学工具、教学视频、实训软件、案例等线上线下相结合的教学方法。

活动内容　本项目重点介绍外汇业务的概念、种类和实务操作程序以及外汇业务的具体规定和核算内容。

任务一　认识外汇业务

一、外汇的概述

(一)概念

外汇是指以外国货币表示的用于国际结算的支付手段,包括外国货币(纸币、铸币)、外币支付凭证(票据、银行存款凭证、邮政储蓄凭证等)、外币有价证券(政府债券、公司债券、股票等)、欧元以及其他外汇资产、特别提款权等。

> **知识链接**
> 人民币成为SDR篮子中的货币,在G20峰会中,中国推动国际货币体系改革,坚定了"四个自信"。

(二)种类

外汇可以按不同的标志进行分类:

1.按来源和用途可分为贸易外汇和非贸易外汇

(1)贸易外汇

贸易外汇也称实物贸易外汇,是指来源于或用于进出口贸易的外汇,即由于国际商品流通所形成的一种国际支付手段。

(2)非贸易外汇

非贸易外汇是指贸易外汇以外的一切外汇,即一切非来源于或用于进出口贸易的外汇,如劳务外汇、侨汇和捐赠外汇等。

贸易外汇、非贸易外汇在本质上都是外汇,它们之间经常互相转化。

2.按交割期限可分为即期外汇和远期外汇

(1)即期外汇

即期外汇亦称"外汇现货"或"现汇","远期外汇"的对称。外汇买卖成交后,买卖双方必须即期交割,即在两个营业日内收进或付出的外汇。即期外汇买卖又称"现汇交易"。

(2)远期外汇

远期外汇即预约购买与预约出卖的外汇业务,亦即买卖双方先签订合同,规定买卖外汇的币种、数额、汇率和将来交割的时间,到规定的交割日期,再按合同规定,卖方交汇,买方付款的外汇业务。

3.按照形态可分为现钞和现汇

(1)现钞

现钞是具体的、实在的外国纸币、硬币。

当客户要把现钞转移出境时,可以通过携带或汇出方式。但是当客户采取"汇出"时,由于现钞有实物的形式,银行必须将其出运至国外,运输费用将由客户承担,表现为"钞卖汇买"(客户卖出现钞、买入现汇)。可见现钞不能变成等额的现汇,如果要把现钞变成现汇,客户将在外汇金额上遭受一定的损失。

(2)现汇

现汇在国际金融市场上可以自由买卖,又称"自由外汇"。现汇是指国际结算中广泛使用,在国际上得到偿付并可以自由兑换其他国家货币的外汇。简单来说,现汇指由国外汇入或从国外携入的外币票据,其可通过转账的形式转入银行账户中。

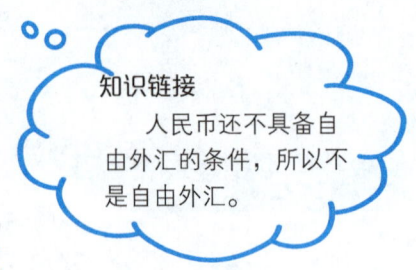

> **知识链接**
> 人民币还不具备自由外汇的条件,所以不是自由外汇。

4.按是否可以自由兑换可分为自由外汇和记账外汇

(1)自由外汇

自由外汇又称"自由兑换外汇""现汇",是指不需要外汇管理当局批准可以自由兑换成其他国家货币,或者是可以向第三者办理支付的外国货币及支付手段。

(2)记账外汇

记账外汇是指记载在双方指定银行账户上的外汇,不能兑换成其他货币,也不能对第三者支付。这种外汇未经有关外汇管理部门批准,不能转换为别国货币,通常只能根据有关协定在协定国之间使用,也叫"清算外汇""协定外汇""双边外汇"。

(三)业务

根据外汇管理局发布的文件规定,我国指定银行经营的外汇业务主要有以下几种:

(1)外汇存款、外汇贷款。

(2)外汇汇款、外币兑换和国际结算。

(3)同业外汇拆借、外汇票据的承兑和贴现。

(4)外汇借款、外汇担保。

(5)结汇、售汇。

(6)发行或者代理发行股票以外的外币有价证券、买卖或者代理买卖股票以外的外币有价证券等。

二、汇率的概述

(一)概念

汇率又称汇价、牌价、兑换率,是指一个国家货币兑换成另一个国家货币的比率,或是以一种货币表示另一种货币的价格。

> **知识链接**
> 影响人民币汇率变动的主要因素分析。

（二）种类

汇率可按不同的标志进行分类。

1. 按汇率的标价方法可分为直接标价法和间接标价法

汇率的标价方法是折算两种货币的比率，其首先要确定以哪一种货币为标准。

（1）直接标价法

直接标价法是指以一定单位的外国货币为标准，折算为若干单位本国货币的标价方法。我国和世界上大多数国家都采用直接标价法，如 USD100＝¥687.18。其特点是当汇率发生变化时，作为标准的外国货币不变，用表示外币价格的本国货币上下浮动来反映变化，即"外币不动本币动"。当 USD100＝¥687.18 变为 USD100＝¥687.03 时，表示美元汇率下跌，人民币汇率上涨；当 USD100＝¥687.18 变为 USD100＝¥687.52 时，表示美元汇率上涨，人民币汇率下跌。

（2）间接标价法

间接标价法是指以一定单位的本国货币为标准，折算成若干单位外国货币的标价方法。现只有美国、英国、澳大利亚和新西兰等少数国家采用间接标价法，如 ¥100＝USD15.15。其特点是当汇率发生变化时，作为标准的本国货币不变，用表示本币价格的外国货币上下浮动来反映变化，即"本币不动外币动"。

2. 从银行买卖外汇的角度划分，汇率可分为五种

（1）汇买价是指银行向客户买入外汇时使用的汇率，用以计算银行买入外汇时付出的本币数。

（2）汇卖价是指银行向客户卖出外汇时使用的汇率，用以计算银行卖出外汇时收进的本币数。

（3）中间价是指外汇买入价和卖出价的平均价。中间汇率通常用作银行之间的外汇买卖。

（4）钞买价是指银行买入外汇现钞时所使用的汇率。钞买价略低于汇买价。

（5）钞卖价是指银行卖出外汇现钞时所使用的汇率。我国现行的现钞卖出汇率与现汇卖出汇率相同，即钞卖价等于汇卖价。

3. 从国家对外汇的管理角度分为固定汇率制和浮动汇率制

（1）固定汇率制

固定汇率制是指一国货币与美元或其他货币保持固定汇率的制度。这种制度规定本国货币与其他国家货币之间维持一个固定比率，汇率波动只能限制在一定范围内，由官方干预来保证汇率的稳定。

固定汇率制的优点如下：第一，有利于经济稳定发展；第二，有利于国际贸易、国际信贷和国际投资的经济主体进行成本利润的核算，避免了汇率波动风险。

固定汇率制的缺点如下：第一，汇率基本不能发挥调节国际收支的经济杠杆作用；第二，维护固定汇率制会破坏内部经济平衡。比如一国国际收支逆差时，本币汇率将下跌，成为软币，为不使本币贬值，就需要采取紧缩性货币政策或财政政策，但其会使国内经济增长受到抑制、失业率增加。第三，引起国际汇率制度的动荡和混乱。

（2）浮动汇率制

浮动汇率制是指汇率完全由市场的供求决定，政府不加任何干预的汇率制度。鉴于各国对浮动汇率的管理方式和宽松程度不一样,该制度又有诸多分类。按政府是否干预可分为自由浮动和管理浮动。

自由浮动是指汇率完全由外汇市场上的供求状况决定,自由调节、自由涨落,政府不加干涉。

管理浮动是指一国货币当局为使本国货币对外的汇率不致波动过大、或使汇率向着有利于本国经济发展的方向变动,通过各种方式,或明或暗地对外汇市场进行干预。

浮动汇率优点如下:第一,有利于防止国际游资的冲击,避免爆发货币危机;第二,有利于促进国际贸易增长和生产力的发展;第三,有利于促进资本流动;第四,有利于国内经济政策的独立性。

浮动汇率缺点如下:第一,助长投机,加剧动荡;第二,不利于国际贸易和国际投资;第三,具有通货膨胀倾向;第四,不利于金融市场稳定;第五,基金组织对汇率的监督难以奏效;第六,国际收支不平衡状况仍然得不到解决;第七,提高了世界物价水平;第八,对发展中国家更为不利。

> **微知识** 实际上,今天没有任何一个国家实行完全的自由浮动制度,主要发达国家都会对外汇市场进行不同程度的干涉。在浮动汇率制度下,一国汇率变动受到多种因素影响,除了经济因素外,也受到政治因素和心理因素等方面的影响。

三、外汇业务核算的特点

外汇业务核算作为银行会计的组成部分,有其自身的特点。

(一)账务记载实行外汇分账制

银行经营外汇业务涉及外币与本币之间的交易。本、外币的货币单位既不相同,货币价值又不一致,因此银行的外汇业务除以本币为计量单位外,还要以外币为计量单位,从而核算和监督各种不同币种的外汇收、支、存的情况。

> **知识链接**
> 中信泰富外汇衍生品投资亏损案的经验教训。如违背职业操守越级交易,职业道德缺失等。

金融企业会计制度规定,金融企业外汇业务可以采用统账制核算,也可以采用分账制核算。为了满足核算和监督本、外币资产负债增减变化及其结果的需要,就必须采用专门的核算方法。银行一般采用外汇分账制对外汇业务进行核算。

外汇分账制,又称原币记账法,是指经营外汇业务的银行,以原币为计量单位,对每种货币单位的收、付分别设置一套明细账和总账,平时将所收到的外币,按照不同原币,分别填制凭证、记载账目、编制报表。

外汇分账制的内容主要有以下几点:

(1)以各种原币分别设账,即人民币与各种外币分账核算。

分账是指各种外币都自成一套独立的账务系统,平时每一种分账货币都按原币金额填制凭证,记载账簿,编制报表,国内银行间进行外汇划转,也应填制原币报单,记原币账,如实反映各外币的数量和价值。

(2)同一货币由于性质不同,有记账外汇和现汇之分。

记账外汇,是根据两国政府有关贸易清算协定所开立的清算账户下的外汇。此种外汇不能兑换成其他货币,也不能支付给第三国,只能用于支付协议规定的两个国家之间贸易货款、从属费用和双方政府同意的其他付款。

现汇是指在国际金融市场上可以自由买卖,在国际结算中广泛使用,在国际上得到偿付,并可以自由兑换成其他国家货币的外汇。

(3)记账外汇和现汇是在不同清算方式下分别使用的。由于它们的性质不同,必须严格区分,分账核算。

(4)年终并表,以本币统一反映经营状况和成果。年终决算时,各种分账货币,应分别编制各外币和人民币资产负债表。各外币资产负债表应按照年终决算牌价折合人民币,然后与原人民币资产负债表汇总合并成各货币合并的资产负债表。

外汇分账制方法虽然复杂,但可以具体地、真实地反映各种外汇资金的增减变化及余额,便于外汇头寸调拨,并能满足国家对外汇资金管理的要求。

(二)设置"货币兑换"科目核算外汇买卖

货币兑换亦称外汇买卖,是指按一定的汇率卖出一种外汇或买入另一种外汇的行为。

1."货币兑换"科目的设置

"货币兑换"科目的设置是由外汇会计采用外汇分账制所决定的。依据复式记账原理,为了保持账务平衡,凡因外汇业务活动而发生的涉及两种或两种以上货币相互兑换,必须通过"货币兑换"这个特定科目进行核算,在本币账和外币账上同时等值反映。

在使用"货币兑换"科目核算时应掌握以下内容:

(1)"货币兑换"科目是资产负债共同类科目。

(2)当买入外汇时,银行借记有关科目(外币),贷记"货币兑换"科目(外币);相应付出人民币时,借记"货币兑换"科目(人民币),贷记有关科目(人民币)。

(3)当卖出外汇时,银行借记"货币兑换"科目(外币),贷记有关科目(外币);相应收回人民币时,借记有关科目(人民币),贷记"货币兑换"科目(人民币)。在填制传票、编制分类、记载账务时,"货币兑换"科目下外汇和人民币均应完整地加以反映。

2.货币兑换传票的使用

货币兑换传票分为货币兑换借方传票、货币兑换贷方传票和套汇传票三种。货币兑换借方传票、货币兑换贷方传票为一式三联,其中两联是货币兑换的外币传票和货币兑换的人民币传票(见表7-1和表7-2),另一联为统计卡。这些传票的内容主要包括客户名称、货币名称、本外币金额、人民币外汇牌价、款项和业务内容、日期等。结汇时,银行使用外汇买卖贷方传票;售汇时,银行使用外汇买卖借方传票。套汇凭证一式五联,货币兑换的外币和人民币传票各两联,另一联为统计卡。

在使用货币兑换传票时,应注意以下几个方面:

(1)货币兑换传票的外币金额和人民币金额必须同时填制,它反映了一笔外汇买卖业务的全貌。

(2)货币兑换传票必须同时与双方有关科目转账,不得只转一方。

(3)货币兑换的外币联传票应与对应的外币传票自行平衡;货币兑换的人民币联传票应与对应的人民币传票自行平衡。

(4)对同一货币、同一牌价、同一借贷方向、同一结汇单位的多笔业务,可以汇总填制货币兑换传票,凭以记账。

3.货币兑换科目账簿的设置(见表7-3)

货币兑换科目设置总账和分户账两类账簿。

(1)货币兑换科目总账用一般总账格式,按各币种分别设置。每日营业终了根据科目日结单登记总账发生额,然后结出本日余额。

(2)货币兑换科目分户账是一种特定格式的账簿。它把人民币和外币金额记在一张账页上,账簿格式由买入、卖出、结余三栏组成,买入、卖出栏内又由外币、牌价和人民币三栏组成。买入栏外币为贷方,人民币为借方;卖出栏外币为借方,人民币为贷方。结余栏设借或贷外币,借或贷人民币两栏。

买入外币(贷方)×牌价=人民币借方

卖出外币(借方)×牌价=人民币贷方

(3)如果买入外币大于卖出外币数,则外币结余以买入外币(贷)项数减去卖出外币(借)项数,余额为外币贷方结余数。人民币则以买入外币人民币借方数减去卖出外币人民币贷方数,余额为人民币借方结余数。结余额以外币与人民币同时反映。

> **微知识** 由于货币兑换传票是套写传票,外币联与人民币联内容相同,所以记账时可以凭外币货币兑换科目传票记账。

账户结余计算公式如下:

本日人民币结余=上日人民币结余+本日人民币买入额－本日人民币卖出额

本日外币结余=上日外币结余+本日外币买入额－本日外币卖出额

(4)根据目前银行业务经营的需要,货币兑换科目一般设两个分户账,即经常项下的账户与资本项下的账户。

①经常项下的账户。该账户用来核算企业、单位进行贸易结算和非贸易结算,如果是贸易结算还应设置关联方账户,即待核查账户。

②资本项下的账户。该账户用来核算企业、单位办理国际投资等业务。

表 7-1　　　　　　　　　　　货币兑换贷方传票

(贷)货币兑换　　　　　　　20××年×月×日　　　　　　(对方科目)库存现金

摘　要	外汇金额								牌价	人民币金额					
	万	千	百	十	元	角	分			万	千	百	十	元	角	分
以港钞兑换人民币现钞	1	0	0	0	0	0	0	1.06	1	0	6	0	0	0	0
合　计	1	0	0	0	0	0	0	1.06	1	0	6	0	0	0	0

表 7-2　　　　　　　　　　　货币兑换借方传票

(借)货币兑换　　　　　　　20××年×月×日　　　　　　(对方科目)库存现金

摘　要	外汇金额								牌价	人民币金额					
	万	千	百	十	元	角	分			万	千	百	十	元	角	分
以港钞兑换人民币现钞	1	0	0	0	0	0	0	1.06	1	0	6	0	0	0	0
合　计	1	0	0	0	0	0	0	1.06	1	0	6	0	0	0	0

表 7-3　　　　　　　　　　　　　货币兑换分户账　　　　　　　　　　　币别:港元

20××年		摘要	买　入			卖　出			结　余			
月	日		外币(借)	牌价	人民币(借)	外币(贷)	牌价	人民币(贷)	借/贷	外币	借/贷	人民币
1	5	兑入	12 000	1.06	12 720				贷	12 000	借	12 720
	10	兑出				9 000	1.063	9 567	贷	3 000	借	3 153
	18	兑入	10 000	1.06	10 600				贷	13 000	借	13 753

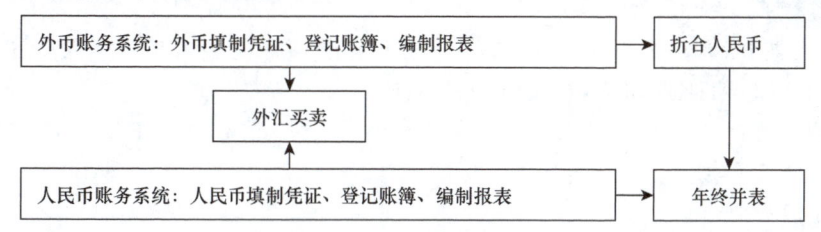

四、外汇业务实务操作程序

外汇业务实务操作程序如图 7-1 所示。

图 7-1　外汇业务实务操作程序

任务二　核算外汇买卖业务

一、买入外汇业务的核算

(一)概念

买入外汇即结汇,是指境内企事业单位、机关和社会团体按国家外汇政策的规定,将各类外汇收入按银行挂牌汇率结售给外汇指定银行。

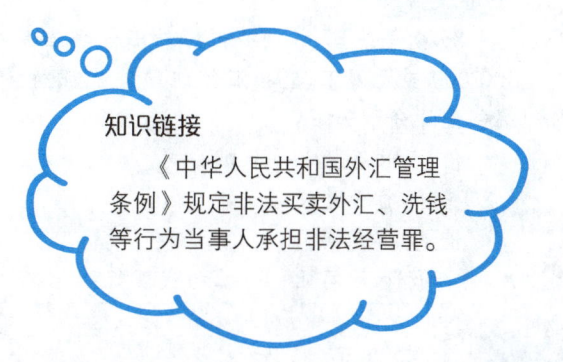

知识链接

《中华人民共和国外汇管理条例》规定非法买卖外汇、洗钱等行为当事人承担非法经营罪。

(二)处 理

外汇指定银行买入外币现汇(或现钞)时,应根据兑入的外币金额,按该外币现汇或外币现钞买入价折算成人民币金额,并填制货币兑换贷方传票。编制会计分录如下:

借:××科目　　　　　外币
　　贷:货币兑换　　　　外币
借:货币兑换　　人民币(钞或汇买价)
　　贷:××科目　　　　　人民币

> **知识链接**
> "顶级外汇交易员"乔治·索罗斯职业生涯给我们的启示:认真学习专业课,提高分析、思维能力,保持乐观豁达心态很重要。

例 7-1

2020 年某日,客户王明持港币现钞 1 500 元来行,要求兑换人民币。假设当日港币的钞卖价是¥87.56/HKD100,编制会计分录如下:

借:库存现金　　　　　　　　　　　　HKD1 500.00
　　贷:外汇买卖　　　　　　　　　　　HKD1 500.00
借:外汇买卖　　　　　　　　　　　　¥1 313.40
　　贷:库存现金　　　　　　　　　　　¥1 313.40

二、卖出外汇业务的核算

(一)概 念

卖出外汇即售汇,是指境内企事业单位、机关和社会团体持有关有效凭证,用人民币到外汇指定银行办理兑换外汇。

(二)处 理

外汇指定银行卖出外汇时,应将人民币按卖出外汇价折算外币,并填制外汇买卖借方传票。编制会计分录如下:

借:××科目　　　　　　　　　　　　　　　　　　　人民币
　　贷:货币兑换　　　　　　　　　　　　　　　　　人民币(卖价)
借:货币兑换　　　　　　　　　　　　　　　　　　　外币
　　贷:××科目　　　　　　　　　　　　　　　　　外币

例 7-2

2020 年某日,丝绸公司经外汇管理当局批准用汇,通过人民币结算账户向银行兑付 300 000 美元现汇,直接汇往纽约某代理行。假设当日美元汇卖价是¥690.53/USD100,编制会计分录如下:

借:吸收存款——丝绸公司　　　　　　¥2 071 590.00
　　贷:货币兑换　　　　　　　　　　　¥2 071 590.00
借:货币兑换　　　　　　　　　　　　USD300 000.00
　　贷:存放同业——纽约代理行　　　　USD300 000.00

三、套汇业务的核算

(一)概念

套汇是指外汇指定银行按挂牌人民币汇率,把一种外汇通过人民币折算,兑换成另一种外汇的业务活动。即先买入一种外币,将该外币按买入价折合成人民币数额,然后再卖出另一种外币,将折合的人民币数额按卖出价套算成另一种外币数额。其计算公式如下:

$$A\text{ 种外币金额} \times A\text{ 种外币买价} = B\text{ 种外币金额} \times B\text{ 种外币买价}$$

(二)处理

套汇包括两种情况:一是把一种外汇兑换成另一种外汇,二是同种外币的现钞与现汇互相兑换。套汇的会计分录为:

(1)买入 A 种外汇

借:××科目　　　　　　　　　　　　　　　　　　　A 种外币
　贷:货币兑换　　　　　　　　　　　　　　　　　　A 种外币

(2)通过人民币套换

借:货币兑换　　　　　　　　　　　　　　　　　　　人民币
　贷:货币兑换　　　　　　　　　　　　　　　　　　人民币

(3)卖出 B 种外汇

借:货币兑换　　　　　　　　　　　　　　　　　　　B 种外币
　贷:××科目　　　　　　　　　　　　　　　　　　B 种外币

例 7-3

2020 年某日,经外汇管理当局批准,物贸公司委托银行从其港币存款账户中支付 15 000 美元,汇给美国公司。假设当日港币汇买价为¥88.56/HKD100;美元汇卖价为¥687.35/USD100。编制会计分录如下:

借:吸收存款——物贸公司　　　　　　　　　　　HKD116 421.07
　贷:货币兑换　　　　　　　　　　　　　　　　HKD116 421.07
借:货币兑换　　　　　　　　　　　　　　　　　¥103 102.50
　贷:货币兑换　　　　　　　　　　　　　　　　¥103 102.50
借:货币兑换　　　　　　　　　　　　　　　　　USD15 000.00
　贷:存放同业——美国某代理公司　　　　　　　USD15 000.00

例 7-4

2020 年某日,中国银行某支行经批准以港元现钞从外汇交易市场兑换 160 000 美元现钞。若当日汇率为 USD100/HKD723.15,则 USD160 000×HKD723.15/USD100 = HKD1 157 040.00。编制会计分录如下:

借:库存现金　　　　　　　　　　　　　　　　　USD 160 000.00
　贷:货币兑换(套入)　　　　　　　　　　　　　USD 160 000.00
借:货币兑换(套出)　　　　　　　　　　　　　　HKD1 157 040.00
　贷:库存现金　　　　　　　　　　　　　　　　HKD 1 157 040.00

任务三 核算外汇存贷款业务

一、外汇存款业务的核算

外汇存款是单位或个人将外汇资金（国外汇入汇款、外币现钞及其他外币票据）存入银行，随时或约定期限支取的一种存款业务，是国家外汇资金的一项重要来源。

（一）存入款项的处理

1.具体步骤

存入款项的处理具体步骤如下：

(1)存入外汇存款时，由存款人填写开户申请书，可预留签字和印鉴。

(2)活期存款分存折户和借记卡，初次存入时发给存折或借记卡，以后存取凭存折或借记卡办理。个人定期存款使用存单，单位定期存款使用"单位定期存款开户证实书"。

(3)按存入现钞和现汇，个人存款分为现钞户和现汇户；单位存款均为现汇户。

2.账务处理

(1)以国外汇款、收妥的托收款或国内联行汇款存入的款项，应向外汇管理部门申报外汇收入。编制会计分录如下：

　　借：其他应付款——汇入汇款（或其他科目）　　　　　　　　外币
　　　　贷：吸收存款（或其他科目）　　　　　　　　　　　　　外币

(2)单位以外币现钞存入现汇账户的存款，应通过套汇办理，因单位外汇存款只有现汇户。编制会计分录如下：

　　借：库存现金　　　　　　　　　　　　　　　　　　　　　　外币
　　　　贷：货币兑换　　　　　　　　　　　　　　　　　　　　外币
　　借：货币兑换　　　　　　　　　　　　　　　　　　　　　　人民币
　　　　贷：货币兑换　　　　　　　　　　　　　　　　　　　　人民币
　　借：货币兑换　　　　　　　　　　　　　　　　　　　　　　外币
　　　　贷：吸收存款（或其他科目）　　　　　　　　　　　　　外币

(3)个人外汇存款的现钞户如办理存取都直接通过现钞办理，不必通过汇钞套算。

（二）支取款项的处理

存款人持活期存折（填取款凭条）、支票或定期存单（证实书）来行办理支取时，按不同要求处理。

1.以原币汇往国外或国内异地

（1）编制会计分录如下：

借：吸收存款（或其他科目）　　　　　　　　　　　　　　外币
　贷：存放同业（或其他科目）　　　　　　　　　　　　　外币

（2）向客户收取手续费的会计分录如下：

借：库存现金或其他有关科目　　　　　　　　　　　　　人民币
　贷：手续费及佣金收入　　　　　　　　　　　　　　　人民币

（3）如需从存款中汇出另一种外币时，应通过套汇处理。

2.兑取人民币现金

兑取人民币现金的会计分录如下：

借：吸收存款（或其他科目）　　　　　　　　　　　　　　外币
　贷：货币兑换　　　　　　　　　　　　　　　　　　　外币
借：货币兑换（钞买价或汇买价）　　　　　　　　　　　人民币
　贷：库存现金　　　　　　　　　　　　　　　　　　　人民币

3.支取原币现钞

（1）客户如有现钞户，编制会计分录如下：

借：吸收存款（或其他科目）　　　　　　　　　　　　　　外币
　贷：库存现金　　　　　　　　　　　　　　　　　　　　外币

（2）客户如无现钞户，而有现汇户，则需通过汇钞套算。编制会计分录如下：

借：吸收存款（或其他科目）　　　　　　　　　　　　　　外币
　贷：货币兑换　　　　　　　　　　　　　　　　　　　外币
借：货币兑换（汇买价）　　　　　　　　　　　　　　　人民币
　贷：货币兑换　　　　　　　　　　　　　　　　　　　人民币
借：货币兑换（钞买价或汇卖价）　　　　　　　　　　　　外币
　贷：库存现金　　　　　　　　　　　　　　　　　　　　外币

（3）外汇存款的现钞户或现汇户支取外币现钞以及支付外币存款利息时，单位货币以下的辅币均支付人民币。

（三）利息计算

1.计息范围

单位外汇存款除国库款项和属于财政预算拨款性质的经费预算单位外汇存款不计息外，其他性质的单位外汇存款均计付利息。

个人外汇存款按规定计付利息。

2.计息方法

外币活期存款采用余额表计息方法，一般按季结息，每季末月 20 日为结息日。所得利

息以原币入账。编制会计分录如下:
　　借:利息支出　　　　　　　　　　　　　　　　　外币
　　　贷:吸收存款　　　　　　　　　　　　　　　　外币
　　定期存款采取利随本清的计息方法,存款人支取本金时一并支付利息。银行应于结息日计提应付利息,存款人于存款到期支取本息时,再借记应付利息。
　　个人外币定、活期储蓄存款的利息,根据规定需以原币扣除利息收入所得税。

二、外汇贷款业务的核算

(一)外汇贷款概述

1.概念

外汇贷款是指银行将外汇资金贷给企业单位,用以支持出口生产,促进出口创汇,并以外汇收入归还的一种贷款。外汇贷款是银行外汇资金运用的重要形式之一。

外汇贷款业务种类较多,划分也比较复杂,常用的主要有短期外汇贷款、买方信贷、贸易融资等。

2.特点

与本币贷款相比,外汇贷款有如下特点:

(1)借什么外汇还什么外汇。

(2)实行浮动利率,根据国际金融市场利率变动而调整。

(3)借款单位必须有外汇收入或其他外汇来源。

(4)政策性强,涉及面广,工作要求高。

(5)取得贷款后,从贷款账户直接对外支付,而不转作存款,因而不会形成派生存款。

(二)外汇贷款业务

1.短期外汇贷款

(1)概念

短期外汇贷款是指银行发放期限在一年以内的现汇贷款。凡生产出口产品,有偿还外汇能力的企业,都可以向银行申请短期外汇贷款。短期外汇贷款的币种根据银行本身的资金情况而定,一般有美元、英镑、日元、港元、欧元等。

(2)账务处理

短期外汇贷款通过"短期外汇贷款"科目进行核算。短期外汇贷款有固定利率贷款和浮动利率贷款两种,以下仅介绍短期外汇浮动利率贷款。

①贷款的发放和使用

a.贷款的使用和发放紧密联系,在对外实际进口付汇时申请发放和支付。

b.如果短期外汇贷款采用信用证结算方式,接到国外银行寄来的单据后,经审核同意,办理付款。

c.如果采用进口代收或汇款方式,在企业申请对外汇出款项时办理。

d.借款时,由借款单位填制"短期外汇贷款借款凭证",经银行审核凭证有关内容与借款

契约规定相符后,办理转账。编制会计分录如下:
  借:贷款——短期外汇贷款   外币
   贷:存放同业——存放国外同业(或其他科目)   外币
e.如果短期外汇贷款的发放和支付为不同的货币,则通过套汇处理。
②贷款利息的计算
a.外汇贷款采用浮动利率,由总行根据国家政策和国际金融市场利率变动情况确定并公布。
b.短期外汇贷款实行按季结息,即每季末月的20日计息一次,按浮动利率的变动时期分段计息。
c.对于届时不能支付利息的,银行将应收利息转入贷款户,计算复利。编制会计分录如下:
  借:贷款——短期外汇贷款   外币
   贷:利息收入   外币
③贷款的收回
a.借款人使用短期外汇贷款,应按期归还。
b.如借款人有外汇收入,则由借款人以自由外汇归还贷款本息。编制会计分录如下:
  借:吸收存款   外币
   贷:贷款——短期外汇贷款   外币
     利息收入   外币

微知识 如借款人不能直接以外汇偿还,经批准,也可以将所生产的产品委托外贸公司出售所得的人民币偿还贷款本息,但必须凭外贸公司签发的"还款凭证"通过外汇买卖办理。

例7-5

银行于3月5日向贸易公司发放半年期10万美元的浮动利率贷款,浮动期为3个月。假设借款日美元3个月的浮动利率为4.5%,5月8日利率为4.75%。6月1日利率为4.8%,7月8日利率为4.5%。借款人于贷款到期日用自有外汇归还贷款本息。有关账务处理及利息计算如下:

(1)3月5日发放贷款时,编制会计分录如下:
  借:贷款——短期外汇贷款——贸易公司   USD100 000.00
   贷:存放同业——存放国外同业   USD100 000.00
(2)利息计算如下:
3月5日~3月20日的应收利息为:
应收利息=100 000×16×4.5%÷360=200(美元)
3月21日利息收入转入贷款本金,编制会计分录如下:
  借:贷款——短期外汇贷款——贸易公司   USD200.00
   贷:利息收入   USD200.00
3月21日~6月4日的应收利息为:
应收利息=100 200×76×4.5%÷360=951.90(美元)

6月5日～6月20日的应收利息为：

应收利息＝100 200×16×4.8％÷360＝213.76(美元)

6月21日利息转入贷款本金,编制会计分录如下：

借:贷款——短期外汇贷款——贸易公司　　　　　　USD1 165.66

　　贷:利息收入　　　　　　　　　　　　　　　　　USD1 165.66

6月21日～9月4日的应收利息为：

应收利息＝101 365.66×76×4.5％÷360＝962.97(美元)

(3)9月5日收回贷款时的会计分录如下：

借:吸收存款——贸易公司　　　　　　　　　　　　USD102 328.63

　　贷:贷款——短期外汇贷款——贸易公司　　　　　USD101 365.66

　　　　利息收入　　　　　　　　　　　　　　　　　USD962.97

2.买方信贷

买方信贷是出口国政府支持本国出口方银行直接向进口商或进口方银行提供的信贷,以供进口商购买技术和设备,并支付有关费用,它是我国利用外资的一种常用形式。

该贷款需要签订两个合同,一是由买卖双方签订进出口贸易合同；二是由出口商银行与进口商银行签订贷款合同,贷款金额不得超过贸易合同金额的85％,其余15％由进口商以现汇支付定金,然后,才能使用买方信贷。

买方信贷的核算由四个环节组成,分别为对外签订协议、支付定金、使用贷款、贷款本息的偿还。

(1)对外签订协议

①我方进口商使用买方信贷,在向国外借入前,先由总行统一对外签订总协议,总协议下每个项目的具体协议由总行或总行授权分行对外签订。

②总行根据协议金额纳入表外科目进行控制。编制会计分录如下：

(收入)买方信贷用款限额　　　　　　　　　　　　　　　　外币

(2)支付定金

借款人使用现汇支付时,其开户行编制会计分录如下：

借:吸收存款　　　　　　　　　　　　　　　　　　　　　　外币

　　贷:存放同业——存放国外同业　　　　　　　　　　　　外币

(3)使用贷款

买方信贷项下的进口支付方式一般采用信用证结算。贷款的借入使用与进口对外支付同时进行。

①总行对外开出信用证并直接办理贷款。总行编制会计分录如下：

借:贷款——买方信贷　　　　　　　　　　　　　　　　　　外币

　　贷:拆入资金——借入买方信贷　　　　　　　　　　　　外币

②如果由分行对外开出信用证并办理贷款,分行编制会计分录如下:
 借:贷款——买方信贷 外币
  贷:清算资金往来——全国联行外汇往来 外币
③总行收到分行上划的全国联行往来贷方报单时,编制会计分录如下:
 借:清算资金往来——全国联行外汇往来 外币
  贷:拆入资金——借入买方信贷 外币

（4）贷款本息的偿还

买方信贷项下借入款的本息由总行统一对外偿还,同时由经办行向国内借款人收回相应的本息。根据借款人在总行或分行开户的不同,应分别按不同会计核算手续办理。以借款人在分行开户为例进行说明:

①总行支付国外贷款利息,并以全国联行外汇往来借方报单划付有关分行。编制会计分录如下:
 借:利息支出——借入买方信贷利息支出 外币
  贷:存放同业——存放国外同业 外币
 借:清算资金往来——全国联行外汇往来 外币
  贷:利息收入——金融企业往来收入 外币
②分行收到总行报单后,办理转账,并向借款人收取利息。编制会计分录如下:
 借:利息支出——金融企业往来支出 外币
  贷:清算资金往来——全国联行外汇往来 外币
 借:吸收存款 外币
  贷:利息收入——买方信贷利息收入 外币
③总行偿还国外贷款本金,并以全国联行外汇往来借方报单划付有关分行。编制会计分录如下:
 借:拆入资金——借入买方信贷 外币
  贷:存放同业——存放国外同业 外币
 借:同业存放——××分行 外币
  贷:清算资金往来——全国联行外汇往来 外币
④分行收到总行报单后,办理转账,并向借款人收回本金。编制会计分录如下:
 借:清算资金往来——全国联行外汇往来 外币
  贷:存放同业——存放总行款项 外币
 借:吸收存款 外币
  贷:贷款——买方信贷 外币
⑤如借款人在总行开户,则由总行向国外支付贷款利息和本金后,分别直接向国内借款人收回贷款利息和本金。

3.贸易融资

贸易融资是银行的业务之一,是指银行对进口商或出口商提供的与进出口贸易结算相关的短期融资或信用便利。

贸易融资有如下种类:

(1)进出口押汇

进出口押汇是银行以国际贸易在途商品作为抵押对进出口商融资的行为。

①出口押汇是指出口商将全套出口单据交议付行,由该行买入单据并按票面金额扣除自议付日起到预计收汇日止的利息及有关手续费,将净额预先付给出口商的一种出口融资方式。

简单地说,出口押汇就是出口商发运货物后,以提货单据作抵押,向银行融通资金的一种业务。由于出口商银行要预先垫款买入一笔尚未受托的外汇,如果进口国政局、经济等不稳定,就有一定的收汇风险。

a.出口押汇利息＝票面金额×预计收到票款所需天数×押汇日利率

b.银行接收出口商提交信用证和单据,办理出口押汇时,编制会计分录如下:

借:贷款——出口押汇　　　　　　　　　　　　　　　　外币
　贷:利息收入　　　　　　　　　　　　　　　　　　　外币
　　　吸收存款——押汇申请人　　　　　　　　　　　外币

c.收回押汇贷款时,编制会计分录如下:

借:存放同业——存放国外同业　　　　　　　　　　　外币
　贷:贷款——出口押汇　　　　　　　　　　　　　　外币
　　　手续费及佣金收入　　　　　　　　　　　　　　外币

②进口押汇是指进口商以进口货物权作抵押,向银行申请的短期资金融通。

根据进口商的押汇申请,银行先行垫款对外支付,转而向进口商办理付款赎单手续,收回垫款。进口押汇分为信用证项下和托收项下的进口押汇。

a.办理进口押汇时,银行接收进口商申请对外开出信用证时,要向申请人收取一定数量的保证金,保证金按开证金额的一定比例收取。由于进口货物的对外付汇金额往往大于保证金,所以进口押汇就是垫付实际付汇金额与预付保证金本息的差额。进口商银行收到国外联行寄来的信用证或托收项下的汇票、单据及议付报单时,如果进口商要求做进口押汇,则银行办理手续,并对外付款。编制会计分录如下:

借:存入保证金——信用证申请人户　　　　　　　　　外币
　　贷款——进口押汇　　　　　　　　　　　　　　　外币
　贷:存放国外同业　　　　　　　　　　　　　　　　外币

b.收回押汇本息时,进口商向银行偿还进口押汇本息,赎取单据时,银行应抽出保管的有关凭证,计算并扣除自押汇日至还款日的利息,收回押汇本息。编制会计分录如下:

借:吸收存款　　　　　　　　　　　　　　　　　　　外币
　贷:进口押汇　　　　　　　　　　　　　　　　　　外币
　　　利息收入　　　　　　　　　　　　　　　　　　外币

(2)福费廷业务

①福费廷业务也称票据包买或票据买断,是指银行应出口商或持票人的申请,对持票人无追索权地买入已承兑(通常由进口商所在地银行承兑)的汇票或本票的业务。从本质上

讲,其是一种货币票据贴现的业务。计算公式如下:

贴现利息＝票据承兑金额×福费廷业务利率×承兑到期天数÷360

汇票买入价格＝票据承兑金额－贴现利息

支付客户款项＝汇票买入价格－受益人承担费用－银行议付手续费等

②福费廷业务按性质不同可分为以下三种类型。

a.买断型,即买断汇票并持有到期的业务。编制会计分录如下:

借:贴现资产	外币
贷:利息收入	外币
手续费及佣金收入	外币
吸收存款	外币

到期收到承兑行款项时的会计分录如下:

借:存放同业——存放国外同业	外币
贷:贴现资产	外币

b.转售型,即买断汇票后必须转售给第三方代理行的业务。买断汇票向申请人办理付款时,编制会计分录如下:

借:贴现资产	外币
贷:利息收入	外币
手续费及佣金收入	外币
吸收存款	外币

收到代理行款项时,编制会计分录如下:

借:存放同业——存放国外同业	外币
利息支出	外币
贷:贴现资产	外币

c.回购型,即回购本行已承兑的汇票的业务。办理回购时,编制会计分录如下:

借:贴现资产	外币
贷:利息收入	外币
存放同业——存放国外同业	外币

承兑汇票到期,办理购汇和进口付汇核算手续时,编制会计分录如下:

借:吸收存款	外币
贷:手续费及佣金收入	外币
贴现资产	外币

(3)打包放款

打包放款是指在国际贸易中,银行凭以该出口商为受益人的信用证为抵押,向该出口商提供的用以生产、备货、装船的贷款。具体业务参照人民币业务手续处理,会计分录使用"打包放款"科目。

任务四 核算国际贸易结算业务

一、国际贸易结算业务的概述

(一)概念

国际贸易结算业务是指不同国家(地区)的企业之间,通过银行办理相互间由于商品交易而引起的货币收付或债权债务的结算。

(二)种类

根据结算方式可分为现汇结算和记账结算两类(如图7-2)。

(1)现汇结算是指国际贸易直接收付外汇(如外钞、外汇),收进的外汇可以自由转移、调拨、兑换使用。现汇结算一般有汇兑、托收、信用证三种结算方式。

(2)记账结算是由双方国家签订贸易协定和支付协定,在双方国家银行分别开立对方国家清算账户,彼此通过清算账户进行相互货款的结算,通过这种方式取得的外汇资金只能根据协定在两国间使用,不能转让给第三国,也不能自由兑换为其他货币。

国际贸易结算方式如图7-2所示。

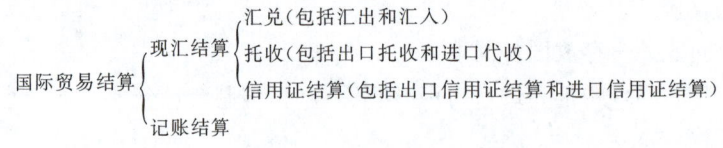

$$
\text{国际贸易结算}\begin{cases}\text{现汇结算}\begin{cases}\text{汇兑(包括汇出和汇入)}\\\text{托收(包括出口托收和进口代收)}\\\text{信用证结算(包括出口信用证结算和进口信用证结算)}\end{cases}\\\text{记账结算}\end{cases}
$$

图7-2 国际贸易结算方式

二、信用证结算业务的核算

信用证是一种银行有条件保证付款的凭证,由进口商开户行根据进口商的申请开立,为进口商提供银行信用担保。

信用证结算方式是进出口双方利用银行担保,进行发货与结算的结算方式,以买卖双方交易合同为基础,是我国对外贸易结算中采用的主要结算方式。下面分别从进口方银行和出口方银行的角度介绍信用证业务的核算。

(一)信用证业务的核算

1.信用证项下进口业务的核算

信用证项下进口业务的核算中,国内银行是开证行,国外银行是议付行。国内银行开立信用证后,凭国外银行寄来信用证中规定的单据,按照信用证的条款对国外出口商付款。信用证项下进口业务的核算包括开立信用证、修改信用证及审单与付款三个环节,核算程序如图 7-3 所示。

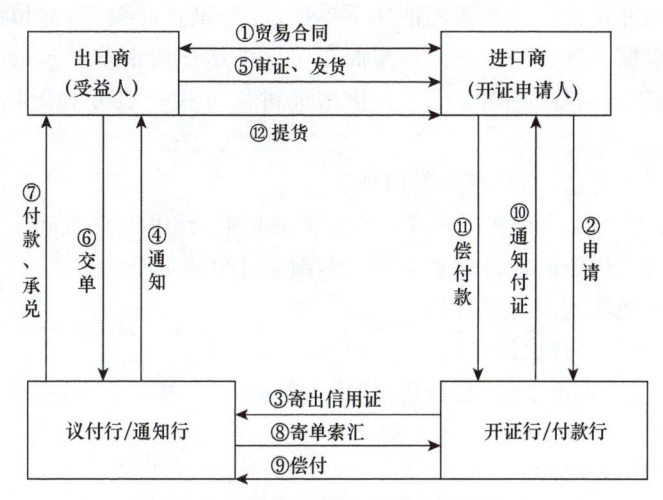

图 7-3 信用证项下进口业务的核算程序

(1)开立信用证

进口商根据与国外出口商签订的贸易合同填具开证申请书,向银行申请开立信用证时,银行须认真审核,根据不同情况收取开证保证金。编制会计分录如下:

借:吸收存款　　　　　　　　　　　　　　　　　　　　　外币
　　贷:存入保证金　　　　　　　　　　　　　　　　　　　外币

经批准用人民币购买外汇交纳保证金的通过"货币兑换"处理。开证行还要按规定向开证申请人收取开证手续费。编制会计分录如下:

借:吸收存款——开证申请人户　　　　　　　　　　　　　人民币
　　贷:手续费及佣金收入　　　　　　　　　　　　　　　　人民币

然后办理开证手续,缮打信用证一式六联:第一联信用证正本,经有权人员签字后航寄国外转递行;第二联信用证副本,第二次寄转递行;第三联信用证副本,开证行作为统计卡;第四联、第五联信用证副本,加盖进口业务专用章后退交申请开证单位;第六联信用证留底,随开证申请书作为应付进口保证款项科目卡片。

信用证一旦开出,开证行就拥有了对进口商收取货款的权利,并承担了对国外银行付款的责任,因此要登记或有资产、或有负债科目,编制会计分录如下:

借:应收开出信用证款项　　　　　　　　　　　　　　　　外币
　　贷:应付开出信用证款项　　　　　　　　　　　　　　　外币

(2)修改信用证

信用证开立后,进口商因故需要修改信用证条款或金额时,应由进口商提出申请,银行经审核后缮打信用证修改通知书。修改增加金额时,编制的会计分录与开证时相同;修改减少金额时,编制的会计分录与开证时相反。每次修改,须按规定费率计收手续费。

增加或减少金额都必须在信用证留底联上批注并结出余额。如信用证逾期,应将逾期失效金额与出口商联系确认后,填制传票,予以冲销,并将信用证留底卡余额结平。

(3)审单与付款

开证行收到国外议付行寄来信用证项下单据,应先审查并编号,并填制"进口信用证单据通知书",连同单据送进口商审查。进口商在7个工作日内审核单据,并向银行提交承付货款确认书,通知银行付款或提出拒付。信用证付款方式一般分为即期付款和远期付款两种。

①即期信用证下付款,方式有如下四种:

a.单到国内审单付款。收到国外议付行寄来的单据,经进口单位确认付款时,应立即办理货款及国外银行议付费的对外付款手续。编制会计分录如下:

借:吸收存款(或存入保证金科目)　　　　　　　　　　　　　外币
　　贷:存放同业——存放国外同业　　　　　　　　　　　　　外币

经批准,进口商以本币支付,银行通过"货币兑换"科目核算。同时,转销或有资产、或有负债科目。编制会计分录如下:

借:应付开出信用证款项　　　　　　　　　　　　　　　　　外币
　　贷:应收开出信用证款项　　　　　　　　　　　　　　　　外币

b.国外审单主动借记。出口商将其出口单据交国外议付行审查后,如单证一致,单单一致,国外议付行立即主动借记我行在该行所开立的账户,并将单据连同借记报单一并寄送我开证行。开证行收到国外寄来已借记报单及单据时,填制保证金科目借方传票,与该报单对转,另加计国外议付日到国内向进口单位收款日之间的外汇垫付利息。编制的会计分录与上述单到国内审单议付分录相同,增填外汇垫款的外币利息转账传票。编制会计分录如下:

借:吸收存款　　　　　　　　　　　　　　　　　　　　　　外币
　　贷:利息收入　　　　　　　　　　　　　　　　　　　　　外币

若进口单位没有现汇账户,则可通过售汇进行支付。编制会计分录如下:

借:吸收存款　　　　　　　　　　　　　　　　　　　　　　人民币
　　贷:货币兑换　　　　　　　　　　　　　　　　　　　　　人民币
借:货币兑换　　　　　　　　　　　　　　　　　　　　　　外币
　　贷:利息收入　　　　　　　　　　　　　　　　　　　　　外币

c.国外审单电报索汇。国外议付行审查后不能主动借记开证行账户,而必须用加押电报向开证行索汇。开证行核押相符,即用电汇方式向国外付汇,并向进口商收取货款。这种支付方式没有垫付利息问题,编制的会计分录与单到国内审单付款方式相同,待国外寄来单据后再转送给进口商。

d.授权国外议付行向我账户行索汇。在这种方式下,国外议付行不是我开证行的账户行,由我开证行授权国外议付行在议付单据后,直接向我指定的国外代理行索偿进口信用证货款,我行凭国外账户行的借记报单计算外汇垫款利息。其会计分录与国外审单主动借记我账户相同。

②远期信用证下付款。远期信用证的付款核算包括承兑和付汇两个阶段。

a.承兑

开证行在收到远期信用证项下单据,审核符合要求后,办理远期汇票承兑手续(可以采用发加押承兑电报对外承兑)并寄国外议付行,由议付行到期凭以索汇;或另缮制"承兑通知书"寄国外议付行以确认付款。

已承兑的远期信用证项下单据需从"应收开出信用证款项"和"应付开出信用证款项"科目转出,通过"应收承兑汇票款"和"承兑汇票"科目核算。编制会计分录如下:

借:应付开出信用证款项　　　　　　　　　　　　　　　　外币
　　贷:应收开出信用证款项　　　　　　　　　　　　　　　外币
借:应收承兑汇票款　　　　　　　　　　　　　　　　　　外币
　　贷:承兑汇票　　　　　　　　　　　　　　　　　　　外币

b.付汇

远期汇票承兑到期日,银行应抽出"承兑汇票"科目卡片账注明销账日期后办理转账。编制会计分录如下:

借:承兑汇票　　　　　　　　　　　　　　　　　　　　外币
　　贷:应收承兑汇票款　　　　　　　　　　　　　　　　外币
借:吸收存款——进口单位　　　　　　　　　　　　　　外币
　　贷:存放同业——存放国外同业　　　　　　　　　　　外币

若进口单位以本币支付,则通过"货币兑换"科目办理。

2.信用证项下出口业务的核算

信用证项下出口业务的核算中,国内出口企业是收款人,国内银行是议付行,国外银行为开证行(开立信用证,为进口商提供信用担保的银行)。国内议付行的核算分三步:受理与通知、审单议付及出口结汇。

(1)受理与通知

银行接到国外银行开来的信用证,对进口商的资信及信用证本身进行严格的审查:信用证有无歧视内容;条款是否符合本国政策;收汇是否安全等。在保障出口与收回的前提下,对信用证中不利的条款进行必要的修改。对来证审核并签章后,认为可接受时,即编制信用证通知流水号,根据信用证副本缮制"国外开来保证凭信记录卡"后,将信用证正本通知出口商,受证与通知时,应编制表外科目如下:

(收入)国外开来保证凭信　　　　　　　　　　　　　　外币

以后若接到开证行的信用证修改通知书,要求修改金额,或信用证受益人同意修改减少金额时,或受益人同意退证时,或逾期自动注销时,或经受益人同意修改增加金额时,其增减金额,都应在表外科目"国外开来保证凭信"中核算。增加信用证金额时记收入栏;减少金额或转出信用证时用红字记入收入栏以冲销原证金额。国外开来的信用证,一般都是不可撤销信用证,因此开证后要求撤销尚未逾期的信用证,必须经受益人同意,才能办理退证手续。

如国外开证行预先汇入信用证项下全部或部分押金,授权国内议付行在议付单据时予以抵扣,应在信用证及其他有关凭证上做好记录,并通过"存入保证金"科目进行核算。编制会计分录如下:

借:存放同业——存放国外同业　　　　　　　　　　　　　　　　　　外币
　　贷:存入保证金　　　　　　　　　　　　　　　　　　　　　　　　外币

出口商按信用证规定向银行交单议付时,将信用证保证款项由"存入保证金"科目转出办理结汇。如有未用金额,可根据开证行要求办理退汇。

(2)审单议付

出口商按信用证条款的要求交来全套出口单据后,银行应逐项审核,达到"单证一致,单单一致"的要求。审核无误后,应在信用证上批注议付日期并编制银行出口押汇编号,填制"出口寄单议付通知书",随同全套单据向国外银行寄单收取款项及有关费用。"出口寄单议付通知书"是银行出口收汇索偿的证书,是出口收汇和结汇的主要核算凭证,在缮打时,要求内容完整、索汇指示明确,以保证安全及时收回。

议付银行议付单据后,即表现为国外银行拥有收款的权益(或有资产),同时对出口公司也承担了付款的责任(或有负债),应进行账务处理。编制会计分录如下:

借:应收即期(或远期)信用证出口款项　　　　　　　　　　　　　外币
　　贷:代收即期(或远期)信用证出口款项　　　　　　　　　　　　外币
同时,(付出)国外开来保证凭信　　　　　　　　　　　　　　　　　外币

出口议付的收汇款,如一份信用证规定部分为即期,部分为远期收款的出口议付,应分别核算。对远期信用证的索汇联,应根据邮程长短提前寄给偿付行或付款行索汇,以便能按时收汇。如信用证规定部分货款以托收方式结算或出口超装部分以托收方式索偿时,均需在出口议付寄单通知书上分别注明信用证议付金额及托收金额分别核算。

(3)出口结汇

出口结汇是指议付行在收妥出口货款外汇的同时对出口商办理人民币结汇,即议付行按当日现汇买入价买入外汇,再折算成相应的人民币支付给出口公司,以结清代收妥的出口外汇。

办理结汇时,应在出口寄单通知书留底联上批注结汇记录,然后按照出口货款金额填制外汇买卖传票,对出口公司办理人民币结汇。

信用证项下出口收汇方式有两类:一类是通过我行在境外联行或代理行所开立的自有外汇账户收汇,其主要有收托结汇、定期结汇和远期信用证到期结汇三种形式;另一类是通过境外联行或代理行在我总行开立的国内外汇或外汇人民币账户收汇,其主要由我行验单主动借记、单到国外授权借记和远期信用证到期结汇三种形式。受托结汇时,编制会计分录如下:

借:存放同业——存放国外同业　　　　　　　　　　　　　　　　　　外币
　　贷:手续费及佣金　　　　　　　　　　　　　　　　　　　　　　外币
　　　　货币兑换　　　　　　　　　　　　　　　　　　　　　　　　外币
借:货币兑换(汇买价)　　　　　　　　　　　　　　　　　　　　　人民币
　　贷:吸收存款——出口单位　　　　　　　　　　　　　　　　　　人民币
同时核销或有资产、或有负债科目,编制会计分录如下:
借:代收即期(或远期)信用证出口款项　　　　　　　　　　　　　　外币
　　贷:应收即期(或远期)信用证出口款项　　　　　　　　　　　　外币

例 7-6

中国银行某分行 2020 年 10 月 5 日接到美国代理银行开来即期信用证,金额 20 000 美元,受益人为中国贸易进出口公司,来证规定单到开证行验单付款。该行审证后当天通知受益人。10 月 31 日受益人中国贸易进出口公司备货出运后,送来全套出口单据及跟单汇票 20 000 美元,该行审查合格,于 11 月 3 日寄单索汇。11 月 16 日该行收到美国银行的已贷记通知金额 20 000 美元,并于当日上午对中国贸易进出口公司结汇入账。假设,USD100＝¥698.50。编制会计分录如下:

(1) 10 月 5 日受理通知时:

(收入)国外开来保证凭信　　　　　　　　　　　　USD20 000.00

(2) 11 月 3 日寄单索汇时:

借:应收即期信用证出口款项　　　　　　　　　　USD 20 000.00
　　贷:代收即期信用证出口款项　　　　　　　　　　USD 20 000.00
同时,(付出)国外开来保证凭信　　　　　　　　　USD 20 000.00

(3) 11 月 16 日收妥结汇时:

借:存放同业——存放国外同业　　　　　　　　　USD 20 000.00
　　贷:货币兑换　　　　　　　　　　　　　　　　USD 20 000.00
借:货币兑换　　　　　　　　　　　　　　　　　¥139 700.00
　　贷:吸收存款——活期存款——中国贸易进出口公司　¥139 700.00
借:代收即期信用证出口款项　　　　　　　　　　USD 20 000.00
　　贷:应收即期信用证出口款项　　　　　　　　　　USD 20 000.00

(二)托收与代收结算方式的核算

1. 概念

托收结算方式是指出口商为向国外进口商收取销售货款,开出汇票或提供索汇凭据,委托出口地银行通过其在进口地的联行或代理行,向进口商收取款项的一种结算方式。

2. 种类

托收按是否附有出口货运单据(出口商收款的直接依据),又分为跟单托收和光票托收两种。跟单托收又称无证托收(无证指无信用证),是出口商开立汇票并附有货运单据,凭跟单汇票委托银行向进口商收取货款的一种贸易结算方式。跟单托收广泛用于贸易结算。光票托收是不附货运单据,仅凭收款人开立的汇票办理托收,或虽有发票、收款清单等交易单据但无货运提单的,也属光票托收。光票托收既可用于贸易结算,也可用于非贸易结算。

3. 账务处理

(1) 出口托收结算方式下出口商银行的账务处理

出口托收是国内出口商根据贸易合同的规定,在发货后将全套单据交其开户行(托收行)代办收取货款的一种结算方式。在出口托收结算中,国内银行会计核算分为两步,即发出托收单据和收妥结汇。出口托收结算程序如图 7-4 所示。

国内出口商 ⇌(托收单据/款项) 国内银行(托收行) ⇌(托收单据(1)/款项(2)) 国外银行 ⇌(通知付款) 国外进口商

图 7-4　出口托收结算程序

出口托收结算步骤如下：

①发出托收单据

出口商填制一式两联出口托收申请书,与全套出口单据交银行办理托收。银行审单无误后,第一联退出口商,第二联留存填出口托收委托书,寄送进口商银行。编制会计分录如下：

借:应收出口托收款项　　　　　　　　　　　　　　　　外币
　贷:代收出口托收款项　　　　　　　　　　　　　　　　外币

②收妥结汇

收到国外银行贷记报单或授权借记通知书后,办理收汇与结汇的会计核算。编制会计分录如下：

借:存放同业——存放国外同业　　　　　　　　　　　　外币
　贷:手续费及佣金收入　　　　　　　　　　　　　　　　外币
　　 货币兑换　　　　　　　　　　　　　　　　　　　　外币
借:货币兑换　　　　　　　　　　　　　　　　　　　　　人民币
　贷:吸收存款——出口单位　　　　　　　　　　　　　　人民币
借:代收出口托收款项　　　　　　　　　　　　　　　　　外币
　贷:应收出口托收款项　　　　　　　　　　　　　　　　外币

(2)进口代收结算方式下进口商银行的账务处理

进口代收是国内代收行接受国外银行的委托向国内进口商收取款项的一种结算方式。

进口代收结算步骤如下：

①收到单据通知进口商。打印进口代收单据通知书,连同单据送交进口商。编制会计分录如下：

借:应收进口代收款项　　　　　　　　　　　　　　　　外币
　贷:进口代收款项　　　　　　　　　　　　　　　　　　外币

②进口商审核单据确认付款时,编制会计分录如下：

借:吸收存款——进口商　　　　　　　　　　　　　　　外币
　贷:存放同业——存放国外同业　　　　　　　　　　　　外币
借:进口代收款项　　　　　　　　　　　　　　　　　　　外币
　贷:应收进口代收款项　　　　　　　　　　　　　　　　外币

三、汇兑结算业务的核算

(一)汇兑概述

1.概念

汇兑是汇款人委托银行,将款项汇给国外收款人的一种结算方式。

在国际贸易结算中,该方式主要用于支付贸易从属费用或某些先款后货的非贸易结算,单位或个人均可委托银行办理。

2.种类

汇兑结算有电汇、信汇和票汇三种方式。由汇款人选择使用。

(1)电汇,是汇出行用加押电传、SWIFT电文或加押电报方式指示汇入行解付一定外汇金额给收款人的一种汇款方式。

(2)信汇,是汇出行将信汇委托书或支付委托书邮寄给汇入行,授权汇入行解付一定金额给收款人的汇款方式。

(3)票汇,是汇出行开立以汇入行为解付行的银行汇票,由汇款人自己把汇票寄交给收款人或自己携带出国,凭票到汇入行领取汇款的一种结算方式。

(二)汇出国外汇款的核算

在汇出国外汇款中,国内银行是汇出行,要将汇款人的款项汇往国外。若汇款人无外汇存款,银行要向汇款人售汇。

单位和个人申请向国外汇款时,必须要有国家外汇管理部门的批准证明,符合国家外汇管理的有关规定。

汇出国外汇款的核算步骤如下:

(1)汇款人来行汇款时,应填交汇款申请书一式两联,一联作传票附件,一联加盖银行业务公章后退交汇款人。

(2)汇款人购买外汇对外支付或从其外汇账户直接支付的,汇出行必须按照《结汇、售汇及付汇管理规定》等要求,区分经常项目和资本项目售付汇,审核汇款人提交的基本单证和进口付汇备案表。其中,基本单证包括合同、发票、海关报关单、进口付汇核销单和进口许可证或进口登记证明。

①电汇或信汇的核算,由汇款人填交一式两联汇款申请书,提交银行办理汇款手续。编制会计分录如下:

借:吸收存款——汇款人　　　　　　　　　　　　　　　　　　外币
　　贷:存放同业——存放国外同业　　　　　　　　　　　　　　外币
　　　　手续费收入及佣金　　　　　　　　　　　　　　　　　　外币

②票汇的核算,银行审核汇款人填写的《汇出汇款申请书》无误且汇款金额到账后,汇出行即可向汇款人开出一式五联票汇凭证办理转账。编制会计分录如下:

借:吸收存款——汇款人　　　　　　　　　　　　　　　　　　外币
　　贷:存入保证金　　　　　　　　　　　　　　　　　　　　　外币
　　　　手续费及佣金收入　　　　　　　　　　　　　　　　　　外币

③当收到国外汇入行解付票汇款后,编制会计分录如下:

借:存入保证金　　　　　　　　　　　　　　　　　　　　　　外币
　　贷:存放同业——存放国外同业　　　　　　　　　　　　　　外币

(三)国外汇入汇款的核算

国外汇入汇款是指境外汇款行以邮寄、电传或SWIFT电文等方式发送汇款指令,并将

225

款项汇入境内银行的汇款方式。此时,国内银行是汇入行,要为收款人收款。

国外汇入汇款的核算步骤如下：

(1)汇款的通知和转账。汇入行收到国外汇出行的汇款电报、信汇委托书或票汇通知书,认真审查无误后,电、信汇方式应填制汇款通知书,通知收款人。而汇票只需等候收款人办理。编制会计分录如下：

借:存放同业——存放国外同业　　　　　　　　　　　　外币
　　贷:其他应付款——汇入汇款　　　　　　　　　　　　外币

(2)汇款解付。当汇款人有现汇账户时,编制会计分录如下：

借:其他应付款——汇入汇款　　　　　　　　　　　　　外币
　　贷:吸收存款　　　　　　　　　　　　　　　　　　　外币

(3)当汇款人无现汇账户时,通过人民币结汇后解付。编制会计分录如下：

借:其他应付款——汇入汇款　　　　　　　　　　　　　外币
　　贷:货币兑换　　　　　　　　　　　　　　　　　　　外币
借:货币兑换　　　　　　　　　　　　　　　　　　　　人民币
　　贷:吸收存款　　　　　　　　　　　　　　　　　　　人民币

活动练习

一、名词解释

1.外汇　2.汇率　3.外汇买卖　4.信用证　5.外汇存款　6.外汇贷款　7.买方信贷　8.贸易融资　9.进出口押汇　10.汇兑

二、单选题

1.银行买入外币现钞时应选择的价格是(　　)。

A.钞买价　　　　　　　　　　　B.钞卖价
C.汇买价　　　　　　　　　　　D.汇卖价

2.客户买入外汇时,银行应选择的价格是(　　)。

A.钞买价　　　　　　　　　　　B.钞卖价
C.汇买价　　　　　　　　　　　D.汇卖价

3.我国外汇汇率的标价方法是(　　)。

A.直接标价法　　　　　　　　　B.间接标价法
C.美元标价法　　　　　　　　　D.港元标价法

4."外汇买卖"科目的性质是(　　)科目。

A.资产类　　　　　　　　　　　B.负债类
C.资产负债共同类　　　　　　　D.损益类

5.汇出行根据汇款人申请,拍发电报或电传,指示汇入行付款给收款人的汇款方式为(　　)。

A.电汇　　　　　　　　　　　　B.信汇

C.票汇　　　　　　　　　　　　D.托收

6.即期信用证项下国外审单借记,从国外议付行主动借记我行账户那天起,到国内银行向进口商收取货款之日起的垫款利息,应由(　　)承担。

　　A.出口商　　　　　　　　　　　B.议付行

　　C.开证行　　　　　　　　　　　D.进口商

7.浮动利率外汇贷款的利率不固定,而是(　　),由银行根据筹资成本,加上一定的管理费而定。

　　A.由贷款银行根据资金供需状况　　B.参照金融市场银行同业拆放利率

　　C.在基准利率基础上按比例浮动　　D.按人民币贷款利率的10％上下浮动

8.收到国外来证时,商业银行经办员要根据信用证留底联填制(　　)。

　　A.国外来证保证凭信记录卡　　　B.特种转账收入传票

　　C.信用证项下单据通知书

9.中国银行某支行接到客户交来的外币5 000美元,要求汇往纽约,经审核后,即办理汇款手续,其账务处理为:借记 现金 USD5 000.00,贷记(　　)。

　　A.境外联行往来　USD5 000.00　　B.汇出汇款　USD5 000.00

　　C.联行往来　USD5 000.00　　　　D.代理行往来　USD5 000.00

10.收到开证行汇入信用证全部或部分押金时,国内议付行通过(　　)科目核算。

　　A.存入保证金　　　　　　　　　B.应付及暂收款项科目

　　C.其他应付款科目

11.国内某中国银行向中国银行纽约分行寄发一份金额为20 000美元的借记报单,报单上应注明(　　)。

　　A.请借记　　　　　　　　　　　B.请贷记

　　C.已贷记　　　　　　　　　　　D.已借记

12."汇出汇款"科目属于(　　)类科目。

　　A.资产　　　　　　　　　　　　B.负债

　　C.表外　　　　　　　　　　　　D.共同

13.我国商业银行在办理进出口贸易结算时,一直采用记账结算和(　　)。

　　A.现金结算　　　　　　　　　　B.清算货币结算

　　C.信用证结算　　　　　　　　　D.现汇结算

14.信用证结算方式的会计核算处理手续,作为出口方的通知行和议付行,主要包括(　　)、议付与寄单、收汇与结汇三个主要环节。

　　A.受证与通知　　　　　　　　　B.审单付汇

　　C.开出信用证

15."国外开来保证凭信"科目反映一定时期我国出口业务情况,该科目在收方时,反映我国(　　)。

　　A.已经收到国外开来了多少信用证　B.已经出口了多少货物

　　C.可凭信用证收回的金额

16.开证行履行信用证付款责任,是以信用证规定的条款为依据,以(　　)为条件。

　　A.单证一致,单同一致　　　　　　B.单单一致,单同一致

C.单单一致,单证一致

17.中国银行上海分行营业部收到香港分行寄来的贷记报单,金额HKD7 600,审核无误后,当日办理结汇,这种方式称为( )。

 A.定期结汇   B.收妥结汇

 C.远期信用证到期结汇

三、多选题

1.外汇汇价按标价方法的不同分为( )。

 A.人民币标价法   B.外币标价法

 C.直接标价法   D.间接标价法

 E.期末标价法

2.银行外汇买卖汇率分为( )。

 A.买入汇率   B.卖出汇率

 C.钞买汇率   D.中间汇率

 E.调剂汇率

3.信用证项下出口结算包括( )等环节。

 A.出口结汇   B.受证与通知

 C.审单付款   D.审单议付

 E.审单结汇

4.按照我国外汇管理条例规定,外汇是指( )。

 A.外国货币   B.外币有价证券

 C.外币支付凭证   D.本国货币

 E.记账本位币

5.信用证项下进口结算主要包括( )等环节。

 A.受证与通知   B.开立信用证

 C.审单付款   D.审单议付

 E.审单结汇

6.外汇业务的特点主要表现在( )。

 A.外汇分账制   B.收付实现制

 C.权责发生制   D.永续盘存制

 E.实地盘存制

7.申请人向开证行提交修改信用证申请书,经批准修改增加额,其会计分录为:( )。

 A.红字 借:应收开出信用证款项   B.红字 贷:应付开出即期信用证款项

 C.蓝字 借:应付开出信用证款项   D.蓝字 贷:应收开出信用证款项

8.通过境外银行或代理行在我方银行所开的账户收汇的方式主要有( )。

 A.主动借记   B.收妥结汇

 C.授权借记   D.定期结汇

 E.远期信用证到期结汇

9.以下向进口商收汇的结算方式中,需进口商提交垫款利息的付汇方式有( )。

 A.国外审单主动借记   B.单到国内审单付款

C.国外审单电报索汇   D.远期信用证项下付汇

E.授权国外议付行向我账户行索汇

10.托收银行发出"委托书"及有关跟单汇票,标志代表"物权"的单据已寄出,但货款尚未收妥,根据权责发生制,应通过有关或有资产、或有负债账户记录。会计分录为(   )。

A.借:应收出口托收款项   B.借:出口托收款项

C.贷:进口代收款项   D.贷:应付出口托收款项

11.下列结算方式属于非贸易结算方式的有(   )。

A.外币兑换   B.买入票据

C.信用证   D.信用卡

E.出口托收   F.居民外汇汇款

12.买入外币票据的条件主要有(   )。

A.签发行是我国联行或代理行   B.票据上有限制议付字样

C.签发的外币币种是我国挂牌的货币 D.我行对票据有鉴别能力

13.受某客户的委托,向某代理行托收一笔非贸易款项,当银行受理业务发出"非贸易托收委托书"时,编制会计分录如下:(   )。

A.借:应收贸易托收款项   B.贷:应付非贸易托收款项

C.借:应收非贸易托收款项   D.贷:应付贸易托收款项

14.下列各种卡中属于借记卡的有(   )。

A.生肖卡   B.牡丹卡

C.提款卡   D.储蓄卡

E.广发卡

15.信用卡按发卡机构分为(   )。

A.主卡   B.单位卡

C.零售信用卡   D.银行信用卡

四、判断题

1.外汇中间价是金融企业内部结算时使用的汇率。   (   )

2."外汇买卖"账户应按外币币别设置明细账。   (   )

3.我国套汇业务的做法,原则上通过人民币核算,即通过买入一种外汇,同时卖出一种外汇的方式折算。   (   )

4.银行为客户结汇买入外汇,应用卖出价核算。   (   )

5.个人外汇存款全部为现钞户。   (   )

6.买方信贷的贷款本息可由总行统一办理偿还,也可由有关分支行分别办理偿还。
                                                                            (   )

7.银行买入外汇,外汇买卖科目外币金额记借方,人民币金额记贷方。   (   )

8.根据交单条件的不同,出口托收可分为跟单托收和光票托收。   (   )

五、简答题

1.汇率的标价方法有哪些?

2.简述汇率的种类。

3.外汇贷款业务的主要种类及特点有哪些?

六、实务题

1. 某客户持港币现钞 10 000 元来银行兑换人民币现钞,当天该银行公布的钞买价 HKD100.00＝￥105.00,银行审核无误后,办妥兑换手续。

2. 银行按规定给某开户单位兑换出国考察所需 USD4 000,收到人民币转账支票一张,当天该行公布的卖出价 USD100＝￥810,银行审核无误后,办理兑换手续。

3. 激励公司要求从其美元现汇存款支取 10 000 美元现钞,银行卖出美元现钞,买入美元现汇。该银行当天现汇买入价 USD100＝￥809,汇卖价 USD100＝￥812。银行审核无误后,办妥有关手续。

4. 某分行于 2019 年 3 月 3 日与某合资企业订立借款合同,提出贷款 USD500 000 向美商进口零部件,期限半年,按 3 个月浮动利率,利息转入本金。该分行于 3 月 4 日发放贷款,全部支付美国某代理行。发放贷款日,美元 3 个月浮动利率为 10％,6 月 4 日为 8.5％,9 月 4 日贷款到期,从其美元账户内支付全部本息。

该笔贷款按 3 个月浮动利率,3 月 4 日至 6 月 4 日利息以 10％的利率计算,6 月 4 日至 9 月 4 日利息以 8.5％的利率计算。银行在固定结息日的利息计算如下:

3 月 20 日计收利息金额＝

6 月 20 日计收利息金额＝

9 月 4 日收回贷款本息金额＝

5. 丝绸公司 2 月 8 日将即期信用证项下全套出口单据金额 USD60 000,连同押汇申请书交中国银行上海市分行营业部,经审核单据,符合押汇要求。该银行当天即按 5.2％利率扣收 20 天的利息,并将余额按当日挂牌汇卖价 USD100＝￥812 转入该公司人民币存款账户。

押汇利息＝

会计分录为:

6. 接上题,2 月 28 日银行收到美洲银行(开证行)的贷记报单,金额 USD75 100(其中 USD100 为进口商支付给议付行的银行费用),中国银行在该行开有美元账户,经审核无误后,办理转账。

7. 中国银行某分行 2019 年 10 月 5 日接到美国代理行开来即期信用证,金额 10 000 美元,受益人为中国贸易进出口公司,来证规定单到开证行验单付款。该行审证后当天通知受益人。10 月 31 日受益人中国贸易进出口公司备货出运后,送来全套出口单据及跟单汇票 10 000 美元,该行审查合格,于 11 月 3 日寄单索汇。11 月 16 日该行收到美国银行的已贷记通知金额 10 000 美元,并于当日上午对中国贸易进出口公司结汇入账。假设汇买价 USD100＝￥698.50。根据题意,编制会计分录。

8. 客户王明委托银行汇出 HKD20 000,交付人民币现金,银行当即办理(当日汇卖牌价 HKD100.00＝￥106.00),收取手续费 200 元、邮电费 30 元。

项目八 损益与所有者权益业务

活动目标	本项目介绍了严密的规章制度和严格的操作流程,使学生了解和掌握商业银行损益及所有者权益的核算,培养学生遵纪守法的优良品质。
活动重点	收入、费用、营业外收支、利润与利润分配及所有者权益的核算。
活动难点	投资收益、公允价值变动损益及利润分配的核算。
活动方法	教师利用先进的教学工具,讲授、分析实例,将理论与实践相结合。
活动内容	本项目主要介绍商业银行损益及所有者权益的核算。

任务一 核算损益业务

一、损益的概述

商业银行损益是指商业银行在办理各项资产、负债以及中间业务时必然发生的各种经济利益的流入和流出,从而形成了商业银行的收入和支出,这是商业银行损益的主要内容。

二、收入业务的核算

(一)收入的概述

1.概念

收入是指企业在销售商品、提供劳务及让渡资产使用权等日常活动中所形成的经济利益的总流入。银行的收入是银行在经营融资及其他服务业务中获得的各种收益。

2.确认

银行的收入是银行经营成果的重要组成部分,收入入账时间的早晚和入账金额的大小,直接影响到银行的经营成果。因此,在核算银行收入时,必须合理地确认收入的实现。

> **知识链接**
> 收入核算中,财务人员在对企业收入业务进行账务处理时,要严格按照企业会计准则开展工作。高度的责任心是财务人员必须具备的职业道德。

银行收入的确认应当满足以下条件:

(1)与交易相关的经济利益能够流入企业。这是任何交易都应遵循的一项重要原则。经济利益是指直接或间接流入企业的现金或现金等价物。在商业银行向企业发放贷款交易中,与交易相关的经济利益即指该笔贷款的利息收入。

(2)收入的金额能够可靠地计量。收入能否可靠计量,是确认收入的基本前提。商业银行向企业发放贷款时,贷款利息的金额通常可根据贷款合同确定,但贷款使用过程中由于某些不确定因素,有可能出现贷款利息变动的情况,在新的利息确定前,银行不应确认利息收入。

3.内容

银行的收入按照与经营业务的关系可分为利息收入、金融企业往来收入、中间业务收入、投资收益、手续费收入、公允价值变动收益、汇兑收益、其他业务收入和营业外收入等。

商业银行的收入不包括为第三方或客户代收的款项,如代垫工本费、代电信收取的电话费、代收水电费等。

(二)收入的核算

1.利息收入的核算

(1)概念

利息收入是指商业银行经营贷款、贴现等业务而取得的收入。

(2)内容

利息收入包括短期贷款利息收入、中长期贷款利息收入、抵押贷款利息收入、质押贷款利息收入、担保贷款利息收入、贴现利息收入、逾期贷款加息收入、贷款罚息收入、进出口押汇利息收入、其他利息收入等。利息收入在银行的整个业务活动中占有很大的比重,是银行损益的重要内容之一,因此在确认和计量利息收入时,应遵循以下规定:

①根据权责发生制原则定期计算并确认利息收入。

②贷款本金到期(含展期后到期,下同)90天后尚未收回的,利息停止计入当期利息收入,纳入表外科目。

③已计提的贷款应收利息,在贷款本金到期90天后仍未收回的,或在应收利息逾期90天后仍未收回的,应冲减原已计入损益的利息收入,转作表外科目。

④在计量贷款利息收入时,计息方法有积数计息法和逐笔计息法。

短期贷款按照合同载明的利率于每季度或每月计收利息。合同期内若遇到贷款利率调整,则不分段计息。

中、长期贷款在合同期内遇到贷款利率调整,由借贷双方按商业原则确定,可在合同期间按月、按季、按年调整,也可采用固定利率的确定方式。5年期以上档次的贷款利率,由金融机构参照中国人民银行公布的5年期以上贷款利率自主确定。

> **微知识** 逾期贷款的罚息利率为在借款合同载明利率的基础上加收30%~50%;借款人未按合同约定用途使用借款的罚息利率,为在该合同载明的利率基础上加收50%~100%。

⑤贷款展期,利率按照签订展期合同之日的规定执行:贷款展期期限加上原期限达到新的利率期限档次的,从展期之日起,按新期限的档次利率计收;达不到新期限档次利率的,按原档次利率计息。

⑥对不能按期收回的利息,根据贷款合同利率按季或按月计收复利。

⑦贷款到期日如遇节假日,提前归还的,扣除相应提前天数的利息;节假日次日归还的,按相应后移的天数计收利息,不按逾期利率计算。

(3)核算

银行发放的各项贷款,应按照上述规定计算应收利息,设置"利息收入"账户,其属于损益类账户。按照存款、贷款种类设置明细账。账务处理如下:

①定期计提应计利息时,按照计算的金额进行账务处理,编制会计分录如下:

借:应收利息

　　贷:利息收入

②实际收到利息时,按照实际收到的金额进行账务处理,编制会计分录如下:

借:吸收存款——活期存款

　　贷:应收利息

③应计贷款转为非应计贷款后,应将已入账的应收未收的利息予以冲销,编制会计分录如下:

借:利息收入

　　贷:应收利息

同时,将冲销的应收利息转入表外科目,编制会计分录如下:

收入:应收未收利息

以后收回表外利息时,直接计入当期收入,按实际收到的金额进行账务处理,编制会计分录如下:

借:吸收存款——活期存款

　　贷:利息收入

同时,销记表外记录,编制会计分录如下:

付出:应收未收利息

④银行办理的贴现业务,应按贴现的商业汇票到期可收回的金额、实际支付给贴现申请人的款项和贴现利息进行账务处理,编制会计分录如下:

借:贴现资产(汇票到期值)

　　贷:吸收存款——活期存款(实际支付款项)

　　　　利息收入(贴现利息)

⑤期末,将本账户余额结转到"本年利润"账户时,记入借方。结转后应无余额。

2.金融企业往来收入

(1)概念

金融企业往来收入是金融企业与其他金融机构往来而发生的利息收入。即指在同一银行系统内部的联行之间以及与中央银行或其他金融机构之间的资金往来所发生的利息收入、存贷款利差补贴收入等。

(2)内容

金融企业往来收入包括缴存存款利息收入、中央银行往来利息收入、同业往来利息收入、系统内往来利息收入、联行往来利息收入、其他往来利息收入等。

(3)核算

①商业银行应根据权责发生制的原则,定期计算确认金融企业往来利息收入,即应按让渡资金使用权的时间和适用利率计算确定。

②银行设置"金融企业往来收入"账户,其属于损益类账户。

③按照往来单位设置明细账。当发生金融企业往来收入时,根据有关利息通知或划款凭证,进行账务处理。编制会计分录如下:

借:存放中央银行款项
　　贷:金融企业往来收入——××利息收入户
期末,将本账户余额结转到"本年利润"账户时,记入借方。结转后应无余额。

3.中间业务收入

(1)概念

中间业务收入是指商业银行为客户办理收付及其他委托代理事项、提供各种金融服务的业务。在办理这类业务时,银行既不是债务人也不是债权人,而是处于受委托代理地位,以中间人身份进行各项业务活动。

(2)内容

中间业务又称表外业务,目前商业银行的中间业务主要有本、外币结算、银行卡、信用证、票据担保、贷款承诺、衍生金融工具、代理业务、咨询顾问业务等。

(3)核算

①商业银行应根据权责发生制的原则,根据客户办理业务的种类,按照规定的收费标准计算并确认中间业务收入。

②银行设置"中间业务收入"账户,属于损益类账户。按照结算业务收入、委托业务及代理业务收入、其他业务收入等设置明细账。编制会计分录如下:

借:库存现金(吸收存款等科目)
　　贷:中间业务收入

期末,将本账户余额结转到"本年利润"账户时,记入借方。结转后应无余额。

4.投资收益

(1)概念

投资收益是指商业银行对外投资所取得的利润、股利和债券利息等收入,以及处置投资时所取得的收益。

(2)内容

投资收益包括对外投资所分得的股利和收到的债券利息,以及投资到期收回或到期前转让债权的款项高于账面价值的差额等。

(3)核算

①银行设置"投资收益"账户进行核算,其属于损益类账户,用以核算银行对外投资取得的收入或发生的损失。

②银行取得投资收益或将投资净损失结转"本年利润"账户时,记入贷方;发生投资损失或将投资净收益结转"本年利润"账户时,记入借方。期末一般无余额。

5.手续费收入

(1)概念

手续费收入是指银行向客户提供服务时收取费用而形成的收入。

(2)内容

手续费收入包括结算业务手续费收入、委托贷款业务手续费收入、拆借资金手续费收入、信用卡签购手续费收入、代发债券的代理业务手续费收入、提供金融服务应收取的手续费收入等。

(3)核算

①银行设置"手续费收入"账户,其属于损益类账户。

②银行收取各种手续费时,记入贷方;期末,将本科目结转到"本年利润"账户时,记入借方。期末一般无余额。按手续费收入种类设置明细账。

6.汇兑收益

(1)概念

银行经营外汇买卖、外币兑换以及结售汇业务过程中,有效利用利率、汇率变动而取得的收益。

(2)内容

汇兑收益包括外汇买卖、外币兑换以及结售汇业务等。

(3)核算

①银行设置"汇兑收益"账户,其属于损益类账户。

②银行发生汇兑收益时,记入贷方。期末,将本账户结转到"本年利润"账户时,记入借方。期末一般无余额。按照货币兑换币种设置明细账。

7.其他营业收入

(1)概念

其他营业收入是指银行除存款、贷款、投资和代理业务以及金融机构往来以外的其他营业收入。

(2)内容

其他营业收入包括咨询服务收入、无形资产转让净收入、金银买卖收入、租赁收入等。

(3)核算

①银行设置"其他营业收入"账户,其属于损益类账户。

②银行取得各项其他业务收入时,记入贷方。期末,将本账户结转到"本年利润"账户时,记入借方。期末一般无余额。按照其他收入的种类设置明细账。

8.营业外收入

(1)概念

营业外收入是指银行发生的与经营业务无直接关系的各项收入。

(2)内容

营业外收入包括固定资产盘盈、处置固定资产净收益、出售无形资产净收益、出纳长款收入、罚款净收入、教育费附加返还款和其他营业外收入等。

(3)核算

①银行设置"营业外收入"账户,其属于损益类账户。

②银行取得各项营业外收入时,记入贷方。期末,将本账户结转到"本年利润"账户时,记入借方。期末一般无余额。

9.公允价值变动损益

(1)概念

公允价值变动损益是指商业银行对采用公允价值计量的金融工具等项目,在持有期间该项目的公允价值变动所带来的利得或损失。

(2)内容

公允价值变动损益主要是以公允价值计量且其变动计入当期损益的利得或损失,如交易性金融资产等。

(3)核算

①资产负债表日,若交易性金融资产的公允价值高于其账面余额的差额,则应进行账务处理,编制会计分录如下:

借:交易性金融资产——公允价值变动
 贷:公允价值变动损益

②若公允价值低于账面余额,则做相反的会计分录。

例 8-1

2019年1月1日,某商业银行购入债券:面值为 1 000 000 元,利率为 4%,划分为交易性金融资产。取得时,支付价款 1 040 000 元(含已宣告发放利息 40 000 元),另支付交易费用 10 000 元。

①2019年1月1日购入时,编制会计分录如下:

借:交易性金融资产   1 000 000.00
  应收利息   40 000.00
  投资收益   10 000.00
 贷:银行存款   1 050 000.00

②2019年1月5日,收到最初支付价款中所含利息 40 000 元,编制会计分录如下:

借:存放中央银行款项   40 000.00
 贷:应收利息   40 000.00

计提 2019 年利息 1 000 000×4%=40 000(元),并编制会计分录如下:

借:应收利息   40 000.00
 贷:投资收益   40 000.00

③2019年12月31日(资产负债表日),该债券公允价值为 1 200 000 元。编制会计分录如下:

借:交易性金融资产   200 000.00
 贷:公允价值变动损益   200 000.00

④2020年1月5日,收到 2019 年利息 40 000 元。编制会计分录如下:

借:存放中央银行款项   40 000.00
 贷:应收利息   40 000.00

⑤2020年10月6日,出售债券,售价为 1 300 000 元。编制会计分录如下:

借:存放中央银行款项   1 300 000.00
 贷:交易性金融资产——成本   1 000 000.00
   交易性金融资产——公允价值变动 200 000.00
   投资收益   100 000.00
借:公允价值变动损益   200 000.00
 贷:投资收益   200 000.00

三、费用业务的核算

(一)费用的概述

1. 内容

费用是指银行在日常活动中发生的,会导致所有者权益减少的,与所有者分配利润无关的经济利益的总流出,主要有营业成本和营业支出两部分。

(1)营业成本是指商业银行在业务经营过程中发生的与银行业务经营有关的支出。包括利息支出、金融企业往来支出、手续费支出、汇兑损失等。

(2)营业支出是指商业银行在业务经营及管理工作中发生的各项费用,包括税金及附加、业务及管理费、资产减值损失、其他业务成本等。

2. 确认

(1)严格划分收益性支出与资本性支出的界限。

(2)划清成本界限,正确计算成本。在成本核算中,要严格划清以下成本界限:

①划清本期成本与下期成本界限,不得提前或延后列支。

②划清成本支出与营业外支出的界限,不属于成本开支范围的,不得列入成本;应在成本开支的费用,不得列入营业外支出。

(3)成本核算要以月、季、年为成本计算期,计算成本与营业收入核算的起止日期、计算范围和口径必须一致。

(二)费用的核算

1. 利息支出

(1)概念

利息支出是指商业银行在经营存款业务中发生的利息费用。它在商业银行全部经营成本中占有很大的比重。利息支出的计算与确认应遵循权责发生制原则,按月计提。

(2)内容

利息支出主要包括活期储蓄和定期储蓄存款的利息支出、单位活期和单位定期存款的利息支出、个体工商户存款的利息支出、活期保证金和定期保证金的利息支出、信托存款利息支出、借记卡存款利息支出等。

(3)核算

利息支出的核算已在存款业务中讲过,这里不再重复。

2. 金融企业往来支出

(1)概念

金融企业往来支出是指商业银行和各金融机构往来而发生的利息支出。

(2)内容

金融企业往来支出主要包括商业银行与中央银行之间、同系统联行间及同业间因资金往来而发生的利息支出、向中央银行借款的利息支出、同业存款的利息支出、同业拆借的利息支出、金融公司拆入的利息支出、辖内往来利息支出、系统内拆借利息支出、转贴现利息支出、再贴现利息支出等。

(3)核算

商业银行应根据合同及协议,进行利息计算和账务处理,编制会计分录如下:

借:金融企业往来支出——××支出户

    贷:存放中央银行款项等

3.手续费支出

(1)概念

手续费支出是指商业银行委托其他单位办理有关业务而支付的手续费。

(2)内容

手续费支出主要包括同业往来手续费支出、代理业务手续费支出、银行卡手续费支出和其他手续费支出等。

(3)核算

商业银行根据代理协议及有关资料支付手续费,编制会计分录如下:

借:手续费支出——××支出户

    贷:库存现金(或××科目)

4.汇兑损失

(1)概念

汇兑损失和汇兑收益相反,是指银行在经营外汇买卖和货币兑换中由于汇率变动而产生的汇兑损失。

(2)内容

汇兑损失主要包括外汇买卖、外币兑换以及结售汇业务等损失。

(3)核算

当发生汇兑损失时,编制会计分录如下:

借:汇兑损益

    贷:外汇买卖

5.业务及管理费

(1)概念

业务及管理费是指商业银行在业务经营及管理工作中发生的各项费用,是一种期间费用。

(2)内容

业务及管理费主要包括固定资产折旧、业务宣传费、业务招待费、电子设备运转费、安全防卫费、企业财产保险费、邮电费、劳务保护费、外事费、印刷费、低值易耗品摊销、职工工资、差旅费、水电费、租赁费(不包括融资租赁费)、修理费、职工福利费、职工教育经费、工会经费、房产税、车船使用税、土地使用税、印花税、会议费、诉讼费、公证费、咨询费、无形资产摊销、长期待摊费用、待业保险费、劳动保险费、取暖费、审计费、技术转让费、研究开发、绿化费、董事费、上交管理费等。

(3)核算

业务及管理费分两种情况处理:

①业务及管理费采取直接列账的,发生业务费用时,编制会计分录如下:

借:管理费用——××户

    贷:××科目

②业务及管理费采取间接列账的,会计部门可向行政部门拨付周转金,并为行政部门开立存款账户。行政部门发生业务费用时,从存款账户支付款项,定期向会计部门报销,年底将周转金划还会计部门。

6.资产减值损失
(1)概念

资产减值损失是指商业银行在业务经营过程中所计提的各项风险资产的减值准备。

(2)内容

资产减值损失主要包括贷款损失准备、坏账准备、长期股权减值准备、持有至到期投资减值准备、可供出售金融资产减值准备、固定资产减值准备、无形资产减值准备等。

(3)核算

①计提上述资产减值准备时,编制会计分录如下:

借:资产减值损失
　　贷:××准备金

②以后恢复时,应在原已计提减值准备金额内,按恢复增加的金额进行账务处理,编制会计分录如下:

借:××准备金
　　贷:资产减值损失

7.其他业务成本
(1)概念

其他业务成本是指商业银行发生的除主营业务以外的其他经营业务所发生的支出。

(2)内容

其他业务成本主要包括出租固定资产的折旧额、出租无形资产的摊销额等。

(3)核算

其他业务成本发生时,应根据实际发生的金额进行账务处理,编制会计分录如下:

借:其他业务成本
　　贷:累计折旧等

8.税金及附加
(1)概念

税金及附加是指商业银行经营活动应负担的相关税费。

(2)内容

税金及附加主要包括消费税、城市维护建设税、教育费附加、资源税、房产税、城镇土地使用税、车船税、印花税等。

(3)核算

商业银行应于规定时间,按照当期实现的计税收入乘以适用税率计算缴纳相应税金。

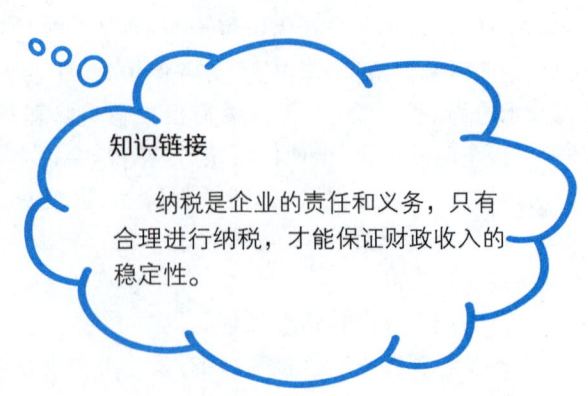

> **知识链接**
>
> 纳税是企业的责任和义务,只有合理进行纳税,才能保证财政收入的稳定性。

计提时,编制会计分录如下:
借:税金及附加
　　贷:应交税费——应交消费税/城市维护建设税/教育费附加/资源税/房产税/
　　　　　　　　城镇土地使用税/车船税/印花税等

缴纳时,编制会计分录如下:
借:应交税费——应交消费税/城市维护建设税/教育费附加/资源税/房产税/
　　　　　　　城镇土地使用税/车船税/印花税等。
　　贷:存放中央银行款项

四、营业外收支业务的核算

(一)概念

营业外收支业务是指银行发生的与其经营业务活动无直接关系的各项收入和各项支出。

(二)内容

1.营业外收入

营业外收入包括非流动资产处置利得、非货币性资产交换利得、债务重组利得、政府补助、盘盈利得、捐赠利得等。具体有罚款收入、出纳长款收入、固定资产清理净收益、教育费附加返还款、久悬未取款项等。

2.营业外支出

营业外支出包括非流动资产处置损失、非货币性资产交换损失、债务重组损失、非常损失、盘亏损失、公益性捐赠支出等。具体有固定资产盘亏、固定资产清理净损失、支付久悬未取款项、结算赔款、错账损失等。

(三)规定

营业外收支业务的核算有如下规定:
(1)各项营业外收入必须按照国家有关规定,认真核实,据实列账,不得转移、截留和作其他收入项目的处理。
(2)营业外支出在核算上采用收付实现制。
(3)划清营业外支出与成本支出以及利润分配的界限,避免相互挤占。

(四)核算

营业外收入应当按照实际发生的金额进行核算。发生营业外收入时,直接增加企业的利润总额。

营业外支出应当按照实际发生的金额进行核算。发生营业外支出时,在相对应的会计期间,直接冲减企业当期的利润总额。

例 8-2

中国工商银行某支行年末盘点财产时,清理固定资产汽车一辆,发生固定资产净收益 20 000 元,编制会计分录如下:

借:固定资产清理　　　　　　　　　　　　　　　　　20 000.00
　　贷:营业外收入　　　　　　　　　　　　　　　　　　20 000.00

五、利润与利润分配业务的核算

(一)利润的概述

1.概念

利润是指商业银行在一定会计期间的经营成果。

2.构成

利润分为利润总额、营业利润和净利润,计算公式如下:

利润总额＝营业利润＋投资收益＋营业外收支净额

营业利润＝营业收入－营业支出

　　　　　＝利息收入－利息支出＋手续费收入－手续费支出＋投资收益

　　　　　　＋公允价值变动收益＋汇兑收益＋其他业务收入－税金及附加

　　　　　　－业务及管理费－资产减值损失－其他业务成本

净利润＝利润总额－所得税

(二)利润结转的核算

1.结转收入类科目

商业银行编制转账传票转入"本年利润"科目的贷方,用于核算和反映商业银行当年实现的经营成果。会计分录如下:

借:利息收入——各明细账户
　　金融企业往来收入——各明细账户
　　中间业务收入——各明细账户
　　其他业务收入——各明细账户
　　汇兑收益——各明细账户
　　投资收益——各明细账户
　　营业外收入——各明细账户
　　贷:本年利润

2.结转支出类科目

商业银行编制转账传票转入"本年利润"科目的借方。会计分录如下:

借:本年利润
　　贷:利息支出——各明细账户
　　　　金融企业往来支出——各明细账户

手续费支出——各明细账户
　　营业费用——各明细账户
　　税金及附加——各明细账户
　　其他营业支出——各明细账户
　　汇兑损失——各明细账户
　　营业外支出——各明细账户
　　所得税

3.上划到总行

(1)结转后,各收入、支出类科目应无余额。"本年利润"科目与上述各收支类科目结转前的轧差数一致。"本年利润"科目如为贷方余额,则为盈利;如为借方余额,则为亏损。

(2)年度终了,各级行应将当年的经营成果上划到总行。

a.下级行上划当年度盈利时,编制会计分录如下:

借:本年利润
　　贷:辖内往来

b.总行或上级行收到下级行划来的盈利时,编制会计分录如下:

借:辖内往来
　　贷:本年利润

c.最后,总行应将"本年利润"科目结平,转入"利润分配"科目。如为盈利,则编制会计分录如下:

借:本年利润
　　贷:利润分配——未分配利润

如为亏损,则编制相反的会计分录。

(三)利润分配的核算

1.概念

利润分配是将银行实现的净利润,按照国家财务制度规定的分配形式和分配顺序,在银行和投资者之间进行分配。

2.顺序

根据《中华人民共和国公司法》等有关法规,银行当年实现的净利润,一般应按照下列顺序进行分配:

(1)抵补银行已支付的在成本和营业外支出中无法列支的有关惩罚性或赞助性支出,包括被没收的财物损失,延期缴纳各项税款的滞纳金和罚款,少交或迟交中央银行准备金的罚息等。

(2)弥补银行以前年度亏损。如银行在5年期限内不能用税前利润弥补完的部分,可用税后利润进行弥补,银行历年提取的法定盈余公积金和任意公积金也可用于弥补亏损。

(3)提取法定盈余公积。银行按照税后利润加上上年末未分配利润减去弥补以前年度亏损和罚款支出后的余额,按规定的比例提取法定盈余公积。法定盈余公积可用于弥补以前年度亏损或转增资本。但转增资本后留存的法定盈余公积不得低于注册资本的25%。

(4)提取一般风险准备。银行按规定可按风险资产总额的一定比例从税后利润中提取一般风险准备。

(5)向投资者分配。银行可供投资者分配的利润减去提取的法定盈余公积、一般风险准备等后,应做如下分配:应付优先股股利;提取任意盈余公积;应付普通股股利;转作资本(或股本)的普通股股利。

(6)未分配利润。未分配利润可留待以后年度进行分配。银行未分配的利润(或未弥补的亏损)应当在资产负债表的所有者权益项目中单独反映。

3.核算

(1)提取盈余公积及补亏。银行从税后利润提取法定盈余公积时,编制会计分录如下:

借:利润分配——提取盈余公积
　　贷:盈余公积——法定盈余公积

银行用盈余公积弥补亏损时,编制会计分录如下:

借:盈余公积——法定盈余公积
　　贷:利润分配——盈余公积补亏

(2)提取一般风险准备。银行按规定提取一般风险准备时,编制会计分录如下:

借:利润分配——提取一般准备
　　贷:一般风险准备金

(3)向投资者分配利润。银行计算应付投资者的利润时,编制会计分录如下:

借:利润分配——应付利润
　　贷:应付股利

当银行实际支付应付股利时,编制会计分录如下:

借:应付股利
　　贷:存放中央银行款项

(4)未分配利润。经过利润分配后,如果"利润分配"科目还有贷方余额,即为当年的未分配利润,可作留存收益,与新一年度的利润一并进行分配。

任务二 核算所有者权益业务

一、所有者权益的概述

(一)概念

所有者权益是指所有者在企业资产中享有的经济利益,其金额为资产减去负债后的余额。公司的所有者权益又称为股东权益。

(二)分类

企业的资产形成的资金来源有两种:

(1)债权人提供(对企业而言,即为负债)。

(2)所有者提供(对企业而言,即为所有者权益)。

所有者权益按照其来源不同,可分为投入资本和留存收益两类:

(1)投入资本是指投资人投入银行的资本和投入银行的资本的增值,以及其他单位或个人投入银行不需回报的资本,它是所有者权益的主体。投入资本按其来源渠道不同,又可分为实收资本和资本公积。

(2)留存收益是指银行从历年实现的利润中提取或形成的留存于银行的内部积累。它属于所有者权益,所有者可以安排分配。但是,国家为了防止银行过量分配,要求银行留有一定的积累,以利于银行持续经营、提高银行职工的福利以及维护债权人利益。留存收益按用途不同,又可分为盈余公积和未分配利润。

二、所有者权益业务的核算

(一)实收资本的核算

1.概念

实收资本是指商业银行按合同规定从投资各方实际收到的资本总额。按投资者的不同,可分为国家投入资本、法人投入资本、个人投入资本以及外商投入资本。

(1)国家投入资本,是指有权代表国家投资的政府部门或机构,以国有资产投入的资本。

(2)法人投入资本,是指其他企业法人以其依法可支配的财产,投入本企业的资本,事业单位和社会团体,以国家允许其用于生产经营的资产向本企业投入的财产,亦属法人投入资本。

(3)个人投入资本,是指社会个人或企业内部职工以个人合法财产投入企业的资本。

(4)外商投入资本,是指中国境外的法人和个人以其外币、设备、无形资产或其他资产投入的资本。

2.核算

对于实收资本,除股份制商业银行以"股本"账户核算外,其他商业银行以"实收资本"账户核算。

(1)投资者以现金投入资本的核算

商业银行收到投资者投入的资本时,以实际收到的金额入账,即借记"库存现金"账户,贷记"实收资本(或股本)"账户。

(2)以固定资产、无形资产等非现金资产投入资本的核算

商业银行收到投资者以非现金资产投入资本,按双方确认的价值入账,即借记"固定资产(或无形资产)"账户,贷记"实收资本(或股本)"账户。

(3) 以资本公积、盈余公积转增实收资本的核算

商业银行对于以资本公积、盈余公积转增实收资本的核算,借记"资本公积""盈余公积"等账户,贷记"实收资本"账户。

(4) 投资者以外币投入的核算

投资者投入的外币,合同没有约定汇率的,按收到出资额当日的汇率折合;合同约定汇率的,按合同约定的汇率折合。因汇率不同产生的折合差额,作为资本公积处理。即借记某账户,贷记"实收资本(或股本)"账户。

例8-3

某商业银行收到国家投入的货币资金人民币5 000万元。以万元为单位编制会计分录如下:

借:库存现金　　　　　　　　　　　　　　　　　　　　　5 000.00
　　贷:实收资本　　　　　　　　　　　　　　　　　　　　5 000.00

例8-4

某商业银行收到国家投入的全新楼房一栋,其为人民币600万元。以万元为单位编制会计分录如下:

借:固定资产　　　　　　　　　　　　　　　　　　　　　　600.00
　　贷:实收资本　　　　　　　　　　　　　　　　　　　　　600.00

例8-5

某股份制商业银行以300万元资本公积转增资本。以万元为单位编制会计分录如下:

借:资本公积　　　　　　　　　　　　　　　　　　　　　　300.00
　　贷:股本　　　　　　　　　　　　　　　　　　　　　　　300.00

(二)资本公积的核算

1. 概念

资本公积是指商业银行在非经营业务活动中所发生的资产增值,主要包括资本溢价、接受非现金资产捐赠准备、接受现金捐赠、股权投资准备、外币资本折价差额、关联交易差价及其他资本公积等。

2. 核算

(1) 资本溢价的核算

投资者实际缴付的出资额大于注册资本的,其差额为资本溢价,应记入"资本公积"账户。

对于上市的股份制商业银行来说,溢价发行股票的,银行将发行股票面值的部分作为实收资本,记入"股本"账户,超过面值的部分作为资本溢价,记入"资本公积"账户。

对于有限责任公司性质的商业银行来说,资本溢价一般是指商业银行经营过程中,有新的投资者加入,其实际投入的资本应当大于按其所占有表决权资本比例计算的资本额,大于其所占有表决权资本比例的部分,作为资本公积。

这是因为商业银行经营中有一定比例的利润积累,新加入的投资者要获得一定比例的有表决权资本,就必须付出大于按比例计算的资本额,从而形成资本公积,此时应借记"库存现金"等账户,贷记"资本公积"账户。

(2)接受捐赠的核算

①商业银行接受现金捐赠时,按实际捐赠金额入账,即借记"库存现金"等账户,贷记"资本公积"账户。

②商业银行接受非现金捐赠时,按接受捐赠的非现金资产的公允价值记入"固定资产"等账户的借方,在非现金资产处置前,作为资本公积准备项目,将接受的非现金资产价值扣除未来处置该项非现金资产应交所得税后的差额,记入"资本公积准备"账户的贷方,如接受捐赠的为已提取折旧的固定资产,其折旧额应记入"累计折旧"账户的贷方。

(3)股权投资准备的核算

商业银行作为投资人对被投资单位的投资采用权益法核算,当被投资单位因接受捐赠资产而引起所有者权益增加,商业银行按持股比例计算享有的部分,作为股权投资准备,增加资本公积。即借记"长期股权投资"账户,贷记"资本公积——股权投资准备"账户。

(4)货币资本折算差额的核算

接受外币资本投资时,如果合同约定汇率与收到投资时的市场汇率不同,按其合同汇率与收到投资时市场汇率折算金额之间的差额作为资本公积。

例 8-6

某股份制商业银行按每股5元的价格发行面值为1元的普通股6 000万股。假设不考虑发行费用等支出,发行收入为30 000万元,已存入银行。以万元为单位编制会计分录如下:

```
借:库存现金                              30 000.00
    贷:股本                                6 000.00
       资本公积                           24 000.00
```

例 8-7

某商业银行接受某单位捐赠的汽车一辆,该汽车原价为250 000元,已提取折旧60 000元。编制会计分录如下:

```
借:固定资产                             250 000.00
    贷:资本公积——接受非现金资产的捐赠户    142 500.00
       递延税款(固定资产净值×25%)          47 500.00
       累计折旧                          60 000.00
```

例8-8

某商业银行接受外方投资300 000美元,投资合同规定的汇率为1美元＝6.83元人民币,收到外币投资时的市场汇率为1美元＝6.85元人民币。会计分录如下:

借:银行存款(存放中央银行款项)　　　　　　USD300 000.00
　　贷:外汇买卖　　　　　　　　　　　　　　USD300 000.00
借:外汇买卖　　　　　　　　　　　　　　　　￥2 055 000.00
　　贷:实收资本(股本)　　　　　　　　　　　￥2 049 000.00
　　　资本公积——外币资本折算差额　　　　　￥6 000.00

(三)盈余公积的核算

1.概念

盈余公积是指商业银行从税后利润中按规定比例提取而形成的资本额。

2.内容

(1)盈余公积的分类

盈余公积按用途不同分为一般盈余公积和法定公益金两种。一般盈余公积包括法定盈余公积和任意盈余公积。

(2)盈余公积的提取方法

①法定盈余公积,按净利润的10%提取,但当此项公积金达到注册资本的50%时,可不再提取。

②任意盈余公积,按股东会决议提取。

③法定公益金,按净利润的5%～10%提取。

(3)盈余公积的用途

①一般盈余公积可用于弥补亏损或转增资本等,盈余公积转增资本后剩余的金额不得低于注册资本的25%。

②法定公益金专门用于银行职工福利设施。

3.核算

(1)提取盈余公积的核算

商业银行按照规定的比例,从税后利润中提取盈余公积时,应借记"利润分配——计提盈余公积"账户,贷记"盈余公积"账户。

(2)以盈余公积转增资本

商业银行以盈余公积转增资本时,应借记"盈余公积"账户,贷记"实收资本"账户。

(3)法定公益金用于计提福利

商业银行将法定公益金用于计提福利设施的建设时,应借记"盈余公积——法定盈余公积"账户,贷记"盈余公积——任意盈余公积"等账户。

例 8-9

某股份制商业银行年终结账后,实现净利润 200 万元。经股东大会批准,按照净利润的 10% 计提法定盈余公积,按净利润的 5% 计提法定公益金,按净利润的 20% 计提任意盈余公积。编制会计分录如下:

借:利润分配——计提盈余公积户　　　　　　　　　700 000.00
　　贷:盈余公积——法定盈余公积户　　　　　　　　　200 000.00
　　　　　　　　——任意盈余公积户　　　　　　　　　400 000.00
　　　　　　　　——公益金户　　　　　　　　　　　　100 000.00

例 8-10

某商业银行以盈余公积 400 万元弥补因经济危机产生的亏损。以万元为单位编制会计分录如下:

借:盈余公积　　　　　　　　　　　　　　　　　　　400.00
　　贷:利润分配　　　　　　　　　　　　　　　　　　400.00

(四)未分配利润的核算

1. 概念

未分配利润是指商业银行留待以后年度进行分配的结存利润,其属于所有者权益的组成部分。

2. 核算

(1)年度终了,商业银行将各财务收入、财务支出科目的余额通过"本年利润"账户结转出当年的净利润。

(2)再将"本年利润"账户余额转入"利润分配——未分配利润"账户。在按规定做了各种分配后,将"利润分配"账户其他各账户的余额转入"未分配利润"账户。

(3)结转后,"未分配利润"账户的贷方余额是未分配利润,如果出现借方余额,则表示为未弥补亏损。

活动练习

一、名词解释

1.所有者权益　2.费用　3.留存收益　4.资本溢价　5.收入　6.汇兑收益　7.投资收益

二、单选题

1.投入资本按其来源不同可分为实收资本和(　　)。
A.资本公积　　　B.所有者权益　　　C.资产　　　D.负债

2.投资者实际缴付的出资额大于注册资本的,其差额为资本溢价,应记入"(　　)"账户。
A.实收资本　　　B.盈余公积　　　C.资本公积　　　D.未分配利润

3.未分配利润是指商业银行留待以后年度进行分配的结存利润,属于(　　)的组成部分。

A.费用　　　　　　B.负债　　　　　C.资产　　　　　D.所有者权益

4.汇兑损失是(　　)账户,用以核算银行进行外汇买卖和外币兑换等业务而发生的损失。

A.损益类　　　　　　　　　　　B.资产负债共同类

C.负债类　　　　　　　　　　　D.资产类

5.银行发放的定期储蓄存款所支付的利息应计入(　　)。

A.中间业务支出　　　　　　　　B.利息支出

C.金融企业往来支出　　　　　　D.营业外支出

三、多选题

1.金融企业的所有者权益主要由(　　)构成。

A.实收资本　　　　　　　　　　B.未分配利润

C.资本公积　　　　　　　　　　D.盈余公积

E.本年利润

2.企业提取的盈余公积主要用于(　　)。

A.弥补亏损　　　　　　　　　　B.转增资本

C.分配股利　　　　　　　　　　D.发放工资

E.发放福利

3.下列项目属于留存收益的有(　　)。

A.公益金　　　　　　　　　　　B.资本公积

C.盈余公积　　　　　　　　　　D.未分配利润

E.实收资本

4.税金及附加是指银行缴纳的(　　)。

A.消费税　　　　　　　　　　　B.城市维护建设税

C.教育费附加　　　　　　　　　D.审计费

E.劳动保险费

四、判断题

1.费用是指企业为销售商品、提供劳务等日常活动所发生的经济利益的总流入。(　　)

2.收入是指企业为销售商品、提供劳务等日常活动所发生的经济利益的总流出。(　　)

3.所有者权益是指所有者在企业资产中享有的经济利益,其金额为资产减去负债后的余额。(　　)

4.盈余公积可用于弥补亏损,但不能转增资本。(　　)

5.所有者权益和负债权益都是企业的资金来源,两者不存在本质上的差别。(　　)

五、简答题

1.简述所有者权益的概念及分类。

2.简述利润的构成。

3.简述收入的特点。

4.什么是营业费用?营业费用账户应设置哪些明细分类账户?

项目九

年度决算与会计报告

活动目标	本项目根据课程标准和教学设计融入各类规章制度，重构教学内容，达到润物细无声的育人效果，使学生了解和掌握商业银行在年度决算前应做的准备工作，并掌握新旧账的结转，进而熟练掌握商业银行各种报表的编制。
活动重点	各种报表的编制。
活动难点	各种报表的编制。
活动方法	教师利用先进的教学工具，讲授、分析实例，并将理论与实践相结合。
活动内容	本项目主要介绍商业银行年度决算的准备工作、结算内容以及各种年度决算报表的编制。

任务一 认识年度决算

一、年度决算的概述

(一)概念

年度决算是指银行会计根据会计资料对会计年度内的业务活动和财务收支情况进行综合总结。它是全面总结商业银行业务、财务活动和考核企业经营成果的一项综合性工作。

> **知识链接**
> 银行会计在编制财务报告时,要践行"社会主义核心价值观"中公正和诚信理念,要具备细心、责任、担当等良好的职业素养和职业道德。

(二)时间

根据会计法的规定,我国金融机构以每年1月1日~12月31日为一个会计年度,每年的12月31日为年度决算日。

(三)对象

年度决算的对象是商业银行的业务活动和财务收支情况。

(四)目的

年度决算是为了全面总结商业银行业务、财务活动和经营成果。

(五)意义

年度决算的意义如下:

(1)综合反映财务状况、经营成果和现金流量情况

资产负债表反映财务状况;利润表反映经营成果;现金流量表反映现金流量情况;会计报表附注是对报表中不能反映的内容和不能详细披露的内容做出进一步的解释说明。

(2)有利于总结经验,改善银行经营管理

年终决算可以汇总反映银行全年的经营成果,考核经营效益。对于出现经营亏损、呆账等问题,可监察分析原因,总结经验,吸取教训,及时采取措施,促进银行改善经营管理水平。

(3)为国家宏观经济调控提供信息

银行是国民经济的综合部门,它面向全社会的企事业单位和个人,是社会货币资金收支

和信用活动的枢纽。

银行通过年度决算，可以帮助国家有关部门掌握货币、信贷及资金活动的增减变化情况，了解国民经济各部门的资金投入、运用和周转情况，以及货币发行量、信贷规模总额、外汇及黄金增减、结余等情况，并分析变化原因和考核执行的结果，为国家宏观调控，制定货币政策提供重要的金融、经济信息。

二、年度决算前的准备工作

由于年度结算工作量大，质量要求高，所以商业银行必须按照管理要求，一般在每年的第四季度开始着手进行年度决算准备工作。主要包括以下几方面：

(一) 清理资金

1. 清理贷款资金

贷款是商业银行的主要资产，为了保证银行资产不受损失，会计部门应该与信贷部门相互配合，积极进行清理收回。

商业银行对到期的贷款，应按期收回；对逾期、呆滞贷款，应积极催收；对确实无法收回的呆滞贷款，应按规定予以核销；对到期收不回的抵押贷款，应根据合同对抵押品依法处置，以恢复资产的流动性和效益性。

2. 清理结算资金

年度决算前应对各项资金进行全面清理，包括托收承付、商业汇票、应解汇款等。对于各种结算资金，该划出的及时划出，该收回的积极收回。

3. 清理内部资金

年度决算前，对其他应收、应付款项，要在严格控制的基础上逐笔进行清理，该上缴的上缴，该收回的收回，该核销报损和转作收益的按财务管理的规定，经批准后处理，从而使得这部分资金压缩到最低限度。

4. 清理存款资金

对各类存款账户，商业银行要认真核实清理。

长期不发生收付活动（一年以上没有收付往来）的存户，不包括储蓄存款，经过联系查找不到存户的，对这类存户要进行清理，查明原因，及时办理开户和销户手续。

(二) 清理实务

对于现钞、铸币、金银、面额单证、重要空白凭证、收费凭证、代保管有价证券等，应按照有关账簿进行盘点，账面余额与实际库存保持一致。如果发现溢缺，应按规定进行调整，做到账实相符。

对于设备、机器、房屋等固定资产，应配合有关部门根据账簿进行盘点，发现问题及时处理，通过盘点，做到账实相符。

(三) 清理账务

1. 全面清查会计科目的使用情况

只有科目使用正确，才能使记录真实、正确，从而保证年度决算报表的真实有效。因此，在年度决算前,要对有关科目变化情况进行检查,对科目使用不当的,应及时进行调整。

2. 全面核对内外账务

核对内外账务包括银行与各单位的对账以及银行之间的内部对账。若发现问题,应及时处理解决,以保证账账、账款、账表、账实、账据及内外账务的相符。

(四)核实损益

1. 核实业务收支

对各项利息收入和支出、金融企业往来收支、营业外收支等账户进行清查,要认真核对计息范围、利率及计算是否正确,如有差错,应及时更正。

2. 检查各项费用开支

检查各项费用开支是否超过指标,计算有无差错,如发现差错,应及时纠正。

(五)编制试算平衡表

上述项目全部核实正确后,为了保证年度决算工作的顺利进行,应编制1～11月的试算平衡表,进行试算平衡,若发现差错,应及时进行改正,从而减轻决算工作的压力。

三、年度决算日的工作内容

我国每年12月31日,无论是否为法定休假日,均为银行的年度决算日。

(一)全面核对账务

为了完整、全面地反映全年各项业务及财务活动情况,尽可能减少未达账项,决算日发生的业务应于当日全部入账。因此,在决算日应当延长工作时间,增加同城票据交换次数,使当日收到的联行往来凭证和同城行业代收、代付款项全部得以转账,不留到下年处理。决算日营业终了,要对各科目总账、分户账进行全面核对,保证账务正确。

(二)检查各项库存

决算日对外营业终了,为保证账实相符,由行长会同会计、出纳等人员,对当日的现金库存、库存外币、有价证券以及重要的单证等各项库存,进行一次全面检查、盘点、核实,从而保证账实相符。

(三)计算外汇损益

决算日,应将各种外币买卖账户上的外币余额,一律按结算日公布的外汇牌价折算成人民币,并与外币买卖账户上的人民币余额进行比较,其差额为本年度外汇买卖损益,记入相关损益类账户。

(四)核计缴纳税款

决算日营业终了,应按规定的税率核实各项税款的缴纳情况。先计算出本年应缴纳的各种税款总数,然后减去一季度至三季度已缴税款,即为第四季度应缴税款数,在决算日当日办理转账。

(五)结计全年损益

决算日营业终了,应将各损益类账户的最后余额,分别结转至"本年利润"账户,以计算本年损益。如果"本年利润"账户余额在贷方,则为全年净利润;如果"本年利润"账户余额在借方,则为全年净亏损。

(六)新旧账目结转

新年度开始,各行必须使用新账页,因此,决算日核对账务相符并结转损益后,应办理新旧账簿的结转。办理新旧账簿结转时,除卡片账不办理结转,储蓄分户账可继续使用外,其余分户账、登记簿以及总账等均应办理结转,更换新账页。

新旧账目结转的具体规定如下:

(1)甲、乙、丙种账结转时,在旧账页的最后一行余额下加盖"结转下年"戳记,将最后余额过入新账页,并在新账页日期栏写明新年度1月1日,摘要栏加盖"上年结转"戳记。对已结平的旧账页,加盖"结清"戳记。

(2)丁种账结转时,先在旧账页未销各笔业务的销账日期栏加盖"结转下年"戳记,然后将未销各笔业务逐一过入新账页,并结出余额,在摘要栏加盖"上年结转"戳记,记账日期栏一律填新年度1月1日,并在摘要栏注明原发生日期,以备查考。

(3)总账年度结转时,只需将旧账余额过入新账的"上年底余额"栏即可,其余手续比照月度结转方法处理。

任务二 编制财务报告

一、财务报告概念

编制财务报告是提供财务信息的一种重要方式。商业银行的财务报告是根据日常会计核算资料定期编制的,总括反映商业银行财务状况、经营成果和现金流量情况的书面文件。

二、财务报告内容

商业银行的财务报告由会计报表、会计报表附注和财务情况说明书组成。

（一）会计报表

会计报表是综合反映商业银行某一特定日期的资产、负债、所有者权益状况，以及某一特定日期经营成果和现金流量情况的书面文件。它是银行根据日常的会计核算资料归集、加工和汇总后形成的，是银行会计核算的最终成果，是财务报告的主体。会计报表包括资产负债表、利润表、现金流量表及其他附表。

（二）会计报表附注

会计报表附注是为了便于会计报表使用者理解会计报表的内容而对会计报表的编制基础、编制依据、编制原则和方法及主要项目等所做的解释，它是对会计报表的补充说明，是年度财务报告的重要组成部分。

（三）财务情况说明书

财务情况说明书是对银行一定期间业务经营、资金周转和利润实现及分配等情况的综合说明。财务情况说明书简要地提供了银行业务经营、财务活动情况，并分析总结了经营业绩和存在的不足，是财务报告使用者了解和考核银行业务经营和业务活动开展情况的重要资料。

三、会计报表分类

商业银行会计报表按不同的标准可分为以下几类：

1.按照银行会计报表所反映的资金运动形态，分为静态报表和动态报表

（1）静态报表是综合反映银行某一特定时期资产、负债和所有者权益状况的报表，如资产负债表。它是根据各有关科目的"余额"来填制的。

（2）动态报表是综合反映银行一定期间的经营情况或现金流动情况的报表，如利润表和现金流量表。

2.按照银行会计报表的编制时间，分为月份会计报表、季度会计报表、半年度会计报表和年度会计报表

月份、季度和半年度会计报表统称为中期会计报表。

（1）月份会计报表是反映银行某月份经营成果和该月末财务状况的报表，每月月末编制一次。

（2）季度会计报表是反映银行某一季度的经营成果和季末财务状况的报表，每季季末编制一次。

（3）半年度会计报表是反映银行某半年度的经营成果和半年末财务状况的报表，每半年末编制一次。

（4）年度会计报表是全面反映银行全年的经营、年底的财务状况以及年内财务状况变动情况的报表，是年度经济活动的总结性报表，每年年底编制一次。

3.按照财务报表的编制单位，分为单位报表和汇总报表

（1）单位报表是指银行在自身会计核算的基础上，对账簿记录进行加工而编制成的报表，是反映银行本身的财务状况和经营成果的报表。

(2)汇总报表是指由银行主管部门或上级机关,根据所属单位报送的报表,连同本单位报表汇总编制的综合性报表。

四、财务报告的编制要求

财务报告的编制应遵循真实可靠、全面完整、口径一致及编报及时等基本要求。

1.真实可靠

为了保证财务报告所提供的信息真实可靠,在编制财务报告前,应对各种会计账簿、表册、财产等进行认真审核和清查,以保证账证相符、账账相符、账实相符。在此基础上,据以编制会计报表,才能做到账表相符、内外账务相符,保证财务报告所提供的信息真实、准确。

> **知识链接**
> 编制财务报告时,要用精益求精的工匠精神自觉维护国家利益,会计报表的编制要真实准确,体现客观公正的要求,不能粉饰报表。

2.全面完整

全面完整一方面要求按规定的项目和内容进行编报,另一方面要求能充分反映银行经营活动的全面情况。因此,各银行编制和报送的财务报告,应当按照规定的格式和内容进行编报。凡是国家要求提供的信息,银行应当按规定的要求编报,不得漏报。在编报的报表中,凡要求填报的指标和项目,不得漏填漏列、任意取舍。

《金融企业会计制度》还规定:金融企业对外提供的会计报表应当依次编定页数,加具公章。封面上应当注明:金融企业名称、金融企业统一代码、组织形式、地址、报表所属年度或者月份、报出日期,并由金融企业负责人和主管会计工作的负责人、会计机构负责人(会计主管人员)签名并盖章;设置总会计师的金融企业,还应当由总会计师签名并盖章。

3.口径一致

可比性是会计核算的一项基本原则,为了保证会计信息的可比性,商业银行在编制财务报告时应按照国家统一的会计制度、原则和方法编制,确保会计信息的可比性。

4.编报及时

财务报告必须及时编报,才有利于财务报告的有效使用,达到编报的目的。如果不能及时传送给信息使用者,即便是最真实可靠和全面完整的财务报告,也没有实际的使用价值。月份财务报告应当于月度终了后6天内(节假日顺延,下同)对外提供;季度财务报告应当于季度终了后15天内对外提供;半年度财务报告应当于年度中期结束后60天内(相当于两个连续的月度)对外提供;年度财务报告应当于年度终了后4个月内对外提供。会计报表的填列,以人民币"元"为金额单位,"元"以下填至"分"。

银行的年度财务报告,应经本系统直属领导机构、审计机关、会计师事务所审核后,按规定时间向有关方面报出。

任务三 编制年度会计报表

会计报表是综合反映金融企业全年财务状况、经营成果和现金流量的书面报告,是传递会计信息的重要手段,其主要由资产负债表、利润表、所有者权益变动表、现金流量表及附注组成。

一、资产负债表

(一)概念

资产负债表是反映商业银行在某一特定时日(月末、季末和年末)财务状况的报表。财务状况是指一个银行的资产、负债、所有者权益及其相互关系。资产负债表是静态报表。

(二)编制基础

资产负债表的编制基础如下:

$$资产=负债+所有者权益$$

(三)格式

目前国际上使用的资产负债表主要有账户式和报告式两种:

(1)报告式资产负债表,又称垂直式资产负债表。它是将资产负债表的项目自上而下排列,首先列示资产的数额,然后列示负债,最后列示所有者权益的情况。报告式资产负债表使用的是"资产－负债＝所有者权益"的会计平衡公式。

(2)账户式资产负债表,又称平衡式资产负债表。它是将资产项目列在报表的左方,负债和所有者权益项目列在报表的右方,从而使资产负债表左右两方平衡。我国银行业的资产负债表使用账户式(见表9-1)。

表 9-1　　　　　　　　　　资产负债表

编制单位:　　　　　　　　　年　月　日　　　　　　　　　单位:元

资产	行次	年初数	期末数	负债及所有者权益	行次	年初数	期末数
资产:				负债:			
库存现金及银行存款	1			向中央银行借款	28		
存放中央银行款项	2			联行存放款项	29		
贵金属	3			同业及其他金融机构存放款项	30		

（续表）

资产	行次	年初数	期末数	负债及所有者权益	行次	年初数	期末数
存放联行款项	4			拆入资金	31		
存放同业款项	5			交易性金融资产	32		
拆出资金	6			衍生金融负债	33		
交易性金融资产	7			卖出回购金融资产款	34		
衍生金融工具	8			吸收存款	35		
买入返售金融资产	9			应付职工薪酬	36		
应收款项类金融资产	10			应交税费	37		
应收利息	11			应付利息	38		
其他应收款	12			其他应付款	39		
发放贷款和垫款	13			预计负债	40		
可供出售金融资产	14			应付债券	41		
持有至到期投资	15			递延所得税负债	42		
长期股权投资	16			其他负债	43		
投资性房地产	17			负债合计	44		
固定资产	18			所有者权益(或股东权益):			
在建工程	19			实收资本(或股本)	45		
固定资产清理	20			其中:国有股	46		
无形资产	21			外商股本	47		
商誉	22			资本公积	48		
长期待摊费用	23			减:库存股	49		
抵债资产	24			盈余公积	50		
递延所得税资产	25			一般风险准备	51		
其他资产	26			未分配利润	52		
				外币报表折算差额	53		
				归属于某公司股东权益	54		
				少数股东权益	55		
				所有者权益(或股东权益)合计	56		
资产总计	27			负债及所有者权益总计	57		

补充资料:代保管证券(面值): 　　元　　　签开信用担保函: 　　元
　　　　　抵押品: 　　元　　　　　　　　催收贷款利息: 　　元
　　　　　银行承兑汇票: 　　元　　　　　贷款承诺: 　　元

单位负责人:　　　会计机构负责人:　　　复核:　　　制表:

（四）分类及排列

资产负债表的项目分类和排列如下:
(1)资产类项目:按流动性大小排列。
(2)负债类项目:按到期日的远近排列。
(3)所有者权益项目:按永久程度的高低排列。

（五）编制方法

1.年初数

年初数根据上年资产负债表的"年末数"填列；如果本年度资产负债表规定的各个项目的名称和内容同上年度不一致，则应对上年年末资产负债表各项目的名称和数字按照本年度的规定进行调整，并填入本表"年初数"栏内。

2.年末数

资产负债表中，各项数字的主要来源通过以下几种方式取得：

（1）根据总账或明细账科目余额直接填列。存放中央银行款项、存放同业款项、交易性金融资产、坏账准备、固定资产、在建工程、无形资产、长期待摊费用、应付职工薪酬、应交税费、实收资本、资本公积、盈余公积、未分配利润等项目均可以直接按相应的账户余额填列。

（2）根据总账或明细账科目余额合并填列。"库存现金及银行存款"就是根据"库存现金"和"银行存款"两个科目的期末余额相加后填列。

（3）根据总账或明细账科目余额分析后填列。如"衍生金融资产"项目，根据"衍生工具""套期工具""被套期项目"等科目的期末余额分析填列。

（4）根据总账余额分析计算后填列。如"可供出售金融资产"根据"可供出售金融资产"科目的余额减去"可供出售金融资产减值准备"科目的余额计算后填列。

二、利润表与利润分配表

（一）概念

利润表是反映银行在一定会计期间的利润（或亏损）实现情况及分配情况的报表。

利润分配表是反映商业银行在一定会计期间实现利润的分配情况或商业银行亏损的弥补情况，以及期末未分配利润的结余情况的报表。它是利润表的附表之一。

> **微知识** 利润表提供商业银行在一定会计期间利润的实现情况，主要包括以下内容：营业收入的来源、营业支出的情况、营业利润的形成、利润（或亏损）总额等的情况。

（二）格式

根据利润表项目的排列方式不同，可分为单步式利润表和多步式利润表。

1.单步式利润表

单步式利润表是将本期所有的收入项目加在一起，然后将所有的费用支出项目加在一起，最后用全部收入减去全部支出，通过一次计算求出银行的利润（或亏损）总额。

2.多步式利润表

多步式利润表的损益是通过多步计算求出的，以反映收入与费用之间的内在联系。

我国《企业会计准则》规定，利润表应采用多步式格式。这是由于我国商业银行的利润额是通过多步计算完成的，它将不同性质的收入与相应耗费和支出进行对比，分别计算出经济效益。

我国银行业的利润表采用多步式格式（见表9-2）。

表 9-2　　　　　　　　　　　　　利润表

编制单位：　　　　　　　　　　　年　月　日

币种：　　　　　　　　　　　　　　　　　　　　　　　　　　　　　　　　单位：元

项目	行次	本年数	本年累计数
一、营业收入			
利息净收入			
利息收入			
利息支出			
手续费及佣金净收入			
手续费及佣金收入			
手续费及佣金支出			
公允价值变动收益			
投资净收益（损失以"－"号填列）			
汇兑收益（损失以"－"号填列）			
其他业务净收入（损失以"－"号填列）			
二、营业支出及损失			
税金及附加			
业务及管理费			
资产减值损失			
其他业务支出			
三、营业利润（损失以"－"号填列）			
加：营业外收入			
减：营业外支出			
四、利润总额（净亏损以"－"号填列）			
减：所得税			
五、净利润（净亏损以"－"号填列）			
六、每股收益			
（一）基本每股收益			
（二）稀释每股收益			

行长　　　　　　　　会计主管　　　　　　　　复核　　　　　　　　制表

（三）编制方法

年度、半年度会计报表至少应当反映两个年度或者两个相关期间的比较数据。也就是说，企业需要提供比较利润表，所以，利润表各项目需要分"本期数"和"本年累计数"两栏分别填列。"本期数"栏反映各项目的本月实际发生数，在编制年度会计报表时，填列上年全年累计实际发生数。如果上年度利润表与本年度利润表的项目名称和内容不相一致，应对上年度利润表项目名称和数字按本年度的规定进行调整，填入本表"上年数"栏。在编制年度利润表时，应将"本期数"栏改成"上年数"栏。本表"本年累计数"栏反映各项目自年初起至报告期末止的累计实际发生数。

261

利润表各项目的内容和填列方法如下：

(1)"营业收入"项目，反映银行经营业务各种收入总额。本项目根据"利息收入""公允价值变动收益""手续费收入""汇兑收益""投资收益""其他营业收入"等项目汇总计算填列。

(2)"营业支出"项目，反映银行各项营业支出的总额。本项目根据"利息支出""资产减值损失或呆账损失""手续费支出""汇兑损失""其他营业支出"等项目汇总计算填列。

(3)"税金及附加"项目，反映商业银行经营活动应负担的相关税费。包括消费税、城市维护建设税、教育费附加、资源税、房产税、城镇土地使用税、车船税、印花税等。本项目应根据"税金及附加"科目期末结转利润科目的数额填列。

(4)"营业利润"项目，反映银行当期的经营利润，发生经营亏损也在本项目，用"－"号表示。

(5)"利润总额"项目，反映银行当期实现的全部利润（或亏损）总额。如为亏损，则以"－"号在本项目内填列。利润总额的计算公式如下：

利润总额＝营业收入－营业支出－税金及附加＋营业外收入－营业外支出＋以前年度损益调整

(6)"净利润"项目，反映利润总额减去所得税后的余额。

三、现金流量表

(一)概念

现金流量表是反映商业银行在一定时期内现金流入、现金流出以及现金净流量的基本财务报表。编制现金和现金等价物流入流出的信息，以便报表使用者了解和评价商业银行获取现金和现金等价物的能力，并据以预测未来的现金流量。现金流量表是一张动态报表。

(二)格式

目前银行现金流量表的参考格式见表9-3。现金流量表由主表和补充资料两部分组成，商业银行现金流量表的基本结构如下：

1.现金流量分类

现金流量分类可分为经营活动产生的现金流量、投资活动产生的现金流量和筹资活动产生的现金流量三大类。

(1)经营活动产生的现金流量。经营活动是指商业银行投资活动和筹资活动以外的所有交易和事项。其产生的现金流量包括：客户存款和同业存放款项净增加额；向中央银行借款净增加额；向其他金融机构拆入资金净增加额；收取利息、手续费及佣金的现金；客户贷款和垫款净增加额；存放中央银行和同业款项净增加额；支付利息、手续费及佣金的现金；支付的各项税费等。经营活动产生的现金流量是商业银行通过运用所拥有的资产自身创造的现金流量，主要是与企业的净利润有关的现金流量。在现金流量表中，经营活动的现金流量应当按照商业银行经营活动特点分项列示。

(2)投资活动产生的现金流量。投资活动是指商业银行长期资产的构建和不包括现金等价物范围的投资及其处置活动。投资活动产生的现金流量包括吸收投资收到的现金；取得投资收益收到的现金；购建固定资产、无形资产和其他长期资产所支付的现金等。投资活动产生的现金流量不包括作为现金等价物的投资,作为现金等价物的属于现金自身的增减变化。在现金流量表中,投资活动产生的现金流量应当按照其投资活动的现金流入和现金流出的性质分项列示。

(3)筹资活动产生的现金流量。筹资活动是指商业银行资本及债务规模和构成发生变化的活动。筹资活动产生的现金流量包括收回投资所收到的现金;发行债券收到的现金;偿还债务所支付的现金;分配股利、利润或偿还利息支付的现金等。在现金流量表中,筹资活动的现金流量应当按照其筹资活动的现金流入和现金流出的性质分项列示。

2.现金净流量与现金流量总额

现金净流量是指现金流入与现金流出的差额。现金净流量可能是正数,也可能是负数。如果是正数,则为净流入;如果为负数,则为净流出。现金流量总额是现金流入和现金流出的总金额。按照《企业会计准则——现金流量表》的规定,现金流量表一般应当按照现金流入和现金流出总额反映,这样可以全面反映企业现金流量的方向、规模和结构。但是代客户收取或支付的现金以及周转快、金额大、期限短的项目现金收入和现金支出,可以用净额反映。

表 9-3 现金流量表

编制单位: 年 月 日 单位:元

项目	行次	上年数	本年数
一、经营活动产生的现金流量:	略		
客户存款和同业存放款项净增加额			
向中央银行借款净增加额			
向其他金融机构拆入资金净增加额			
收取利息、手续费及佣金的现金			
收到其他与经营活动有关的现金			
经营活动现金流入小计			
客户贷款和垫款净增加额			
存放中央银行和同业款项净增加额			
支付利息、手续费及佣金的现金			
支付的各项税费			
支付的其他与经营活动有关的现金			
经营活动现金流出小计			
经营活动产生现金流量净额			
二、投资活动产生的现金流量:			
收回投资收到的现金			
取得投资收益收到的现金			
收到其他与投资活动有关的现金			
投资活动现金流入小计			
购建固定资产、无形资产和其他长期资产所支付的现金			
支付的其他与投资活动有关的现金			
投资活动现金流出小计			

(续表)

项目	行次	上年数	本年数
投资活动产生的现金流量净额			
三、筹资活动产生的现金流量			
吸收投资收到的现金			
其中:子公司吸收少数股东投资收到的现金			
发行债券收到的现金			
收到的其他与筹资活动有关的现金			
筹资活动现金流入小计			
偿还债务所支付的现金			
分配股利、利润或偿还利息支付的现金			
其中:子公司支付给少数股东的股利、利润			
支付的其他与筹资活动有关的现金			
筹资活动现金流出小计			
筹资活动产生的现金流量净额			
四、汇率变动对现金的影响			
五、现金及现金等价物净增加额			
加:期初现金及现金等价物余额			
六、期末现金及现金等价物余额			

(三)编制方法

编制现金流量表、列报经营活动现金流量的方法有直接法和间接法两种(银行现金流量表也是由这两种方法组成的)。

1.直接法

直接法是银行根据当期有关现金流量的会计事项,对经营活动的现金流入与流出,逐项进行确认,以反映经营活动产生的现金流量。就银行来说,经营活动产生的现金流量包括两大类:

(1)与经营损益有关的现金流量,如利息收入、手续费收入、其他营业收入等收到的现金;利息支出、手续费支出、营业支出、其他营业支出等付出的现金。

(2)与经营损益无关的现金流量,如吸收存款、收回贷款、拆入资金等流入的现金;提出存款、发放贷款,拆出资金等流出的现金。

与经营损益有关的现金流量,由于损益项目是按权责发生制原则确认的,而现金流量表中的流量则是以收付实现制为标准的,这就需要进行调整。调整时就得编制调整分录,而调整分录是以利润表项目为基础的,从营业收入开始,结合资产负债表项目逐一进行分析,将表中项目调整为实际现金流量的分录。其特点是:调整分录是一定时期(年)内该类业务的汇总分录;调整分录不过入账册,视采用方法的不同过入工作底稿或 T 型账户中;调整分录不必编制记账凭证;调整分录借贷的对象均为会计报表(资产负债表、利润表和现金流量表)项目,而不是普通意义上的会计科目。

与经营损益无关的现金流量,其属于商业银行的经营范畴,其现金流量是随经营业务的发生而产生的,因此,在编制现金流量表时,这部分现金流量只是根据各项业务的发生及增减变动填列即可。

直接法的主要特点如下:对银行经营活动中的具体项目的现金流入量能进行详细的列报,所以这种列报方式的优点就是直观,经营活动中各种途径取得的现金和各种用途流出的现金在按照直接法编制的现金流量表上一目了然,便于报表使用者了解企业在经营活动过程中的现金进出情况,有助于对企业未来的现金流量做出估计。因此,直接法是现金流量表编制的主要方法。

2. 间接法

间接法是银行以损益表上的本期净利润为起算点,调整不涉及现金的收入、费用、营业外收支以及应收应付等有关项目的增减变动,将权责发生制下的收益转换为现金收付实现制下的收益。

间接法是用于编制"经营活动所产生的现金流量"的方法。在我国的现金流量表(包括银行现金流量表)中,以间接法编制的"经营活动产生的现金流量"被列为副表和补充资料。

间接法的基本原理是:银行由于经营活动而产生的与经营损益有关的现金流量与净利润有着非常密切的联系,其现金流入主要是营业收入现金,而现金流出主要是营业支出(包括各种营业费用)、营业税金、所得税等,这与银行净利润的形成非常类似。但是,经营活动产生的与经营损益有关的现金流量并不等于净利润,这是因为二者的计算基础不同。具体如下:

净利润的计算是以权责发生制为基础的,只要发生了收款的权利或付款的义务,就作为收入或费用,并以此计算利润。经营活动与经营损益有关的现金流量的计算,则是以收付实现制为基础,无论收入或费用,均要以收到或者付出现金为准。这样,二者必然出现差额。

间接法的主要特点如下:根据差额形成的不同原因对其分别进行调整,将净利润调节为经营活动与经营损益有关的现金流量。在银行的经营活动现金流量中,除上述与经营损益有关的现金流量,还有一部分是在其业务活动中发生的与损益无关的现金流量,只有将这一部分现金流量加上或减去后,间接法才能完成将净利润调节为经营活动中产生的现金流量。这样的调整,便于报表的使用者分析理解银行账面利润与现金支付能力之间的差别。当然,间接法的编制结果应与按直接法编制的"经营活动产生的现金流量净额"的数字相等。

活动练习

一、名词解释

1. 年度决算 2. 资产负债表 3. 利润表 4. 现金流量表

二、简答题

1. 简述商业银行年度决算前的准备工作。
2. 什么是资产负债表?如何编制?
3. 什么是利润表?作用是什么?
4. 什么是现金流量表?其结构如何?作用有哪些?
5. 什么是商业银行的年度决算?我国商业银行的年度决算日是怎样规定的?

参考文献

[1]《中国支付结算制度汇编》北京:新华出版社,2009.

[2]中华人民共和国财政部.金融企业会计制度.北京:中国财政经济出版社,2005.

[3]丁元霖.银行会计.上海:立信会计出版社,2014.

[4]中国人民银行支付结算司.新版票据与结算凭证使用手册.北京:中国金融出版社,2006.

[5]《中国人民银行关于人民币存贷计息问题的通知》(银发〔2005〕129号)

[6]林发东.银行会计实务.北京:中国财政经济出版社,2011.

[7]中华人民共和国财政部.《金融企业财务规则》,2019.

[8]中华人民共和国财政部.企业会计准则——应用指南.北京:人民邮电出版社,2021.

[9]中国会计大变革新企业会计准则——重点难点解析.北京:企业管理出版社,2006.

[10]唐丽华.金融企业会计实训.大连:东北财经大学出版社,2017.

[11]唐宴春.金融企业会计.北京:中国人民大学出版社,2008.

[12]唐宴春.银行会计实务.北京:中国财政经济出版社,2011.

[13]孙烨.银行会计.上海:上海财经大学出版社,2010.

[14]中华人民共和国财政部.《金融企业财务规则》(财政部令第42号)进行修订,形成《金融企业财务规则(征求意见稿)》,2019.

[15]中华人民共和国财政部、国家税务总局.营业税改征增值税政策文件汇编,2016.

[16]十三届全国人大三次会议表决通过《中华人民共和国民法典》,自2021年1月1日起施行